VERÖFFENTLICHUNGEN DES
HWWA-INSTITUT FÜR WIRTSCHAFTSFORSCHUNG-HAMBURG

Published for
the ORGANISATION FOR ECONOMIC CO-OPERATION AND DEVELOPMENT, Paris
by VERLAG WELTARCHIV GMBH, Hamburg

Die Originalausgabe ist in englischer Sprache unter dem Titel FACING THE FUTURE und in französischer Sprache unter dem Titel FACE AUX FUTURS von der Organisation for Economic Co-operation and Development (OECD), Paris, 1979 herausgegeben worden.
Die deutsche Übersetzung besorgte Dipl.-Volkswirt Christina Michalski.

Die Organisation für Wirtschaftliche Zusammenarbeit und Entwicklung (OECD) wurde durch ein am 14. Dezember 1960 in Paris unterzeichnetes Übereinkommen gegründet. Gemäß diesem Übereinkommen fördert die OECD eine Politik, die darauf gerichtet ist:

(a) in den Mitgliedstaaten unter Wahrung der finanziellen Stabilität eine optimale Wirtschaftsentwicklung und Beschäftigung sowie einen steigenden Lebensstandard zu erreichen und dadurch zur Entwicklung der Weltwirtschaft beizutragen,

(b) in den Mitglied- und Nichtmitgliedstaaten, die in wirtschaftlicher Entwicklung begriffen sind, zu einem gesunden wirtschaftlichen Wachstum beizutragen, und

(c) im Einklang mit internationalen Verpflichtungen auf multilateraler und nichtdiskriminierender Grundlage zur Ausweitung des Welthandels beizutragen.

Die Mitgliedstaaten der Organisation für Wirtschaftliche Zusammenarbeit und Entwicklung sind: Australien, Belgien, Dänemark, Bundesrepublik Deutschland, Finnland, Frankreich, Griechenland, Irland, Island, Italien, Japan, Kanada, Luxemburg, Neuseeland, Niederlande, Norwegen, Österreich, Portugal, Schweden, Schweiz, Spanien, Türkei, Vereinigtes Königreich von Großbritannien und Nordirland und Vereinigte Staaten.

Die Sozialistische Föderative Republik Jugoslawien ist an bestimmten Tätigkeiten der OECD beteiligt, insbesondere an den Arbeiten des Prüfungsausschusses für Wirtschafts- und Entwicklungsfragen.

OECD: INTERFUTURES

Herausforderungen der Zukunft

1981

Verlag Weltarchiv GmbH · Hamburg

CIP-Kurztitelaufnahme der Deutschen Bibliothek
Organisation for Economic Co-operation and Development:
OECD: Interfutures, Herausforderungen der Zukunft / [d. dt. Übers. besorgte Christina Michalski]. — Autoris., übers. Kurzfassung d. engl. Ausg. — Hamburg: Verlag Weltarchiv, 1981.
 (Veröffentlichungen des HWWA-Institut für Wirtschaftsforschung Hamburg)
 ISBN 3-87895-212-0
NE: Michalski, Christina [Übers.]; HST

©
Organisation for Economic Co-operation and Development
1979
Autorisierte, übersetzte Kurzfassung der englischen Ausgabe
Verlag Weltarchiv GmbH, Hamburg
1981
Alle Rechte vorbehalten
ISBN 3-87895-212-0

VORWORT

Unter den inzwischen recht zahlreichen Veröffentlichungen, die sich mit den langfristigen Perspektiven der ökonomischen und sozialen Entwicklung in den Industrieländern und den Ländern der Dritten Welt wissenschaftlich auseinandersetzen und deren Wechselbeziehungen analysieren, hat die vorliegende OECD-Studie weltweit besondere Beachtung und Anerkennung gefunden. Sie entstand auf Anregung der japanischen Regierung und wurde von einem internationalen Team von Wissenschaftlern erarbeitet. An dem Projekt war auch einer der beiden ehemaligen Stellvertreter des Institutsdirektors und frühere Leiter der Hauptabteilung Außenwirtschaft und Integrationspolitik des HWWA, Herr Professor Wolfgang Michalski, der seit einigen Jahren für die OECD tätig ist, maßgeblich beteiligt.

Die Untersuchung wurde bisher in englischer, französischer, spanischer und japanischer Sprache veröffentlicht. Wegen ihrer besonderen Bedeutung als Hilfe für zukunftsweisende politische Entscheidungen, die auch in unserem Land getroffen werden müssen, bin ich gern der Bitte der OECD nachgekommen, die deutsche Ausgabe im Rahmen der Schriftenreihe des HWWA zu veröffentlichen.

Armin Gutowski

INHALT

EINLEITUNG 13

Teil I
DIE PHYSISCHEN GRENZEN DES WACHSTUMS 17

A. DIE DEMOGRAPHISCHEN PERSPEKTIVEN 17
B. AUSSICHTEN AUF DEM NAHRUNGSMITTELSEKTOR 19
C. ENERGIE 22
D. MINERALISCHE ROHSTOFFE 30
E. DIE NATÜRLICHE UMWELT 35
F. EIN SCHWIERIGER ÜBERGANG 36

Teil II
TENDENZEN DER VERGANGENHEIT UND DIMENSIONEN DER
ZUKUNFT 39

A. DAS VERGANGENE VIERTELJAHRHUNDERT 39
B. DIE INTERFUTURES-SZENARIEN 47
C. DIE ZUKUNFT IN GRÖSSENORDNUNGEN 55

Teil III
DIE HOCHENTWICKELTEN INDUSTRIEGESELLSCHAFTEN IM
ZEICHEN DES UMBRUCHS 61

A. DIE ENTWICKLUNG DER WERTVORSTELLUNGEN 62

    1. Der Wandel in den Wertvorstellungen in den
       Industrieländern: Richtung und Intensität . . 62
    2. Ein möglicher sozio-kultureller Überblick . . 64
    3. Einige wahrscheinliche Konsequenzen:
       Der Trend zur fragmentierten Gesellschaft . . 66

B. DIE AUSSICHTEN FÜR MAKRO-ÖKONOMISCHES WACHSTUM . 70

    1. Die technischen Grenzen des Wachstums 71
    2. Die Aussichten für schnelles Wachstum 75
    3. Die Aussichten für mäßiges Wachstum 84

C. STRUKTURELLE ANPASSUNGSERFORDERNISSE FÜR DIE
HOCHENTWICKELTEN INDUSTRIEGESELLSCHAFTEN 88

   1. Die Bedeutung demographischer Trends 88

   2. Veränderungen in der Endnachfrage 89

   3. Steigende Kosten der Nutzung der natürlichen
      Umwelt 93

   4. Wandlungen in der Wettbewerbsposition der entwickelten Volkswirtschaften 97

D. RIGIDITÄTEN INNERHALB HOCHENTWICKELTER
INDUSTRIEGESELLSCHAFTEN 103

   1. Arbeitsmarkt 104

   2. Staatliche Intervention 111

   3. Außenhandel 116

E. STRATEGIEN FÜR DIE ANPASSUNG AN DEN WANDEL 120

   1. Interdependenz zwischen Wertvorstellungen,
      Wirtschaftswachstum und Strukturfragen im nationalen Rahmen. Sind die hochentwickelten
      Industriegesellschaften der Schauplatz langfristiger Krisen? 120

   2. Interdependenz zwischen Wertvorstellungen,
      Wirtschaftswachstum und Strukturfragen im
      internationalen Rahmen. Werden die Volkswirtschaften der modernen Industriegesellschaften
      in zunehmendem Maße inkompatibel miteinander?. . 125

   3. Mögliche Strategien für die Anpassung an den
      Wandel 126

Teil IV
DIE HOCHENTWICKELTEN INDUSTRIEGESELLSCHAFTEN UND DIE
DRITTE WELT 131

A. DIE HOMOGENITÄT UND HETEROGENITÄT DER DRITTEN WELT. 132

B. PROBLEME UND LANGFRISTIGE AUSSICHTEN FÜR DIE
LÄNDER DER DRITTEN WELT 139

   1. Die Bandbreite der Entwicklungsstrategien . . . 139

   2. Die Gesamtaussichten für die Dritte Welt 142

C. DIE VERSCHIEDENEN ASPEKTE DER INTERDEPENDENZ ZWISCHEN DEN MODERNEN INDUSTRIEGESELLSCHAFTEN UND DER
DRITTEN WELT 149

   1. Energie 151

   2. Rohstoffe 153

    3. Landwirtschaft 155
    4. Industrie 159
    5. Wissenschaft und Technik 168
    6. Die finanziellen Transfers 169
    7. Über die sektorale Interdependenz hinaus . . 172

D. DIE STRATEGIEN DER INDUSTRIELÄNDER GEGENÜBER DER DRITTEN WELT 173

    1. Die Zweckmäßigkeit der Strategien 173
    2. Die Berücksichtigung von Gleichheiten und Verschiedenartigkeiten 176
    3. Ausarbeitung einer über alle Bereiche hinweg konsistenten Strategie 180

Teil V
FORTSCHREITENDE GLOBALE INTERDEPENDENZ 183

A. DIE SZENARIEN: MÖGLICHE VISIONEN DER ZUKUNFT . . . 185

    1. Hohes Wachstum in den hochentwickelten Industriegesellschaften (Szenario A) 186
    2. Die hochentwickelten Industriegesellschaften im Zeichen gemäßigter Wachstumsraten (Szenario B) 192
    3. Ein hypothetischer Nord-Süd-Konflikt (Szenario C) 206
    4. Neue Formen von Protektionismus innerhalb der OECD (Szenario D) 212

B. DIE AUSSICHTEN DER WELTWEITEN INDUSTRIE 218

    1. Elektronik 221
    2. Investitionsgüter 225
    3. Chemische Industrie 232
    4. Eisen- und Stahlindustrie 237

C. DIE SEKTORIELLEN ASPEKTE DER INTERDEPENDENZ 241

    1. Sektorielle Interdependenz über die Wirtschaft hinaus 241
    2. Sektorielle Interdependenz im wirtschaftlichen Bereich 244
    3. Die Steuerung der Weltwirtschaft als Ganzes . . 250

D. POLITISCHE STRATEGIEN IM ZEICHEN ZUNEHMENDER INTERDEPENDENZ 256

    1. Die wahrscheinlichen Tendenzen 257

    2. Die möglichen Umbrüche in der Entwicklung . . . 260

    3. Wege zur internationalen Zusammenarbeit 264

SCHLUSSFOLGERUNGEN 267

A. DIE NEURALGISCHEN PUNKTE 268

    1. Strukturwandel im Energiesektor 268

    2. Die Suche nach einer nationalen Politik,
       die den neuen Zusammenhängen angemessen ist . . 269

    3. Gemeinsame Bemühungen um die Entwicklung der
       Dritten Welt 271

    4. Neue Formen internationaler Zusammenarbeit . . 273

B. EINIGE EMPFEHLUNGEN 275

    1. Schaffung einer positiven Haltung gegenüber der
       Zukunft innerhalb der modernen Industriege-
       sellschaften 275

    2. Bewältigung der schwierigen Übergangsprobleme
       bezüglich der natürlichen Ressourcen und
       der Umwelt 277

    3. Steuerung der Wandlungsprozesse innerhalb der
       industriellen Gesellschaften 278

    4. Förderung der Entwicklung in der Dritten Welt . 280

    5. Handhabung der weltweiten Interdependenz . . . 282

C. EIN AUSGANGSPUNKT 283

VERZEICHNIS DER TABELLEN UND SCHAUBILDER

Tabelle 1　Definition der Szenarien 52

Tabelle 2　Bruttoinlandsprodukt und Volkseinkommen 1975-2000; Vergleiche der Schätzungen für die Szenarien A, B_2, C, D 54

Tabelle 3　Bruttoinlandsprodukt und Pro-Kopf-Einkommen in den Szenarien B_2 und D im Zeithorizont von 1990 57

Tabelle 4　Szenarien A und B_2: Schätzung des BIP 1975-2000 für eine Auswahl von OECD-Ländern unter Voraussetzung von Übereinstimmung hinsichtlich der Produktivität 194

Tabelle 5　Weltweite Energienachfrage in den Szenarien A, B_1, B_2, C und D 196

Tabelle 6　Entwicklung der weltweiten Industrieproduktion 1970-2000 197

Tabelle 7　Entwicklung der Handelsstruktur im Maschinenbau und in anderen Fertigwaren zwischen marktwirtschaftlich organisierten Industrieländern (A), Zentralverwaltungswirtschaften, einschließlich China (B), Entwicklungsländern (C) von 1970 bis 2000 nach den Szenarien A und B_2 205

Tabelle 8　Wachstum und Verteilung der industriellen Weltproduktion im Zeithorizont des Jahres 2000 (Szenarien C und D) 207

Tabelle 9　Entwicklung der Handelsstruktur im Fertigwarenbereich zwischen industrialisierten Marktwirtschaften (A), Zentralverwaltungswirtschaften, einschließlich China (B), Entwicklungsländern (C) von 1970 bis 2000 nach den verschiedenen Szenarien 208

Schaubild　Die Verteilung der Weltbevölkerung im Verhältnis zum Pro-Kopf-Einkommen in den Jahren 1976 und 2000 144

"Time present and time past
Are both perhaps present in time future,
And time future contained in time past."
T.S. Eliot in Burnt Norton

EINLEITUNG

Die vorliegende Veröffentlichung stellt eine verkürzte Fassung vom Schlußbericht des INTERFUTURES-Projekts dar. Das Ziel dieses auf drei Jahre angelegten Forschungsvorhabens, dessen Durchführung vom Rat der Organisation für wirtschaftliche Zusammenarbeit und Entwicklung (OECD) Ende 1975 beschlossen wurde, bestand darin, "die zukünftige Entwicklung der hochentwickelten Industrieländer im Einklang mit jener der Entwicklungsländer" zu studieren. Verglichen mit anderen auf die Zukunft der Welt ausgerichteten Untersuchungen hatte INTERFUTURES gemäß dem Willen seiner Initiatoren drei besondere Kennzeichen:

(1) Das Projekt sollte gleichzeitig sowohl die internen Probleme der Industrieländer (im nationalen Bereich sowie auch in bezug auf ihr Verhältnis untereinander) als auch die Beziehungen zwischen diesen Ländern und den Entwicklungsländern analysieren. Ein derart zweigleisiger Ansatz kommt bei den gegenwärtig durchgeführten weltweiten Untersuchungen verhältnismäßig selten vor: die einen legen das Hauptgewicht auf die Probleme des Südens und fordern, die Regierungen der entwickelten Länder sollten bestimmte Maßnahmen ergreifen, wobei in keiner Weise erörtert wird, ob die entsprechenden Voraussetzungen zu deren Realisierung gegeben sind; die anderen diskutieren neue Lebensformen in der postindustriellen Gesellschaft der Industrieländer, als ob diese Länder in der Zukunft Inseln der Glückseligkeit sein könnten - ohne Kontakt zu dem sie umgebenden Ozean der Armut.

(2) Das Projekt sollte prüfen, wie die Regierungen der Industrieländer ihre kurzfristigen Aktionen derart ausrichten könnten, daß deren Integration in eine globale und langfristige Behandlung der betreffenden Probleme erleichtert wird. Es handelte sich daher nicht um eine bloß akademisches Forschungsvorhaben, das sich lediglich für die Zukunft als solche interessierte, sondern um ein Projekt, das dazu bestimmt war, Probleme aufzuzeigen und die in diesem Zusammenhang für die Industrieländer bestehenden Entscheidungsspielräume zu analysieren.

(3) Das Projekt wurde von einer Mehrzahl von Regierungen getragen. Dies erleichterte die Kontakte zwischen den nationalen Administrationen und dem Forschungsteam, schloß aber auch seitens des Teams nicht geringe Anstrengungen ein, den Meinungsaustausch der Regierungen untereinander über langfristige Probleme zu beleben.

Die Tatsache, daß das Projekt von einer Mehrzahl von Regierungen getragen wurde, darf indessen nicht zu Mißverständnissen führen: Die Forschung wurde durch ein unabhängiges Team innerhalb des OECD-Sekretariats durchgeführt und der Schlußbericht unter der Verantwortung des Direktors des Projekts verfaßt. Wenn auch die Regierungen die Ausarbeitung des Berichts interessiert verfolgt haben, so haben sie doch keinerlei Einfluß auf seinen Inhalt genommen. Was würde auch eine offizielle Lesart der Zukunft für einen Wert haben?

Welchen zwingenden Fragen werden sich nun die Industriestaaten des Westens im nächsten Vierteljahrhundert gegenübersehen? Auf die Gefahr hin, die Vereinfachung auf die Spitze zu treiben, scheint es möglich, sie in folgender Weise zusammenzufassen:

- Werden sie ihr Wirtschaftswachstum infolge der physischen Grenzen, die die Erde setzt, zum Stillstand bringen müssen?

- Wie werden sie sich den Anpassungszwängen stellen, die durch interne Veränderungen sozialen, kulturellen und institutionellen Ursprungs erzeugt werden?

- Wie werden sie die Probleme ihrer gegenseitigen Beziehungen meistern?

- Wie werden sie die Herausforderung der Entwicklung der Dritten Welt annehmen?

- Wie werden sie im allgemeinen in der Lage sein, die wachsende Interdependenz auf weltweiter Ebene unter Kontrolle zu halten?

Eine letzte Frage hätte gestellt werden können: die nach der Strategie im Hinblick auf die Koexistenz mit den sozialistischen Gesellschaften Osteuropas. Angesichts der vorgegebenen Aufgabenstellung des Projekts ist dieses Problem von INTERFUTURES nicht direkt in Angriff genommen worden, aber die wirtschaftliche Entwicklung dieses wichtigen Teils der Welt wurde bei den globalen Analysen berücksichtigt.

Die vorliegende Kurzfassung des Schlußberichts von INTERFUTURES ist wie der Bericht selbst in die folgenden fünf Abschnitte eingeteilt:

- Die physischen Grenzen des Wachstums
- Tendenzen der Vergangenheit und Dimensionen der Zukunft
- Die hochentwickelten Industriegesellschaften im Zeichen des Umbruchs
- Die hochentwickelten Industriegesellschaften und die Dritte Welt
- **Fortschreitende globale Interdependenz.**

TEIL I. DIE PHYSISCHEN GRENZEN DES WACHSTUMS

Die Diskussion hierüber gipfelt in der einen Frage: Werden das Wachstum der Bevölkerung und der Weltwirtschaft auf relativ kurze Sicht zum Stillstand kommen aufgrund von Zwängen, die von der Begrenztheit der natürlichen Ressourcen oder der Aufnahmefähigkeit des Ökosystems herrühren? Dies ist eine schwierige Frage, die eine Untersuchung der demographischen Entwicklung einerseits und der Zukunftsaussichten in den Bereichen Ernährung, Energie, Rohstoffe und natürliche Umwelt andererseits erfordert.

A. DIE DEMOGRAPHISCHEN PERSPEKTIVEN

Zwei wesentliche Feststellungen müssen vorab getroffen werden:

- Die Bevölkerung kann, außer in mittelfristiger Sicht, nicht als exogene Variable angesehen werden. Sicherlich wird diese Tatsache wenig Einfluß auf die Weltbevölkerung bis zum Ende dieses Jahrhunderts haben, aber sie könnte die Tendenzen im nächsten Jahrhundert in entscheidender Weise wandeln.

- Die Entwicklung der Bevölkerung bezogen auf Länder und Kontinente ist wahrscheinlich wichtiger als die der Weltbevölkerung; denn innerhalb der nationalen Gesellschaften zeigt sich die Konfrontation zwischen Bedürfnissen und Ressourcen zuerst, und die nationalen demographischen Gegebenheiten ihrerseits beeinflussen wiederum die Beziehungen der Länder untereinander.

Diese beiden Feststellungen sollte man im Auge behalten, wenn man die wesentlichen Ergebnisse der demographischen Untersuchungen bewerten will.

Am Ende dieses Jahrhunderts wird die Weltbevölkerung wahrscheinlich eben unter 6 Milliarden liegen; die diesbezüglichen Schätzungen wurden in den letzten Jahren ständig nach unten korrigiert. Die Tendenzen in der Bevölkerungsentwicklung der Industrieländer mit langsamem Wachstum sind sehr verschieden von denen der Dritten Welt, wo dieses Wachstum noch sehr hoch ist - wenn auch mit Unterschieden von Land zu Land. Eine Reihe von Entwicklungsländern wird in mittelfristiger Sicht ernsthafte Schwierigkeiten aus ihrer Bevölkerungssituation zu erwarten haben. Über das Jahr 2000 hinaus steigt die Unsicherheit der Vorhersage beträchtlich, und Entwicklungsstrategien wird dabei entscheidende Bedeutung zukommen. Eine Weltbevölkerung, die ihre Höchstgrenze bei etwa 12 Milliarden erreicht, bildet indessen eine wahrscheinliche Hypothese.

Welche grundlegenden Probleme werden bei diesen demographischen Trends auftreten? Abgesehen von den spezifischen Problemen der Entwicklungsländer, die bereits genannt wurden, und denen der Industrieländer, die aus einer Entwicklung zu einer stagnierenden Bevölkerung - wenn auch mit großem Unterschied in Niveau und Altersaufbau - resultieren können, wird die Verschiedenartigkeit der Bevölkerungssituationen in beiden Ländergruppen Anlaß zu Spannungen geben. Als Beispiele seien Verständigungsschwierigkeiten unter Gesellschaften mit sehr verschiedenen Altersstrukturen und Migrationsproblemen genannt.

B. AUSSICHTEN AUF DEM NAHRUNGSMITTELSEKTOR

Das wichtigste Problem in diesem Bereich besteht in der Fähigkeit der Menschheit, die Nahrungsmittelproduktion zu erhöhen, indem sie Agro-Ökosysteme entwickelt, die langfristig hinreichend anpassungsfähig sind. Nichts könnte verfehlter sein, als die Probleme der Ernährung lediglich statisch zu betrachten und die Folgen sozio-politischer Entscheidungen außer acht zu lassen. Es gibt keine physischen Wachstumsgrenzen in der Nahrungsmittelproduktion: einerseits zerstören zwar die Entwicklung von Städten und die Bodenerosion Ackerland sowohl in den Industrie- wie in den Entwicklungsländern; andererseits aber reduziert der technische Fortschritt den Bedarf an Produktionsfaktoren, der zur Herstellung einer Nahrungsmitteleinheit benötigt wird, und der Mensch ist in der Lage, ökologisch vertretbare Produktionsmethoden zu entwickeln.

Im Verlauf der letzten 25 Jahre hat sich die weltweite landwirtschaftliche Produktion mehr als verdoppelt, und sie überschreitet im Weltmaßstab den durchschnittlichen Pro-Kopf-Bedarf. Doch in zahlreichen einzelnen Ländern ist die Produktion unter das notwendige Minimum gefallen.

Die Länder mit einem Nahrungsmitteldefizit können in zwei Gruppen eingeteilt werden: Die größere, zu der die meisten Entwicklungsländer und in gewisser Weise auch die UdSSR gehören, zeichnet sich durch Unzulänglichkeiten in der Nahrungsmittelproduktionspolitik aus. Die zweite Gruppe umfaßt jene Länder, die ihren Grad der Nahrungsmittelselbstversorgung aufgrund einer Veränderung in den komparativen Vorteilen und/oder aus Gründen, die mit der Verfügbarkeit von Ressourcen zusammenhängen, absichtlich gesenkt haben. Diese Gruppe besteht in erster Linie aus den ölproduzierenden Ländern des Mittleren Ostens und den Industrialisierungsländern, für die es heute vorteilhaft ist, unter Beibehaltung einer dynamischen Landwirtschaft Rohstoffe oder Fertigwaren zu exportieren, um damit Nahrungsmittelimporte zu bezahlen.

Um die Aussichten für die Befriedigung des Nahrungsmittelbedarfs bis zum Ende dieses Jahrhunderts abzuschätzen, muß man von Nachfrageprojektionen ausgehen, die von relativ hohen Wachstumsraten für Bevölkerung und Einkommen ausgehen.

Bei Getreide, das von zentraler Bedeutung ist, wird die Weltnachfrage bei etwa 2 300 Millionen Tonnen liegen. Eine Weltgetreidenachfrage dieser Größenordnung wird nicht auf die physischen Produktionsgrenzen stoßen, obwohl es für eine Anzahl von Ländern sehr schwierig oder sogar unmöglich sein wird, ihren zusätzlichen Bedarf auf der Grundlage der bestehenden Infrastruktur oder der vorhandenen Ressourcen zu decken.

Die allgemeine Schlußfolgerung, daß die Weltnahrungsmittelnachfrage im Jahr 2000 nicht an die physischen Grenzen stoßen wird, kann im einzelnen wie folgt begründet werden:

(1) Große Reserven potentiellen Ackerlandes sind sowohl in den Industrie- wie in den Entwicklungsländern vorhanden. Sie werden bis zum Jahr 2000 nur teilweise genutzt sein.

(2) Die OECD-Länder können ihr bewässertes Land nur sehr begrenzt ausdehnen. Die Entwicklungsländer dagegen, besonders die Nahrungsmitteldefizitländer Süd-Asiens und Tropisch-Afrikas könnten ihre bewässerten Gebiete bis zum Ende des Jahrhunderts um 50 v.H. erweitern, was ihnen erlauben würde, auf dem gleichen Land zwei oder drei Ernten im Jahr einzubringen und Ernteschwankungen zu verringern.

(3) Die notwendigen Ertragssteigerungen liegen unter dem, was mit der heutigen Technik biologisch bereits erreichbar

ist. Es kann sich in manchen Entwicklungsländern allerdings als schwierig erweisen, diese Steigerungen tatsächlich zu realisieren, und zwar nicht wegen physischer Grenzen, sondern aufgrund von institutionellen Hindernissen oder wegen des Fehlens der benötigten Ressourcen.

(4) Der direkte und indirekte Einsatz von Energie bei der Nahrungsmittelproduktion muß sowohl in den Industrie- wie in den Entwicklungsländern kurz- bis mittelfristig bedeutend erhöht werden. Dennoch mutet es langfristig unwahrscheinlich an, daß der Anteil an der Energienachfrage dieses Bereichs an der Gesamtenergienachfrage sich, gemessen am heutigen Wert, mehr als verdoppeln wird. Angesichts der Tatsache, daß auf die Nahrungsmittelproduktion in den USA und in Großbritannien nur etwa 4 v.H. des gesamten Energieverbrauchs entfällt, dürfte der Energiebedarf kein wesentliches Entwicklungshindernis darstellen.

(5) Die Verwendung von Pestiziden wird, bezogen auf den heutigen Verbrauch, vermutlich um das drei- bis fünffache ansteigen. Dennoch wird die daraus resultierende Umweltverunreinigung begrenzt bleiben, und zwar sowohl durch die neuerliche Gesetzgebung, die die Registrierung und den Gebrauch von Pestiziden regelt, als auch durch den sozialen und kostenmäßigen Druck, der zu einer Verlagerung hin zu Biopestiziden, zu biologischer und zu integrierter Schädlingskontrolle führen wird. Die Schadstoffemissionen dürften - außer in begrenzten Gebieten, wo die Toleranzwerte infolge von Unfällen oder schlechter Betriebsführung überschritten werden könnten - im allgemeinen innerhalb des Absorptionsvermögens des Ökosystems bleiben.

Über das Jahr 2000 hinaus sind die Aussichten im Nahrungsmittelbereich wesentlich unsicherer, besonders wenn die Weltbevölkerung als Gänze in Quantität und Qualität die Art der Ernährung übernehmen sollte, wie sie heute in den am weitesten entwickelten Ländern verbreitet ist; jedoch gibt es zwei denkbare Wege, die zu einer zusätzlichen Ausweitung der Nahrungsmittelproduktion führen könnten:

Der eine bezieht sich auf die traditionelle Landwirtschaft, wo technologische Entwicklungen in hohem Maße dazu beitragen können, die Ernährung einer Bevölkerung von 12 Milliarden zu ermöglichen.

Der andere besteht in der industriellen Anwendung biologischer Techniken, um so die konventionelle landwirtschaftliche Produktion zu ergänzen. Darüber hinaus ist die Erhaltung ertragsfähiger Böden wichtig, um langfristig das landwirtschaftliche Produktionspotential zu bewahren.

Kurz gesagt scheinen es besonders drei Fragen zu sein, denen die Regierungen dringend ihre Aufmerksamkeit widmen sollten:

(1) die Erhaltung des ertragsfähigen Bodens;

(2) die Entwicklung von ökologisch vertretbaren und langfristig anwendbaren Agrartechniken, die es ermöglichen würden, einen großen Teil des potentiellen Ackerlandes in der Dritten Welt zu bewirtschaften;

(3) die Beseitigung von physischen Grenzen auf lokaler Ebene.

C. ENERGIE

Seit 1973 ist kein Thema intensiver untersucht worden als das der Energie. Trotz der Unsicherheiten, die verbleiben und die nicht leicht zu überwinden sein werden, sind drei wesentliche Erkenntnisse sichtbar geworden:

(1) Die Energieressourcen dürften eine langfristige und gleichmäßige Versorgung des weltweiten Verbrauchs auf einem, gemessen an 1975 10 bis 15mal höheren Niveau gewährleisten und zu Kosten, die tendenziell nicht mehr als das zwei- bis dreifache der Produktionskosten von 1978 betragen.

(2) Allerdings setzen sich Änderungen im Energiesystem sehr langsam durch, und die Dauer des Übergangs vom heutigen, auf Erdöl basierenden, auf zukünftige Energiesysteme wird zweifellos in der Größenordnung von mindestens 50 Jahren liegen.

(3) Diese Übergangsperiode ist durch große Unsicherheiten gekennzeichnet, die von der Verbrauchsentwicklung, dem Investitionsniveau im Energiebereich, der jeweiligen Situation in bezug auf die Ressourcen und der weltweiten politischen Lage herrühren. Aufgrund der Trägheit des Systems könnten, wenn keine angemessenen Strategien durchgesetzt werden (selbst wenn diese in kurzfristiger Sicht wenig aussichtsreich erscheinen), in den nächsten 25 Jahren verschiedenartige Krisen mit schwerwiegenden Konsequenzen auftreten.

Einige Hinweise in bezug auf Ressourcen, Verbrauchsaussichten, Handlungsalternativen und Strategien mögen helfen, die Tragweite dieser Erkenntnisse zu verstehen. Dabei sollen zunächst die Ressourcen der verschiedenen Primärenergien betrachtet werden:

Die jüngste Untersuchung über Erdölressourcen ist die der Weltenergiekonferenz (Istanbul 1977). Unter Zugrundelegung von Produktionskosten für das Jahr 2000 in Höhe von 20 US-Dollar pro Barrel (Preisbasis 1976; Steuern und Gewinne ausgenommen) und einer Verbesserung der Ausbeutung um 25 bis 40 v.H. schwanken die Schätzungen der Experten von 173 bis 750 MMTOE, wobei zwei Drittel aller Angaben zwischen 225 und 300 MMTOE liegen. Das IIASA[1] wählte für seine Energie-Studie den Wert von 300 MMTOE. Hinsichtlich der Produktion wird als wahrscheinlich angesehen, daß ein Maximum von 5 bis 6 MMTOE pro Jahr zwischen 1990 und 2000 erreicht sein wird bei einem Rückgang auf 2,5 MMTOE pro Jahr um 2020.

Die wahrscheinliche Spanne in den Ressourcen von Erdgas liegt zwischen 200 und 500 MMTOE, nachdem die Weltenergiekonferenz 1976 die verbleibenden ausbeutungsfähigen Ressourcen auf 280 000 Milliarden Kubikmeter geschätzt hatte. Zweifellos wird die Produktion bis zum Beginn des 21. Jahrhunderts erheblich anwachsen, aber sie könnte während der nächsten Dekade aus Gründen des gegenwärtigen Standes der Exploration stagnieren. Die Gasproduktion wird ihren Höhepunkt (in der Größenordnung von 4 000 Milliarden Kubikmetern pro Jahr) deutlich später als das Erdöl erreichen, vielleicht zwei oder drei Jahrzehnte später.

Kohle hingegen ist relativ reichlich vorhanden. Die Weltenergiekonferenz bewertet die Ressourcen auf 6 750 MMTOE; gleichzeitig wurden die aus technischer und wirtschaftlicher Sicht heute abbaubaren Reserven auf 430 MMTOE geschätzt. Die jährliche Produktion könnte im nächsten Jahrhundert nach Ansicht der Konferenz auf 5,8 MMTOE, nach Ansicht des IIASA auf 8 MM TOE ansteigen.

Neben diesen drei klassischen Energiequellen gibt es Ressourcen verschiedenen Ursprungs: Nicht-konventionelle Erdölressourcen (300 MMTOE Rohöl und Teersand wurden in Kanada, Venezuela, der UdSSR und den USA nachgewiesen; es gibt 420 MMTOE bitumösen Schiefer, zwei Drittel davon in Nord-

[1] International Institute for Applied Systems Analysis, Laxenburg (Österreich).

amerika; für diese Ressourcen würden die Förderungskosten
zu Preisen von 1976 zwischen 12 und 25 US-Dollar per Barrel
liegen); nicht-traditionelle Gas-Ressourcen (Antarktis-Gas,
in unter Druck stehenden geologischen Zonen eingeschlossenes Erdgas, gefrorenes Erdgas in der Arktis; diese Ressourcen sind schwierig zu bewerten, aber sie scheinen beträchtlich zu sein).

Was schließlich die Kernenergie anbetrifft, so sind die kostengünstigen Reserven an Uran und Thorium beschränkt und dürften ohne Einsatz von Brüter-Reaktoren nicht mehr als 100 MMTOE betragen; allerdings gibt es weitere Ressourcen zu höheren Kosten.

Es ist folglich einleuchtend, daß die bisher betrachteten Energiequellen keine sehr langfristige Lösung liefern können, aber die Größenordnungen ändern sich, wenn neue Energieformen ins Auge gefaßt werden.

Mit dem Einsatz von Brütern könnten durch Spaltung 125×10^6 MMTOE aus den Reserven von Uran und Thorium gewonnen werden, falls die Reaktoren mit teurem Brennstoff betrieben würden. H. Kahn (1976) gewinnt einen viel niedrigeren Wert in der Größenordnung von 10×10^6 MMTOE, indem er sich auf die heute in Erwägung gezogenen Brennstoffe beschränkt.

Man wird wahrscheinlich nicht vor Ende dieses Jahrhunderts sicher sein können, die Kernverschmelzung technisch und wirtschaftlich vollständig zu beherrschen. Indessen sind die für D-T-(Lithium) und D-D-Reaktoren verfügbaren Ressourcen derart groß, daß die aus dem Schmelzungsprozeß gewonnene Energie 250×10^6 MMTOE erreichen könnte. H. Kahn (1976) schätzt die entsprechenden Möglichkeiten auf 8×10^3 beziehungsweise 25×10^6 MMTOE.

Was die Sonnenenergie anbetrifft, die in diesem Zusammenhang nur als weiteres Potential genannt wird, so muß ihr Beitrag zur Energieversorgung in der Form von Strömungsgrößen betrachtet werden. Die Erdoberfläche erhält jedes Jahr ein Äquivalent an Energie von 100 000 MMTOE. Der natürliche Wasserzyklus absorbiert hiervon ein Drittel; ein Drittel Prozent bringt die Winde und die Meereswellen in Bewegung; der Umfang von Sonnenenergie, der zur Erhaltung des Lebens durch den Prozeß der Biosynthese erforderlich ist, ist im Vergleich zu den anderen Größen irrelevant; der gesamte Rest wird von der Erdkugel absorbiert oder ins Weltall zurückgestrahlt.

Zahlreiche andere erneuerungsfähige Energiequellen lassen sich zweifellos von der Sonnenenergie ableiten: Hydroelektrizität, die gemäß der Weltenergiekonferenz ein jährliches Potential von 9 MMTOE darstellt; Gezeitenenergie - wenn auch von sehr geringer Größenordnung (50 MMTOE pro Jahr); Windenergie, für die eine Anwendung im häuslichen Bereich in abgelegenen Gegenden Anwendung finden könnte; Wellenenergie, deren Gewinnung beachtliche technische und wirtschaftliche Probleme aufwirft und schließlich Holz und organische Abfälle. Heutzutage deckt Holzfeuerung zwar nur 6 v.H. des gesamten Energieverbrauchs, aber in Entwicklungsländern ist ihr Anteil 28 v.H. Außerdem ist es möglich, sowohl Agrarrohstoffe (Zuckerrohr, Zuckerrüben, Seetang etc.) als auch Zellulose enthaltende landwirtschaftliche Abfallstoffe in Methan und Äthanol umzuwandeln. Die weltweiten geothermischen Ressourcen ihrerseits könnten, immer gemäß IIASA, 1 250 000 MMTOE erreichen, aber die wirtschaftlichen Bedingungen ihrer Ausbeutung nehmen diesen Angaben jeden praktischen Wert. Im ganzen sollten die potentiellen Beiträge von anderen erneuerungsfähigen Energien, abgesehen von der Sonnenenergie, folglich nicht überschätzt werden.

So wird denn die Weltenergieproduktion langfristig gesehen in keiner Weise durch den Umfang der Ressourcen begrenzt werden: zukünftige Energiesysteme dürften hauptsächlich auf Kernenergie (Spaltungsreaktoren vom Brütertyp oder Fusionsreaktoren) und auf Sonnenenergie basieren. Stehen diese Systeme erst einmal zur Verfügung, dürften die Energiekosten tendenziell nicht weiter ansteigen. Da sich die jährliche Erdölproduktion spätestens Ende des Jahrhunderts verringern wird, steht die Menschheit vor einer Übergangsphase, während derer sie in Erwartung neuer Energieformen fossile Brennstoffe (vor allem Kohle) und Kernspaltung nutzen könnte.

Allerdings ist das Problem einer wirtschaftlichen Übergangsperiode von einem geopolitischen Wechselspiel überlagert, das von der Tatsache herrührt, daß die einzelnen Länder während der Anpassungsphase in sehr verschiedenem Maße über Ressourcen verfügen. Dabei sind diese Ressourcen natürlich nur im Zusammenhang mit dem zukünftigen Verbrauch bedeutungsvoll. Die wesentlichen Gesichtspunkte sind hierbei die folgenden:

Der Energieverbrauch der Industrieländer wird wegen des Niveaus und der Struktur ihres Sozialprodukts in Zukunft langsamer ansteigen, und zwar selbst dann, wenn deren wirtschaftliche Wachstumsraten nicht zurückgehen. Auf der anderen Seite wird die Energienachfrage der Entwicklungsländer zur Befriedigung ihres Industrialisierungsbedarfs und infolge ihres Bevölkerungswachstums stark ansteigen. Der Weltverbrauch wird um das Jahr 2000 wahrscheinlich zwischen 12 und 15,5 MMTOE pro Jahr liegen. Längerfristig werden die Schätzungen sehr viel unsicherer.

Bezogen auf die Periode 1976 bis 2000 bedeutet dies, daß sich der Verbrauch im Gebiet der OECD verdoppeln wird, während er in den Entwicklungsländern auf das Fünf- bis Siebenfache ansteigt. Trotzdem wird ein Einwohner der westlichen oder östlichen Industrieländer immer noch siebenmal mehr kommerzielle Energie verbrauchen als ein Einwohner der Entwicklungsländer.

Energiestrategien müssen nicht nur Ressourcen und Verbrauch berücksichtigen, sondern darüber hinaus fünf Gegebenheiten, die die mögliche Entwicklung der Energieproduktions- und Verteilungssysteme einschränken:

- der Mangel an Flexibilität im Angebot / Nachfrageausgleich bei Primärenergie;

- die mögliche Rückwirkung auf das Klima;

- der Einfluß auf die Umwelt;

- Probleme der Sicherheit und der nuklearen Proliferation;

- der große Kapitalbedarf für die notwendigen Investitionen.

Außerdem beeinträchtigen drei - bisher oft zu wenig differenzierte - Arten von Unsicherheit die zukünftige Entwicklung des Erdölangebotes:

- politische Krisen mit plötzlichen und zweifelsohne zeitlich begrenzten Lieferbeschränkungen als Folge von Spannungen, Kriegen, Revolutionen;

- Kapazitätskrisen, zurückzuführen auf mangelnde Investitionen seitens der OPEC-Länder, die es als nicht in ihrem Interesse betrachten könnten, die Förderung zu steigern, selbst wenn die Ressourcen es zuließen; viele Experten und besonders die Internationale Energie-Agentur befürchten, daß eine solche Krise um 1985 auftreten könnte;

- auf die Ressourcen bezogene Krisen als Folge der Schwierigkeit, die Erdölproduktion angesichts der Beschaffenheit der bekannten Reserven und der geschätzten Ressourcen zu steigern; wie wir gesehen haben, könnte eine Krise solcher Art in der letzten Dekade des Jahrhunderts auftreten, wenn sich die Politik der Regierungen als unzureichend erweisen sollte.

Abgesehen von der ersten Krise, die entweder die Einführung von Erdölzuteilungssystemen oder eine außenpolitische Einflußnahme erfordern würde, erfordern die anderen Krisen drei Arten von staatlichen Maßnahmen:

(1) Interventionen während der Übergangsphase auf nationaler Ebene, die gleichzeitig Energieeinsparungen, Entwicklung von Kernenergie und die Konzipierung einer Politik für den Bereich der Kohle betreffen würden.

(2) Maßnahmen während der Übergangsphase auf internationaler Ebene, deren Notwendigkeit aus der Verschiedenartigkeit der Verhältnisse in den einzelnen Ländern herrührt. Dies bezieht sich auf wohlbekannte Themen: Förderungs- und Preispolitik der OPEC-Länder, Politik der Industrieländer in Hinsicht auf Anlage von Erdölüberschüssen, Zugang Europas und Japans zur Kohle der anderen OECD-Länder, Unterstützung der Entwicklungsländer außerhalb der OPEC durch die Industrieländer, damit jene ihre eigenen Ressourcen entwickeln können.

Eine solche Politik muß ihr Ziel darin sehen, das Auftreten einer neuen inflationistischen Rezession als Folge von Erdölknappheit, Ansteigen der Erdölpreise, Entstehen weiterer Erdölüberschüsse, Zahlungsbilanzungleichgewichten oder Reduzierung der wirtschaftlichen Aktivität der Verbraucherländer in den letzten 15 Jahren des Jahrhunderts zu verhindern (vgl. Teil III).

(3) Nationales und internationales Handeln mit längerfristigen Zielen, die sich auf die Entwicklung von neuen Primärenergien beziehen, auf die Lagerung und den Transport von Energie und die Umwandlung von Sekundärenergie sowie auf die langfristige Nachfrage nach flüssiger oder gasförmiger Energie nach dem vollständigen Abbau von Erdöl oder Erdgas.

So liegt denn die bezüglich der Energie für die Menschheit kritische Periode viel eher zwischen 1985 und 2025 als in der Zeit danach. Die Schwierigkeiten, diese kritische Phase durchzustehen, sind sowohl wirtschaftlicher wie politischer Natur; auf nationaler Ebene sieht die Öffentlichkeit nicht ein, daß wegen des erheblichen Zeitbedarfs für die notwendige Anpassung Maßnahmen bereits dann ergriffen werden müssen, wenn kurzfristig noch gar keine Energieknappheit vorliegt; auf internationaler Ebene kommen zum gemeinsamen Interesse aller für eine langfristige Prosperität der Weltwirtschaft die verschiedenartigen Interessen innerhalb der Ländergruppen.

D. MINERALISCHE ROHSTOFFE

Eventuelle Versorgungsengpässe bei Industrierohstoffen können zwei Dimensionen haben: physische Knappheit von der Tatsache herrührend, daß die Ressourcen nicht regenerierbar sind, und wirtschaftliche Knappheit, die sowohl politische als auch soziale Ursachen haben kann. Mögliche Wachstumshemmnisse sollen im folgenden unter beiden Gesichtspunkten betrachtet werden.

Der Ausgangspunkt jeder Untersuchung zu diesem Thema sind die Statistiken über identifizierte oder hypothetische Ressourcen sowie über Reserven, das heißt über jenen Teil der nachgewiesenen Ressourcen, der zum Zeitpunkt der Schätzung unter ökonomischen und rechtlichen Aspekten tatsächlich förderungswürdig ist. Ressourcen und Reserven sind allerdings keine ein für allemal feststehenden Größen, denn zum einen nimmt das Wissen über Zusammensetzung und Struktur der Erdkruste zu, und zum anderen ändern sich die relevanten wirtschaftlichen Parameter. Wenn Ressourcen und Reserven in absoluten Werten ausgedrückt werden (zum Beispiel in Tonnen Metallgehalt), ist ihre Menge abhängig von der Entwicklung der Metallpreise, von Gewinnungs-, Verarbeitungs- und Transportkosten bei gegebener Technologie und von entsprechenden Fortschritten in der Technik. Wenn sie andererseits in relativen Größen (wie zum Beispiel in vorhersehbarer Lebensdauer) ausgedrückt werden, müssen ebenfalls die Nachfrageentwicklung bei gegebenen Preisen, die direkte Preiselastizität der Nachfrage, die Entwicklung der relativen Preise und die Substitutionselastizitäten berücksichtigt werden.

Ein Vergleich zwischen Reserven und Verbrauchserwartungen weist nicht auf eine absolute und allgemeine physische Rohstoffknappheit hin, aber dies bedeutet natürlich nicht, daß nicht doch Schwierigkeiten hinsichtlich bestimmter Metalle auftreten könnten. Sogar für solche Materialien, deren vorhandene Reserven unzureichend erscheinen mögen, ist die Situation weniger dramatisch, als die Statistiken häufig vermuten lassen. Silber kann beispielsweise für die Herstellung von Spiegeln und anderen reflektierenden Oberflächen durch Aluminium ersetzt werden, bei chirurgischen Instrumenten durch Tantal und bei "Silberwaren" durch nichtrostenden Stahl. Mögliche Substitute für Wismuth sind Eisen bei der Fabrikation von Acrylnitril und Magnesium oder Aluminiumverbindungen bei pharmazeutischen Präparaten; auch Kunststoffe können Wismuthlegierungen bei gewissen Anwendungsgebieten ersetzen. Wenn man außerdem die potentiellen Ressourcen und nicht die Reserven zum kumulierten Verbrauch in Beziehung setzt, steigt das Verhältnis bei Silber von 0,6 auf 1,6 und bei Wismuth von 0,8 auf 1,3.

Quecksilber und Asbest bereiten schwierigere Probleme. Wegen der dem Quecksilber eigenen ungewöhnlichen Kombination physikalischer und chemischer Eigenschaften gibt es hierfür nur wenige zufriedenstellende Substitute, besonders in seinen Hauptanwendungsgebieten wie beispielsweise elektrische Geräte oder Industrie- und Kontrollinstrumente. Jedoch ist es relativ wahrscheinlich, daß der Einsatz von Quecksilber in Landwirtschaft und Pharmazeutik sowie in der Farb- und Chlor-Alkali-Industrie eher durch Umweltschutzüberlegungen als durch ein unzureichendes Angebot oder hohe Preise eingeschränkt wird. Für Asbest gibt es bisher in vielen Anwendungsbereichen noch keine Substitute, besonders bei Reibungsmaterialien, wie sie in Kraftfahrzeugen und anderen Transportmitteln gebraucht werden. Technologische Fortschritte in der Produktion von synthetischen Asbestsubstituten vor Ende des Jahrhunderts wären daher äußerst wünschenswert, insbesondere da Asbest auch Umweltprobleme aufwirft.

Dessenungeachtet, selbst wenn Asbest, Wismuth oder andere relativ knappe Mineralien wie Barium, Fluor, Germanium, Graphit, Gips, Indium und Glimmer vollständig verschwinden sollten - was äußerst unwahrscheinlich ist -, so würde dies einige Probleme in speziellen Anwendungen hervorrufen, aber es wäre sicherlich technisch möglich, ohne sie auszukommen. Ein Rohstoffvorrat geht nicht über Nacht zu Ende; während einer Übergangsperiode wird der Preis steigen, und dies wird die Suche nach Substituten fördern. Auch wird man auf diese Weise von Einsatzbereichen zweitrangiger Bedeutung abgehen, und dies wird die Lebensdauer des betroffenen Materials für wesentliche Nutzanwendungen verlängern.

Wichtiger dagegen erscheint das Problem der regionalen Verteilung der Reserven. Die Länder, in denen die Reserven liegen, sind in der Regel nicht auch gleichzeitig die Zentren des Verbrauchs. Sehr häufig besteht eine ausgesprochen starke regionale Konzentration der Reserven, die für einige Länder und eine gewisse Zahl von Mineralien ein politisches Risiko hinsichtlich einer Diskriminierung bei der Belieferung schafft. In diesem Zusammenhang muß man besonders jenen Rohstoffen Beachtung schenken, für die gleichzeitig eine starke regionale Konzentration der Reserven und eine hohe Abhängigkeit der OECD-Länder von den Lieferungen aus dem Ostblock, aus den Entwicklungsländern oder aus Südafrika besteht. Dies ist bei Platin, Chrom, Mangan und Vanadium der Fall, für die Südafrika und die UdSSR eine beherrschende Rolle spielen. Ein anderes Beispiel stellt Brasiliens Position in bezug auf Niob dar.[1]

Ein weiteres Kennzeichen der Rohstoffmärkte ist deren oligopolistische Struktur: außer in den Ostblockländern und einigen wenigen Entwicklungsländern, in denen die Bergwerke in den letzten Jahren verstaatlicht worden sind, wird der Bergbau von mächtigen multinationalen Gesellschaften beherrscht. Die meisten Rohstoffmärkte haben gleichfalls eine stark oligopolistische Struktur. Besonders ausgeprägt ist dies bei Bauxit, Molybden, Chrom, Nickel und Platin. Die Metalle Titan, Kobalt, Kolumbium und Vanadium stellen weitere Beispiele für die starke Angebotskonzentration dar, die von großen internationalen Unternehmen oder von Regierungen ausgeht. Darüber hinaus operieren dieselben Unternehmen in bestimmten Fällen auf verschiedenen Märkten und kontrollieren auf diese Weise nicht nur einen Rohstoff, sondern auch dessen Substitute - und das nicht nur im Stadium der Gewinnung: von wenigen Ausnahmen abgesehen, ist beispielsweise die kleine Zahl von Unternehmen, die Kolumbium produzieren, gleichzeitig in der ersten Verarbeitungsstufe für Tantal tätig, das als Substitut des Kolumbium in seiner Anwendung bei hohen Temperaturen eingesetzt werden kann.

1 Die Lage bei Titan würde weniger kritisch erscheinen, wenn man auch Rutil, Ilmenit und künstliches Rutil berücksichtigt, das aus Ilmenit gewonnen werden kann.

Schließlich und endlich werden Umweltschutzüberlegungen und das Verhalten der Öffentlichkeit im Hinblick auf die Erschließung und Ausbeutung der natürlichen Ressourcen in Zukunft eine Rolle im Zusammenhang mit der Verfügbarkeit der Rohstoffe spielen. Schwierigkeiten können sich durch die Auswirkungen der Gewinnung und der Bearbeitung der Mineralien in bezug auf das Land, das Wasser, die Atmosphäre und die soziale Umwelt ergeben.

Unter Berücksichtigung der verständlichen und unvermeidbaren Tendenz sowohl der Industrie- wie der Entwicklungsländer, ihre eigenen natürlichen Ressourcen zu kontrollieren, lassen sich zusammenfassend drei Fragen stellen:

(1) Wie kann man diskriminierende Praktiken verhindern, die den Zugang der Verbraucher zu den Rohstoffen oder den Zugang der Produzenten zu den Märkten einschränken?

(2) Wie kann man vermeiden, daß die wirtschaftlichen, sozialen und politischen Schwierigkeiten ungenügende Investitionen zur Folge haben, die mittelfristig Verknappung und infolgedessen Preissteigerungen bedeuten, die über die langfristige Tendenz hinausgehen?

(3) Wie werden sich langfristig die Preise entwickeln unter Berücksichtigung der in immer größere Tiefen vordringenden Minen, der geringerwertig werdenden Erze und der steigenden Kosten für Energie einerseits und für Umweltschutz andererseits?

Diese drei Fragen haben nichts mit dem Auftreten einer globalen und physischen Verknappung zu tun. Sie sind in der Hauptsache wirtschaftlicher, politischer und sozialer Natur.

E. DIE NATÜRLICHE UMWELT

Die Auswirkungen der menschlichen Tätigkeit auf die Umwelt sind verschiedenartig je nach dem Grad ihrer Reversibilität und der Wahrscheinlichkeitsverteilung der Gesamtrisiken. Während die am ehesten umkehrbaren Wirkungen zu vernünftig erscheinenden Kosten eingeschränkt werden können, bringen die irreversiblen Folgen im Hinblick auf politische Maßnahmenprogrammierung äußerst komplexe Probleme mit sich.

Drei spezifische Gebiete verdienen besondere Aufmerksamkeit: Klima, Wasser, Giftstoffe.

Die Beziehungen zwischen Klima und menschlicher Aktivität bilden ein Thema von besonderer Wichtigkeit, das die Regierungen auf keinen Fall außer acht lassen dürfen; worauf es, kurzfristig gesehen, ankommt, ist die Finanzierung von Forschungsvorhaben auf dem Gebiet der Klimatologie, um auf diese Weise das Wissen um die Vorgänge zu erweitern.

Insbesondere ergibt sich aus der wachsenden Verwendung fossiler Brennstoffe eine stetige Zunahme von Kohlendioxyd in der Atmosphäre: aus in den vierziger Jahren vorgenommenen Messungen weiß man, daß der CO_2-Gehalt der Atmosphäre damals 290 ppm betrug. 1950 erreichte er eben über 300 ppm und 330 ppm im Jahre 1975 - mit einer jährlichen Zuwachsrate im letzten Jahrzehnt von 1 ppm. Das ausströmende Kohlendioxyd wird sowohl von der Vegetation absorbiert, die das Gas in ihrem Stoffwechselprozeß umsetzt, als auch vor allem von den Ozeanen. Langfristig wird ozeanisches Kohlendioxyd in feste Karbonate umgewandelt, die als Niederschläge auf den Meeresgrund sinken. Gemäß einigen Vorhersagen könnte die Kohlendioxydkonzentration zu Ende des Jahrhunderts 380 ppm erreichen. Es gibt keinen Zweifel daran, daß dies das Temperaturgleichgewicht auf der Erde nach oben verschieden würde. Aber um wieviel? Und wie wird dieses Phänomen geographisch ver-

teilt sein? Nach einigen Modellen zu urteilen, bedeutet ein
Anwachsen von 100 ppm einen mittleren Temperaturanstieg von
$1°$ Celsius, wobei die Auswirkung besonders in Breiten von
mehr als $55°$ und in der Stratosphäre zu merken sein werden.
Die Konsequenzen in der Landwirtschaft werden vermutlich
sehr beträchtlich sein. Eine Gegenmaßnahme könnte darin bestehen, den Verbrauch von fossiler Energie zu beschränken,
eine andere Möglichkeit wäre, das von thermischen Kraftwer-
ken kommende CO_2 direkt in den Ozean zu leiten, aber das Wissen um diese Erscheinungen ist noch rudimentär.

Die Ergebnisse des (bereits genannten) IIASA-Seminars aus
dem Jahre 1977 sind, daß die Forschungstätigkeit intensiviert werden muß und daß die Zukunft nicht gefährdet wird,
wenn man dieses Problem noch nicht in die Entscheidungen der
nächsten Dekade einbezieht.

Auch hinsichtlich der weltweiten Wasserversorgung sollte bis
zum Ende des Jahrhunderts kein Problem auftreten. Jedoch besteht eine Hauptaufgabe darin, die Wasserversorgung in den
ländlichen Gebiete der Entwicklungsländer sicherzustellen
beziehungsweise auszuweiten.

Die Risiken endlich, die die Giftstoffe für die Umwelt mit
sich bringen, sind schwierig zu bewerten, und dementspre-
chend ist die Frage selbst kontrovers. Indessen sollten die
Innovationen, die zur Zeit in der chemischen Industrie im
Gange sind, dazu beitragen, die grundlegenden Dimensionen
des Problems bis zum Ende des Jahrhunderts zu modifizieren.

F. EIN SCHWIERIGER ÜBERGANG

Am Ende des ersten Teils des Reports zeigt sich, daß sich
die Frage nach den physischen Grenzen des Wachstums völlig
anders darstellt, als zumeist angenommen wird. Wenn man für

den Augenblick die feineren Unterschiede außer acht läßt, lassen sich drei generelle Folgerungen ableiten:

(1) Selbst wenn die Menschheit den Auswirkungen der ökonomischen Aktivität auf die Umwelt im weitesten Sinn immer stärker Rechnung zu tragen hat, kann sich der Prozeß des wirtschaftlichen Wachstums bezogen auf die Gesamtheit der Länder dieser Erde in den nächsten fünfzig Jahren weiter fortsetzen, ohne auf absolute physische Grenzen zu stoßen. Wie gezeigt wurde, kann es aber dennoch notwendig sein, der Qualität dieses Wachstums insbesondere im nationalen Rahmen mehr Aufmerksamkeit zu schenken.

(2) Andererseits geht die Menschheit aller Wahrscheinlichkeit nach einer schwerwiegenden Übergangsperiode im Hinblick auf ihre Beziehungen zur Ökosphäre entgegen: schwerwiegend in ihrer Zeitdauer - zwischen einem halben und einem ganzen Jahrhundert; schwerwiegend in ihrem Ausmaß - eine Verdreifachung der Weltbevölkerung von vier auf zwölf Milliarden, tiefgreifende Änderungen in der Landwirtschaft, massive Substitution in primären Energiequellen, die dem Niedergang konventioneller Ölproduktion folgen werden. Während dieser Periode werden die ständige Anpassung an neue Bedürfnisse (herrührend von Bevölkerungswachstum und wirtschaftlicher Entwicklung) und der Strom von Ressourcen komplexe Fragen auf nationaler und internationaler Ebene aufwerfen. Während dieser Periode werden physische Knappheiten eng mit ökonomischen und sozialen Engpässen verbunden sein.

(3) Letztlich sind die Fragen, die im Laufe der Übergangsperiode und besonders im Laufe der nächsten 25 Jahre auftreten werden, nicht zu trennen von den sozio-politischen Herausforderungen, mit denen sich die nationalen Gesellschaften konfrontiert sehen werden: Verringerung der Geburtenrate, Migration, Entwicklung landwirtschaftlicher Produktion, Nahrungsmittelhilfe, Zugang zu Energie- oder Erzressourcen,

Zunahme der Kernenergie, Non-Proliferation sowie Öl- und Rohstoffpreisbildung. Gleichgültig, welches dieser Probleme man betrachtet, man findet die Welt unvermeidlich in viele Teile zersplittert, so daß jede zusammenfassende, globale Analyse von Ressourcen und Bedürfnissen von nur begrenztem Wert wäre.

Teil II. TENDENZEN DER VERGANGENHEIT UND DIMENSIONEN DER
ZUKUNFT

Die Überlegungen dieses Abschnitts orientieren sich an der
folgenden Gliederung: Als erstes werden die wesentlichen
Trends des letzten Vierteljahrhunderts dargestellt, um so
die Probleme der Zukunft zu identifizieren. Daran anschließend werden die von Interfutures untersuchten Szenarien eingeführt. Dabei werden zunächst die Dimensionen benannt, von
denen ausgehend sie entwickelt worden sind, und danach die
Größenordnungen umrissen, zu denen sie führen.

A. DAS VERGANGENE VIERTELJAHRHUNDERT

Zunächst müssen einige Zahlen genannt werden:

- Die Weltbevölkerung von 2,5 Milliarden im Jahre 1950 muß
  verglichen werden mit der von 4 Milliarden im Jahre 1975.

- Zwischen 1948 und 1973 wuchs die Weltproduktiom um durchschnittlich 5 v.H. pro Jahr, ein historischer Rekord, der
  ein Anwachsen des Pro-Kopf-Einkommens mit einer Jahres-
  rate von ungefähr 3 v.H. erlaubte: 3,2 v.H. pro Jahr von
  1950 bis 1975 in den OECD-Ländern und 3,1 v.H. in den Entwicklungsländern.

- Während derselben Periode (1948-1973) stieg die globale
  Wertschöpfung in der Industrie, ausgedrückt in US-Dollar
  zu Preisen von 1970, von 234 Mrd. Dollar auf 1 023 Mrd.
  Dollar, was einer Wachstumsrate von über 6 v.H. entspricht.

- Die landwirtschaftliche Produktion verdoppelte sich im
  Zeitraum von 25 Jahren (1950-1975) in den marktwirtschaftlich organisierten Industrieländern und wuchs wäh-

rend der gleichen Periode um 130 v.H. in den Entwicklungsländern (mit Ausnahme von China).

- Dieser gewaltige wirtschaftliche Aufschwung war unvermeidbar verknüpft mit einem explosionsartig anwachsenden Welthandel und zunehmender Interdependenz: zwischen 1948 und 1973 weitete sich der Welthandel um das Sechsfache aus und wuchs demgemäß ungefähr um 50 v.H. schneller als die Weltproduktion.

Zweifellos waren es zwei Gründe, die dieses Wachstum während des letzten Vierteljahrhunderts ermöglicht haben. Und es ist klar, daß diese bei einer vorausschauenden Analyse in Betracht gezogen werden müssen:

(1) Trotz ihrer großen politischen und ideologischen Rivalität mit der Sowjetunion waren die Vereinigten Staaten am Ende des zweiten Weltkrieges die unbestrittene, beherrschende Wirtschaftsmacht. Sie besaßen den Einfluß, die Spielregeln zu bestimmen, die mit der Anerkennung durch die europäischen Alliierten de facto Rechtmäßigkeit errangen. Darüber hinaus wurden die von den USA befürworteten Prinzipien (Nicht-Diskriminierung, Gegenseitigkeit, Abbau von Zollschranken) von niemand formal bestritten, und die Vereinigten Staaten vermieden absichtlich, ihren eigenen Interessen Vorrang zu geben. Auf diese Weise wurde eine Reihe von Regeln aufgestellt, die eine effiziente Reallokation der Produktionsfaktoren auf internationaler Ebene ermöglichten - ein Tatbestand, der von einigen als Internationale Wirtschaftsordnung bezeichnet worden ist.

(2) Die politischen, sozialen oder ökonomischen Umwälzungen, in Europa und Japan durch den Krieg verursacht, in der Dritten Welt durch Entkolonisierung, führten in vielen nationalen Gesellschaften zu einer gesteigerten Anpassungsfähigkeit, was jenen Elementen, die den Wandel suchten, die

Möglichkeit gab, dem konkret Ausdruck zu verleihen. In diesem Zusammenhang ist es bezeichnend, daß verglichen mit den anderen großen Industrieländern die Wachstumsrate des Bruttosozialprodukts pro Beschäftigten im privaten Sektor in den Vereinigten Staaten und Großbritannien am niedrigsten war, das heißt in jenen Ländern, die weniger als andere von den Kriegsumwälzungen betroffen waren.

In bezug auf die Industrieländer haben die beträchtlichen Unterschiede im Niveau der wirtschaftlichen Entwicklung, die nach dem zweiten Weltkrieg zwischen den Vereinigten Staaten, Westeuropa und Japan bestanden, merkbar abgenommen. Dabei haben sich während dieser Periode die Wachstumsprozesse von Nordamerika auf der einen Seite und von Westeuropa und Japan auf der anderen gegenseitig verstärkt. Das Ergebnis war ein schnelleres Produktivitätswachstum in Europa und Japan, ein Abbau der technologischen Lücke und eine Verschiebung in Industriestrukturen und Handelsströmen. Mit der Zeit haben sich die Konkurrenzbedingungen zwischen jenen drei Polen geändert, und gerade diese Veränderungen sind es, die die Ursache einiger gegenwärtiger Probleme zwischen den modernen Industriegesellschaften bilden.

Welche Hauptveränderungen, die die modernen Industriegesellschaften in den letzten 25 Jahren durchgemacht haben, sollten nun herausgehoben werden? Wir haben einige ausgewählt, die eine fundamentale Bedeutung für die in diesem Bericht aufgeworfenen Fragen haben. Allerdings werden sie hier nicht in irgendeiner besonderen Reihenfolge hinsichtlich ihrer Bedeutung behandelt.

(1) Während des letzten Vierteljahrhunderts haben die industriellen Gesellschaften eine bemerkenswerte strukturelle Anpassungsfähigkeit gezeigt.

(2) Die strukturelle Anpassung wurde durch das effiziente Funktionieren der beiden wichtigsten wirtschaftlichen Institutionen Staat und Markt wesentlich vereinfacht. Besonders mannigfaltig sind, wenn auch mit großen Unterschieden von Land zu Land, die Aufgabenbereiche des Staates geworden. D. Bell (1976) zeigt auf, daß der Staat drei neue Verpflichtungen auf sich genommen hat: Globalsteuerung der Wirtschaft, Förderung der wirtschaftlichen Entwicklung und "normative Sozialpolitik", darauf angelegt, die Konsequenzen wirtschaftlicher und sozialer Ungleichheit zu korrigieren.

(3) Die makroökonomische Politik im Hinblick auf die Stabilitätsbedingungen, Preise, Beschäftigung und Zahlungsbilanz hat ein relativ stetiges Wachstum erlaubt und daraus folgend die Unberechenbarkeiten verringert; sie hat die Investitionsneigung erhöht und zur Entwicklung einer positiven Haltung gegenüber dem Strukturwandel beigetragen. Am Ende der Periode traten allerdings Formen von Unterbeschäftigung in Erscheinung, die nicht durch zyklische Phänomene zu erklären waren, sowie Formen von Inflation, die nicht das Ergebnis einer vollen Auslastung der Produktionskapazität waren. In einigen Ländern sind indessen die Wachstumsmöglichkeiten auch durch externe Faktoren begrenzt worden.

(4) Die staatliche Entwicklungsförderung (und im besonderen die staatliche Intervention bei der Umstrukturierung des Produktionsapparates, bei der regionalen Steuerung der wirtschaftlichen Aktivität und bei der Forschung) hat auf der anderen Seite während des Betrachtungszeitraumes in den verschiedenen OECD-Ländern eine sehr unterschiedliche Rolle gespielt. Dies ist einer der Aspekte, unter dem sich die OECD-Volkswirtschaften am stärksten voneinander unterscheiden.

(5) Was die Rolle des Wohlfahrtsstaates anbetrifft, so hat sich die Regierung zunehmend damit auseinandersetzen müssen,

was D. Bell die "Revolution steigender Ansprüche" nannte, eine Flut verschiedenartiger Forderungen von seiten aller sozialen Gruppierungen, die darauf ausgerichtet sind, für ihre Nutznießer das Recht auf Sach- und Geldleistungen zu erwirken, die aus Steuergeldern oder steuerähnlichen Quellen finanziert werden. Die Entwicklung des Wohlfahrtsstaates, in einigen OECD-Ländern stärker ausgeprägt als in anderen, hat sicherlich dazu beigetragen, das Wachstum menschlicher zu gestalten und den Strukturwandel zu erleichtern. Sie ist allerdings auch Hand in Hand gegangen mit einer Oligopolisierung des gesellschaftlichen Lebens, wobei jede soziale Gruppe dazu tendiert, sich für Verhandlungen mit dem Staat und mit anderen Gruppen zu organisieren, und auf diese Weise eher politische Organisationen wählt als den Markt, um ihre Ansprüche zu befriedigen. Daraus ergibt sich eine zweifache Frage, die die Wirksamkeit des Wohlfahrtsstaates betrifft. Neigt er dazu, den Nicht-Markt-Sektor über die eigentlichen Zielvorstellungen der Bevölkerung hinaus zu begünstigen? Führt die Art und Weise, in der er organisiert ist, zu systembedingten Verzerrungen zwischen den Zielsetzungen und den tatsächlichen erzielten Ergebnissen?

(6) Im letzten Vierteljahrhundert ist die Ausdehnung der Rolle des Staates einhergegangen mit einer bemerkenswerten Widerstandsfähigkeit des Marktes als wirtschaftlicher Institution. Vor diesem Hintergrund teilen viele Ökonomen die Überzeugung, daß der Markt imstande sei, mit den zukünftigen Anpassungsproblemen im wesentlichen fertig zu werden. Doch sind hier zunehmend auch Zweifel aufgetreten. Antizipiert der Markt die Zukunft in einer Weise, die mit den Zielen der Gesellschaft im Einklang liegt, wie sie von der Regierung gesehen werden? Bringt er nicht eine große Zahl von negativen externen Effekten hervor? Wird er fähig sein, die sogenannte "nicht-marktmäßige" Nachfrage zu befriedigen,

die sich vermutlich in Zukunft entwickeln wird? Erzeugt er nicht zu viele Ungleichheiten bei der Verteilung von Einkommen, Vermögen und Lebenslagen?

(7) Die Wechselwirkungen zwischen Wohlfahrtsstaat, Markt und sozialer Oligopolisierung mögen teilweise zwei Tatsachen erklären, die gegen Ende der Periode auftraten und die eine Anzahl von Industrieländern gemeinsam aufweisen:

- die fortschreitende Entwicklung einer nicht-konjunkturellen Unterbeschäftigung,

- ein Fortbestehen und in einigen Fällen eine Intensivierung von Verteilungskonflikten, die, verbunden mit einer wachsenden Sensibilität gegenüber Preiserwartungen, vermutlich gegen Ende der Periode ein entscheidender Faktor im Zusammenhang mit dem Auftreten eines Inflationstyps war, der nichts mit voller Auslastung des Produktionspotentials zu tun hatte.

Darüber hinaus haben sich einige Autoren gefragt, ob es nicht in den letzten Jahren in einigen Industrieländern eine anhaltende Tendenz abnehmender Investitionsneigung gegeben habe, und zwar ebenso aus institutionellen wie aus ökonomischen Gründen (Infragestellung der Gewinnberechtigung, zunehmende Unsicherheiten), während gleichzeitig der marginale Kapitalkoeffizient bezogen auf die Neuinvestitionen seit Beginn der fünfziger Jahre gestiegen ist.

(8) In den meisten Industrieländern ist der größte Teil des vergangenen Vierteljahrhunderts durch einen breiten Konsensus bezüglich der Zielsetzung des wirtschaftlichen Wachstums gekennzeichnet. Diese Art des Wachstums ist allerdings seit 1968 in Frage gestellt. Zunehmende Bedeutung wurde seitdem

dem Auftauchen neuer Nachfrageinhalte hinsichtlich Arbeitshaltung, Präferenzen zwischen Einkommen und anderen Vergütungsformen, Prioritäten bezüglich verschiedenartiger Waren oder Dienstleistungen und dem Auftreten neuer wesentlicher Themenkreise, wie zum Beispiel Umwelt, beigemessen. Könnten diese Nachfrageinhalte der Ausdruck von Änderungen in den Wertvorstellungen sein, die mit einiger Wahrscheinlichkeit von der Mehrheit der Gesellschaft übernommen werden, oder deuten sie auf eine Periode gesellschaftlicher Fragmentierung hin, während derer eine Vielzahl von Minoritäten, die jeweils für verschiedene Werte kämpfen, unter Infragestellung der Rechtmäßigkeit der staatlichen Autorität nebeneinander existieren?

Für die Dritte Welt, die die Unabhängigkeit erworben hat und sich nun inmitten einer Bevölkerungsexplosion befindet, führt das letzte Vierteljahrhundert zu zwei sich ergänzenden Deutungen, die im Verlauf dieses Berichts immer wieder auftreten werden. Von diesen beiden Erklärungen, die nacheinander die Gleichheit und die Verschiedenartigkeit zwischen den Ländern der Dritten Welt herausarbeiten werden, ist die eine dem Prozeß der Internationalisierung zuzuschreiben, der von den OECD-Ländern ausgeht, und die andere den Unterschieden in der inneren Dynamik der Entwicklungsländer, mit der sie auf diesen Prozeß reagieren:

Einerseits wird die Dritte Welt, im Gegensatz zu den Industrieländern, zunehmend differenzierter und heterogener. Die Gründe hierfür liegen in den kulturellen, sozialen, wirtschaftlichen und politischen Besonderheiten ihrer verschiedenen Gesellschaften und in der Art und Weise, wie diese sich den inneren und äußeren Herausforderungen stellen, besonders jenen, die sich aus westlichem Einfluß ergeben. Einige Länder sind dabei, vollwertige industrielle Partner zu werden und bieten ihrer Bevölkerung bereits einen bescheidenen Lebensstandard. Andere haben Schwierigkeiten, ihre Landwirtschaft zu entwickeln und sehen die Anzahl derer, die an Unterernährung leiden, von Jahr zu Jahr steigen.

Doch gleichzeitig wird die Dritte Welt gekennzeichnet durch Gleichartigkeiten, die durch die Beziehungen zur industriellen Welt hervorgebracht werden. Die nationalen, in Entwicklung befindlichen Volkswirtschaften der Entwicklungsländer in die Weltwirtschaft zu integrieren, hat wichtige Konsequenzen: Ausländische Investitionen, angezogen durch das Vorhandensein von Rohstoffen oder von besonderen landwirtschaftlichen Produkten, durch billige Arbeitskräfte und eine gegenwärtige oder zukünftige kaufkräftige inländische Nachfrage; das Entstehen einer verhältnismäßig privilegierten Arbeiterklasse; das Nebeneinanderbestehen eines modernen und eines archaischen Sektors; Konflikte zwischen sozialen Gruppen mit verschiedenartigen Beziehungen zu den Industrieländern; schnelle Urbanisation usw. ... Diese Integration hat Folgen, die zu gleicher Zeit vorteilhaft und schädlich sind. Die genannten wirtschaftlichen und politischen Gleichartigkeiten haben ein Solidaritätsgefühl zwischen Eliten entstehen lassen, das Bemühen um eine neue Ethik, den Wunsch nach kultureller Emanzipation, die stufenweise Schaffung einer Plattform gemeinsamer Vorschläge, die die Anfänge einer ideologischen Wandlung innerhalb der Dritten Welt anzeigen.

Steuern wir, wie manche Leute hoffen, auf eine breite kollektive Unabhängigkeit einer Dritten Welt zu, die fortan ihre Beziehungen zum Westen stark einschränken würde? Auf jeden Fall ist die gegenwärtige Dekade eine Übergangsperiode, die sowohl in konjunkturellen wie in strukturellen Größen interpretiert werden kann. Die strukturellen Veränderungen, die aus den Ereignissen des letzten Vierteljahrhunderts hervorgegangen sind, wirken von nun an gleichzeitig auf die Industrieländer ein, auf die Beziehungen zwischen den Industrieländern und auf ihre Beziehungen zu den Entwicklungsländern.

B. DIE INTERFUTURES-SZENARIEN

Die von Interfutures ausgearbeiteten Szenarien sind keine Prognosen, sondern ein Versuch, Licht auf verschiedene mögliche oder jedenfalls nicht unwahrscheinliche Zukunftsentwicklungen zu werfen. Sie sind mehr als nur unterschiedliche Simulationsergebnisse ein und desselben Modells, denn für ihre Ausarbeitung bedurfte es gleichzeitig ergänzender Untersuchungen quantitativer und qualitativer Natur.

Die Szenarien können nicht nur dazu verwendet werden, Wandlungen zu ergründen, die Veränderungen in der Politik hervorrufen, sondern ebenfalls dazu, mögliche Abweichungen in ihrer Aufeinanderfolge zu analysieren. Sie wurden auf der Basis einer geringen Anzahl wesentlicher Dimensionen ausgearbeitet und alsdann mit Hilfe von sinnvollen Annahmen bezüglich dieser Parameter definiert.

Die vier für die Szenarien ausgewählten Dimensionen sind die folgenden:

- die Art der Beziehungen, die sich vermutlich zwischen den Industrieländern entwickeln werden;

- die Beziehungen zwischen Industrieländern und Entwicklungsländern und die Beziehungen zwischen Entwicklungsländern untereinander;

- die für Industriegesellschaften typische interne Dynamik;

- die innere Dynamik der im Entwicklungsprozeß befindlichen Gesellschaften.

Um im Rahmen dieser Dimensionen auch die Unterschiede in den Annahmen für einzelne Länder zu verdeutlichen, war es ferner notwendig, Hypothesen über die langfristige Entwicklung der relativen Produktivität aufzustellen. Zwei prinzipielle Möglichkeiten wurden in Betracht gezogen. Die erste geht von einem Prozeß der Konvergenz und zunehmender Übereinstimmung aus, die zweite unterstellt die entgegengesetzte Tendenz.

Die erste Alternative entspricht der Annahme, daß der Angleichungsprozeß bezogen auf die USA über die nächsten 25 Jahre weiterlaufen wird und daß jedes Land eine allmähliche Verringerung der relativen Wachstumsrate seiner Produktivität beobachten wird, bis es Produktivitätsniveau und -trend der Vereinigten Staaten erreicht hat. Der Zeitpunkt des Gleichziehens mit den USA wird für die anderen Länder um so näher liegen, je höher das Niveau ihres Ausgangspunktes und ihre Produktivitätswachstumsraten sind. Ferner ist zu beachten, daß der Konvergenzzeitraum auch durch den analytisch notwendigen Bezug auf Preise und Wechselkurse zum Zeitpunkt des Beginns des Angleichungsprozesses beeinflußt wird. Denn selbst wenn Inflation und sich ändernde Paritäten keinen Einfluß auf die Messung von Produktivitätstrends auf nationaler Basis haben, können sie beträchtliche Ungleichheiten bei internationalen Produktivitätsvergleichen nach sich ziehen. Es sollte daher hervorgehoben werden, daß ein solcher Konvergenzmechanismus in erster Linie darum von Interesse ist, weil er eine Untersuchung der langfristigen Folgen eines Trends in Richtung auf eine Angleichung der Produktivitäten in den Industrieländern als Ganzes ermöglicht und nicht so sehr weil er zuverlässige Schätzungen des Produktivitätsniveaus zu Ende der Periode liefert.

Auf der anderen Seite kennen wir bereits den historischen Fall, wo ein Land, das das derzeit höchste Produktivitätsniveau hatte, von einem anderen Land eingeholt und überflügelt wurde: als sich im 19. Jahrhundert die deutsche Produktivität der britischen näherte, erwies sich die britische Produktivität nicht als Gipfelpunkt, und die deutsche Produktivität übernahm ohne Schwierigkeiten die Spitze. Angesichts dieser Tatsache ist es folglich interessant, auch die Möglichkeit der Divergenz zu untersuchen; besonders die japanische und die deutsche Produktivität zum Beispiel könnten die Produktivität der Vereinigten Staaten zwischen 1985 und 1990 überflügeln.

Diese beiden Annahmen über die zukünftige Entwicklung der Produktivität messen den internen Faktoren den größten Wert bei. Aber auch die Hypothesen, die mit der ersten und zweiten Dimension verknüpft sind, dürften einen sich unterschiedlich auswirkenden Einfluß auf die Produktivitätsentwicklung der großen industrialisierten Regionen ausüben. Die weitere Analyse wird dies deutlich machen.

Interfutures hat keine verschiedenen Annahmen bezüglich der Entwicklung in Osteuropa untersucht, aber es hat sich bemüht, wahrscheinliche Hypothesen im Hinblick auf die Wachstumsraten in diesem Gebiet auf den Umfang des Ost-West-Handels, auf die Ost-Süd-Beziehungen in wirtschaftlicher Hinsicht und auf das Verhalten des Ostens im Nord-Süd-Dialog zu berücksichtigen.

Die Hauptszenarien, die Interfutures untersucht hat (A, B_1, B_2, B_3, C, D) sind um eine Kombination von Hypothesen herum errichtet, wie sie Tabelle 1 zeigt. Sie wurden ausgewählt, um die Zukunftsmöglichkeiten zu beschreiben, die in der augenblicklichen Übergangsperiode im Keim bereits vorhanden sind.

Im einzelnen können diese Szenarien wie folgt definiert werden:

(1) Szenario A: Kollegiales Management und Konflikte in

den Industrieländern; weitere Liberalisierung des internationalen Handels; steigende Teilnahme der Dritten Welt am Welthandel, aber differenziert, was die einzelnen Entwicklungsländer anbetrifft; fortgesetztes wirtschaftliches Wachstum in den Industrieländern, aber kein schneller Wechsel in den Wertvorstellungen. Die relative Produktivitätsentwicklung in den OECD-Ländern wird als konvergierend angenommen.

(2) Szenarien B_1, B_2, B_3 : Identische Annahmen über die Beziehungen der Industrieländer untereinander, über jene zwischen den Entwicklungsländern und auch jene zwischen den beiden Gruppen. Andererseits realisieren die Industrieländer nur mäßiges Wachstum, wenn auch mit Unterschieden in diesen drei Szenarien. In B_1 wird unterstellt, daß die Änderungen in den Wertvorstellungen schnell eintreten und ein sozialer Konsensus bezüglich der Verlangsamung des Wachstums besteht. Die Basis hierfür ist, daß die Wachstumsverlangsamung mit einer inhaltlichen Änderung des sozialen Outputs im weitesten Sinne des Wortes einhergeht. In den anderen beiden Varianten gibt es keine eindeutige, einstimmig akzeptierte Änderung in den Wertvorstellungen, und die Verlangsamung des Wachstums ist mehr auf strukturelle Anpassungsschwierigkeiten auf nationaler und internationaler Ebene zurückzuführen als auf bewußte Beschlußfassung wie in B_1. Die B_2-Alternative zeichnet sich durch die Annahme der Konvergenz der relativen Produktivität aus, während B_3 Divergenz verbunden mit sozialen und institutionellen Disparitäten zwischen den verschiedenen Industrieländern zur Voraussetzung hat.

(3) Szenario C: Dieses Szenario wurde eingeführt, um die Folgen der Nord-Süd-Konfrontation zu analysieren. Die Annahmen sind: Anwendung von Strategien durch eine Mehrzahl von Entwicklungsländern, die sie von der Entwicklung im Norden möglichst unabhängig machen; kollegiales Management auf sei-

ten der Industrieländer mit erweiterter Liberalisierung des internationalen Handels; langsameres Wachstum in der OECD-Zone, aber ohne Wechsel in den Wertvorstellungen; keine Konvergenz in der Produktivitätsentwicklung, da die Haupt-OECD-Regionen unterschiedlich durch den Nord-Süd-Bruch betroffen würden.

(4) Szenario D: Spaltung der Gruppe der Entwicklungsländer und zunehmender Protektionismus; zugleich mit der Entstehung von Einflußzonen um drei Pole herum: die Vereinigten Staaten, die Europäische Gemeinschaft und Japan. Diese Zonen werden regionale Gruppierungen (nach kontinentalem Maßstab) von Entwicklungsländern einschließen; internationaler Handel und Kapitalströme werden sich vornehmlich innerhalb dieser Zonen entwickeln. Diese Annahmen sind gekoppelt mit denen niedrigeren Wachstums, teilweise herrührend von der Destabilisierung der Handelsströme. Die Divergenz in der Produktivitätsentwicklung folgt hier aus der unterschiedlichen Wirkung jener Aufspaltung der Dritten Welt auf die wichtigsten OECD-Zonen.

Trotz der Verschiedenheit dieser Szenarien ist das Bild der möglichen Zukunftsentwicklungen, das sie anbieten, nicht vollständig. Hierfür gibt es drei Gründe:

- Die Zukunft könnte eine Mischung von Elementen der verschiedenen Szenarien sein; im Prinzip ist dies sogar recht wahrscheinlich, wie Teil V des Berichts zeigen wird.

- Neben den Hauptszenarien könnten andere skizziert werden mit dem Ziel, Zwänge innerhalb der Europäischen Gemeinschaft, durch Wachstum verursachte Änderungen der Wertvorstellungen, Wiederbeginn hohen Wachstums am Ende des Jahrhunderts, wesentlich größeren Ressourcentransfer von Nord nach Süd[1] usw. zu untersuchen.

1 Wie in einem der Szenarios von W. LEONTIEF in seiner Studie für die Vereinten Nationen dargestellt (1977).

Tabelle 1: Definition der Szenarien[1,2]

	Die Beziehungen zwischen den Industrieländern			
	Kollegiales Management			Teilweise Aufgabe des freien internationalen Handels zwischen den Polen
Die interne Dynamik in den Industriegesellschaften	Konsensus über hohes Wirtschaftswachstum	Schneller Wandel der Wertvorstellungen und mäßiges Wachstum	Konflikte zwischen sozialen Gruppen und mäßiges Wirtschaftswachstum	
Entwicklung der relativen Produktivitäten Nord-Süd-Beziehungen und Beziehungen zwischen den Entwicklungsländern				
Starkes Wachstum der wirtschaftlichen Austauschbeziehungen zwischen Nord und Süd	A	B_1	B_2	
Verschärfung der Gegensätze zwischen Nord und Süd	Konvergenz		B_3	Divergenz
Teilweise Spaltung der Dritten Welt mit regionalen Blockbildungen um bestimmte Industrieländerpole			C	D

Anmerkungen zu Tabelle 1

1   Die vierte Dimension, die die interne Dynamik der verschiedenen Gruppen von Entwicklungsländern betrifft, ist im wesentlichen im Rahmen der Regionalanalysen berücksichtigt worden, die in die Szenarien eingearbeitet sind.

2   Um die Wiederholung der Buchstaben zu vermeiden, werden die Szenarien im Text teilweise mit den folgenden Kurzbezeichnungen belegt:

A   = Szenario mit hohem Wirtschaftswachstum;
B_1 = Szenario mit neuem qualitativem Wachstum;
B_2 = Szenario mit mäßigem Wirtschaftswachstum und Produktivitätskonvergenz;
B_3 = Szenario mit mäßigem Wirtschaftswachstum und Produktivitätsdivergenz;
C   = Nord-Süd-Konfliktszenario;
D   = Protektionismus-Szenario.

So nützlich diese Kurzbezeichnungen auch sein mögen, die zugrundeliegenden Annahmen geben sie natürlich nur unvollkommen wieder.

Tabelle 2: Bruttoinlandsprodukt und Volkseinkommen 1975-2000; Vergleiche der Schätzungen für die Szenarien A, B_2, C, D

	BIP (Wert Mrd. US-Dollar 1970)					% des weltweiten B I P					Volkseinkommen (Wert US-Dollar 1970)				
	1975	A 2000	B_2 2000	C 2000	D(3)	1975	A 2000	B_2 2000	C 2000	D(3)	1975	A 2000	B_2 2000	C 2000	D(3)
1. USA	1 091,0	2 418	1 992	2 139	2 325	28,7	19	18	24	21	5 132	9 870	8 130	7 780	8 450
2. Kanada	103,3	262	211			2,7	2	2			4 531	8 730	7 020		
3. Japan	257,5	1 365	1 095	477	1 005	6,8	10	10	5	9	2 371	10 260	8 230	3 590	7 560
4. EG	705,3	2 070	1 588	1 157	1 477	18,5	16	14	13	14	2 752	7 960	6 110	4 450	5 680
5. Westeuropa ohne EG	150,8	647	562	293	460	4,0	5	5	3	4	1 049	3 950	3 420	1 790	2 800
6. Australien/Neuseeland	48,8	123	108	88	121	1,3	1	1	1	1	2 568	5 600	4 910	4 020	5 490
OECD	2 356,7	6 885	5 556	4 154	5 388	62,0	53	50	47	49	3 044	8 000	6 470	4 880	6 270
7. Osteuropa	607,8	2 058	1 962	1 700	1 962	15,9	16	18	20	18	1 700	5 330	5 080	4 730	5 080
8. Lateinamerika	235,5	1 279	1 137	964	1 085	6,2	10	10	11	10	745	2 300	2 040	1 730	1 950
9. Südasien	82,6	280	250	215	220	2,2	2	2	2	2	101	210	184	148	160
10. Südostasien	84,5	459	391	330	371	2,2	4	4	4	3	224	720	620	510	580
11. China	212,8	913	913	812	913	5,6	7	8	9	8	256	800	800	710	800
12. Nordafrika/Westasien	150,3	816	645,1	560	645	3,9	6	6	6	6	845	2 450	1 940	1 680	1 940
13. Schwarzafrika	49,7	208	145	121	198	1,3	2	1	1	2	164	380	266	223	360
Total 8-13	815,9	3 955	3 481	3 002	3 432	21,6	31	32	33	32	290	860	790	656	750
Total Welt	3 802,3	12 970	11 057	8 984	10 836	100	100	100	100	100	960	2 210	1 920	1 530	1 850

Bemerkungen: (1) Die regionale Aufteilung nach Ländern wird im Teil V wiedergegeben.
(2) Südafrika ist in keiner der 13 Regionen berechnet; es ist im Weltgesamt total berücksichtigt.
(3) Zur Auswertung der Zahlen von Szenario D vgl. die Kommentare im Text.

- Schließlich gibt es Möglichkeiten von Veränderungen und Brüchen in der Entwicklungsabfolge eines Szenarios, die unwiderrufliche Diskontinuitäten hervorrufen könnten. So könnte zum Beispiel im Szenario mit hohem Wirtschaftswachstum eine Beschränkung der verfügbaren Energiemenge eine Rezession auslösen, die die im Szenario beschriebene Entwicklung beendet.

C. DIE ZUKUNFT IN GRÖSSENORDNUNGEN

Tabelle 2 beschreibt für bestimmte Szenarien den Trend des Bruttoinlandsprodukts zwischen 1975 und 2000 bezogen auf große Regionen, ferner deren Anteil an der Weltproduktion sowie deren Pro-Kopf-Einkommen in den Jahren 1975 und 2000.[1] In allen diesen Szenarien ändert sich die Welteinkommensverteilung beträchtlich. So fällt der Anteil der OECD-Länder auf etwa 50 v.H., und jener der Dritten Welt erreicht annähernd 33 v.H. Die relative Übereinstimmung bezüglich der Verteilung in den verschiedenen Varianten ist zugegebenermaßen teilweise auf die Bandbreite der möglichen Versionen der Zukunft zurückzuführen, die in den Szenarien untersucht werden. Hinter dieser scheinbaren Stabilität der Anteile auf dem Niveau großer geographischer und makroökonomischer Aggregate verbergen sich jedoch sehr verschiedenartige Situationen und insbesondere Entwicklungslinien im Hinblick auf die Produktions- und Handelsstruktur.

Ein Beispiel für diese Unterschiede in den Trends wird deutlich, wenn man die Schätzungen in den Szenarien B_2 und D vergleicht. Diese beiden Szenarien, die in bezug auf die Annahmen über die Beziehungen zwischen den Industrieländern sowie zwischen den Industrieländern und den Entwicklungslän-

[1] Die Annahmen für das Wachstum der Bevölkerung, die für alle Szenarien gleich sind, wurden in Teil I erläutert.

dern grundverschieden sind, stellen scheinbar ähnliche Bilder für das Jahr 2000 dar, soweit es um die Verteilung der Weltproduktion geht. Betrachtet man indessen die Entwicklung mit dem Zeithorizont des Jahres 1990, deckt der Vergleich der beiden Szenarien, wie Tabelle 3 zeigt, zumindest für die Industrieländer bemerkenswerte Unterschiede auf. Die Auswirkungen des Protektionismus zwischen den drei Polen des Nordens erreichen ihren Höhepunkt im Jahre 1990, während sie zehn Jahre später durch Anpassungsprozesse weitgehend abgeschwächt sind.

Welche Größenordnungen bieten die Szenarien an?

(1) Starkes und konvergierendes Wachstum in den Industrieländern: Dieses Szenario stellt eine Welt mit einer Bevölkerung von annähernd 6 Milliarden dar, mit einem Bruttosozialprodukt, das 3,4mal größer ist als im Jahre 1975 und mit einem Energieverbrauch von 14,6 MMTOE. Die Dritte Welt (ohne China) erstellt 17,6 v.H. der Industrieproduktion. Sowohl die absolute Zahl als auch der Anteil der Weltbevölkerung mit angemessenem Einkommen wird beträchtlich gewachsen sein, aber noch immer wird es viele Menschen geben, die in extremer Armut leben.

(2) Mäßiges Wachstum in den Industrieländern: In dem Szenario mit konvergierender Produktivität wird der Anstieg des Welteinkommens zwischen 1975 und 2000 auf das 2,9fache verringert, die jährliche Wachstumsrate für die OECD-Region sinkt von 4,3 auf 3,4 v.H., und das Wachstum in der Dritten Welt ist 10 bis 15 v.H. niedriger. Wird eine divergierende Entwicklung der Produktivität angenommen, dürften sich die Trends für die verschiedenen Gruppierungen der OECD-Länder nach dem Ende dieses Jahrhunderts deutlich verändern, wobei insbesondere das Wirtschaftswachstum in Japan höher liegen wird.

Tabelle 3: Bruttoinlandsprodukt und Pro-Kopf-Einkommen in den Szenarien B_2 und D im Zeithorizont von 1990

	BIP (in Mrd.US-$ 1970) 1990		% des weltweiten BIP 1990		Pro-Kopf-Einkommen (in Mio.US-$) 1990	
Szenarien	B_2	D	B_2	D	B_2	D
Regionen						
1. Nordamerika	1 737	1 713	26	27	6 760	6 670
2. Japan	653	474	9	6	5 280	3 850
3. EG	1 200	1 009	18	16	4 620	3 880
4. Westeuropa ohne EG	361	380	5	6	2 300	2 420
5. Australien/ Neuseeland	80	83	1	1	4 600	4 690
OECD	4 031	3 659	59	56	4 920	4 430
6. Osteuropa	1 155	1 171	17	18	2 990	3 030
7. Lateinamerika	507	502	8	8	1 110	1 100
8. Südasien	141	141	2	2	120	120
9. Südostasien	194	201	3	3	360	380
10. China	396	396	6	6	390	390
11. Nordafrika/ Westasien	232	238	3	4	870	890
12. Schwarzafrika	74	76	1	1	170	180
Total 7-12	1 544	1 554	23	24	400	400
Total WELT	6 762	6 416	100	100	1 330	1 260

(3) Konfrontation zwischen Nord und Süd: Diese Situation würde einen außerordentlichen Einfluß auf die Europäische Gemeinschaft und auf Japan haben. Das Wirtschaftswachstum in der Dritten Welt würde sich verringern. Außerdem würden sich fundamentale Veränderungen in den Wirtschaftsstrukturen der Entwicklungsländer und in deren Beziehungen untereinander ergeben.

(4) Eine gespaltene Welt: Die Annahme einer Ausbreitung des Protektionismus geht mit erheblich niedrigeren Wachstumsraten für die OECD-Region zwischen 1975 und 1990 einher, wobei die verschiedenen Pole unterschiedlich betroffen werden. Nach 1990 könnte sich das Wirtschaftswachstum wieder beschleunigen. Die Entwicklungsländer würden unter der Annahme von Präferenzbeziehungen mit bestimmten Gebieten der industrialisierten Welt im ganzen weniger hart betroffen.

Eine unkritische Interpretation der vorgeschlagenen Größenordnungen, die die Hauptunsicherheiten der Zukunft unberücksichtigt ließen, wäre allerdings äußerst trügerisch. Welches sind also vom Standpunkt der OECD aus sowie zusätzlich zu Szenario C, das selbst einen Bruch beinhaltet, die anderen möglichen Diskontinuitäten, die von den Szenarien implizit erfaßt werden?

Zunächst politische Brüche, die sich leicht auf drei Ebenen ergeben können: Revolutionen in den Ländern der Dritten Welt, besonders in den öl- oder rohstoffproduzierenden Ländern; örtliche Konflikte zwischen Ländern der Dritten Welt untereinander; Konflikte, die ein Ausbreiten von Kernwaffen begünstigen; zunehmende politische und militärische Rivalität zwischen den USA und der UdSSR, wobei die Dritte Welt zwischen den Einflußsphären von Ost und West hin und her gerissen wird.

Außerdem wirtschaftliche und soziale Brüche, die überdies

kombiniert mit den politischen Brüchen auftreten können:
Eine durch Energieverknappung ausgelöste inflationistische
Rezession, die das Wachstum der Weltwirtschaft unterbrechen
und die Entwicklung von Szenarien vom Typ A oder sogar B_2
unmöglich machen würde; industrielle Umstrukturierung, die
infolge der damit verbundenen vorübergehenden Unterbeschäftigung in einigen Industrieländern auf einen solchen Widerstand treffen könnte, daß sich der Protektionismus über das
in Szenario D angenommene Ausmaß hinaus ausbreitet. Diese
beiden Brüche könnten begünstigt werden durch eine zunehmende Unregierbarkeit der industrialisierten Demokratien,
die diese unfähig zur Anpassung machen würde.

Diese möglichen Diskontinuitäten in der Entwicklung machen
deutlich, wie verwundbar die heutigen Entwicklungsländer und
die modernen Industriegesellschaften sind. Sie zeigen, daß in
der augenblicklichen Übergangsperiode das Risiko einer größeren Krise nicht nur im Zusammenhang mit den Schwierigkeiten
auf bestimmten Gebieten wie Bevölkerung, Energie, Landwirtschaft und Neuverteilung industrieller Aktivitäten besteht.
Die Gefahren resultieren vielmehr in erster Linie aus einem
Zusammentreffen der Probleme, was zu einer bedeutsamen Ausweitung der Verantwortung und Aufgabenbereiche der Regierungen führt.

Um diese Interdependenz der Probleme zu verstehen, ist es
notwendig, die Größenordnungen der Zukunftstrends im Auge
zu behalten und vor deren Hintergrund die Wandlungen gründlich zu analysieren, die mit den Wertvorstellungen, den
Institutionen, den Produktivsystemen und dem internationalen Handel zusammenhängen. Auf diese Weise kann man hoffen,
die Realitäten der wesentlichen politischen, wirtschaftlichen und sozialen Probleme in den Griff zu bekommen, mit
denen sich die Regierungen der Industrieländer in mittel- und längerfristiger Sicht auseinanderzusetzen haben.

Der erste dieser Problemkreise umfaßt die Fähigkeit der modernen Industriegesellschaften, sich strukturellen Wandlungen anzupassen, und darüber hinaus ihre langfristigen Wachstums- und Beschäftigungsaussichten.

Teil III: DIE HOCHENTWICKELTEN INDUSTRIEGESELLSCHAFTEN IM
ZEICHEN DES UMBRUCHS

Logischerweise muß jede Analyse der Entwicklungsaussichten
für die modernen Industriegesellschaften systemorientiert
sein, das heißt, jedes Element kann seine volle Bedeutung nur
dann erlangen, wenn es mit den anderen in Beziehung gesetzt
wird. Der vorliegende Teil des Berichts versucht, dies zu erreichen, aber im Interesse der Kürze wird er auf drei sich
ergänzende Ansätze beschränkt. Jeder dieser Ansätze geht von
einer fundamentalen Frage aus:

- Ist in den hochentwickelten Industriegesellschaften eine
  grundlegende Veränderung der Wertvorstellungen innerhalb der
  Majorität der Bevölkerung im Gange, die mit einiger Wahrscheinlichkeit die Nachfrage bezogen auf Umfang und Zusammensetzung des Sozialprodukts verändern könnte?

- Welches sind die langfristigen makro-ökonomischen Aussichten
  der modernen Industriegesellschaften im Hinblick auf Wachstum, Preisstabilität und Beschäftigung?

- Werden die hochentwickelten Industriegesellschaften fähig
  sein, ihre wirtschaftlichen, sozialen und politischen Strukturen den neuen Erfordernissen anzupassen, die die tiefgreifenden Wandlungen der Zukunft mit sich bringen werden?

Die drei Schwerpunkte der folgenden Analyse sind daher die
Entwicklung der Wertvorstellungen, das wirtschaftliche Wachstum und der Strukturwandel. Alle drei Aspekte stehen eng miteinander in Beziehung.

A. DIE ENTWICKLUNG DER WERTVORSTELLUNGEN

Für alle Überlegungen in langfristiger Sicht ist die Analyse möglicher Veränderungen in den Wertvorstellungen der hochentwickelten Industriegesellschaften unverzichtbar.

Wenn Wertvorstellungen auf dem Niveau von Einzelpersonen Basispräferenzen zum Ausdruck bringen, stellen die zum Ausdruck gebrachten Bedürfnisse Antworten dar, die von den Wertvorstellungen und der Umwelt geprägt sind. Infolgedessen könnten neue Nachfrageinhalte als Ergebnis von Veränderungen in unterschiedlichen Bereichen erscheinen: die Extreme liegen zwischen einer Reaktion auf Wandlungen in der Umwelt einerseits und einer Reaktion auf Veränderungen in den Vorstellungen über den Sinn und die Bedeutung der menschlichen Existenz andererseits.

Darüber hinaus ist es beim Übergang in der Analyse vom individuellen zum gesellschaftlichen Bereich notwendig, die kulturellen Unterschiede zwischen Industrieländern, die relative Bedeutung von früher existierenden Wertvorstellungen, die Rolle von sozialen Gruppen und die Verschiedenartigkeit von Individuen selbst in Betracht zu ziehen.

1. Der Wandel in den Wertvorstellungen in den Industrieländern: Richtung und Intensität

Die wirtschaftliche Entwicklung im Verlauf des letzten Jahrhunderts hat ohne Zweifel zu den Veränderungen in Bedürfnissen und Nachfrage sowie in den Wertvorstellungen in den Industrieländern beigetragen. Es handelt sich hierbei um Veränderungen, die sich in bezug auf ihre Tragweite ebenso wie hinsichtlich der Wichtigkeit der sozialen Gruppen unterscheiden, die sie für sich in Anspruch nehmen.

Während dieser entscheidenden Jahre verbesserte sich die Befriedigung der Konsumnachfrage erheblich, und es erscheint sinnvoll, anzunehmen, daß diese in Zukunft als unwichtiger im Vergleich zu anderen Zielsetzungen angesehen wird, die zwar zu Beginn weniger stark empfunden worden waren, die aber mit dem Ansteigen des Ausbildungsniveaus verstärkt Bedeutung erlangten. Letzteres schließt auch, um die klassische Terminologie des Psychologen Abraham Maslow zu gebrauchen, die Notwendigkeit von Zugehörigkeit, Selbstwertgefühl und Erfüllung - besonders in der Arbeit - ein. Ähnliche Veränderungen sind sichtbar in der Rolle der Frau innerhalb der Gesellschaft. Das Aufziehen von Kindern beansprucht nur noch einen geringen Teil ihrer Lebenszeit, und sie haben jetzt Zeit für andere Aufgaben als der, den Haushalt zu versorgen. Es ist sehr verständlich, daß sie in zunehmendem Maße wünschen, einen aktiven Part im gesellschaftlichen Leben und besonders im Arbeitsleben zu spielen, sogar, wenn dies bedeutet, daß die zeitliche Beanspruchung merkbar zunimmt. Kurz, man kann verstehen, daß einige Leute finden, daß sie einen zunehmend höheren Preis dafür zahlen müssen, um eine Befriedigung dort zu erlangen, wo sie ihnen ihrer Ansicht nach natürlicherweise zusteht. So erklärt sich auch, daß sie schließlich die ganze Gesellschaftsordnung radikal in Frage stellen, da sie diese für ihre Situation für verantwortlich halten.

Die Analyse dieses Themas offenbart die Rollen verschiedener Gruppen einschließlich Frauen, junge Leute, qualifizierte Berufstätige (Journalisten, Forscher, Lehrer usw.) und innerhalb dieser Kategorien radikalere und gemäßigtere Gruppen. Vor diesem Hintergrund bieten sich vier Basishypothesen an, die natürlich auf jedes Land speziell zugeschnitten werden müssen:

- Veränderungen ergeben sich auf verschiedenen Ebenen. Während sie sich in einigen Fällen wahrscheinlich auf die Bedürfnisse und auf die Nachfrage beschränken, beeinflussen sie in anderen die Wertvorstellungen als solche.

- Die generelle Entwicklung der Wertvorstellungen ist vermutlich in den Industriegesellschaften recht ähnlich. Indessen gilt für einige Minoritätsgruppen, daß sie die Bedeutung der menschlichen Existenz, wie sie von der Majorität akzeptiert wird, in Frage stellen. Was hingegen die Majorität anbetrifft, so ist sie in sich durchaus heterogen, da einige ihrer Mitglieder auf bestimmten Gebieten Wertvorstellungen annehmen können, die sehr verschieden sind von denen der anderen.

- In diesem Zusammenhang dürfte der einzelne im übrigen zuweilen Schwierigkeiten haben, die seinen Bedürfnissen zugrundeliegenden Werte zu einem einheitlichen Ganzen zu ordnen.

- Diese neuen Änderungen in den Wertvorstellungen sind natürlich allen eventuell früher erfolgten Differenzierungen in den Werten hinzuzufügen.

Die Bandbreite und das Tempo der Veränderungen ist natürlich von Land zu Land unterschiedlich, aber die "schweigende Revolution" in den Wertvorstellungen vollzieht sich insbesondere in der Mittelklasse.

2. Ein möglicher sozio-kultureller Überblick

Der generelle Inhalt der neuen Wertvorstellungen wird häufig zusammenfassend dadurch gekennzeichnet, daß der Lebens-

qualität nunmehr ein höherer Stellenwert beigemessen wird
als dem materiellen Wohlbefinden. Während es stimmt, daß
jene, die das "nachmaterialistische" Kulturmodell anerkennen, im Prinzip nicht mehr wollen, sondern etwas anderes,
können doch ihre Erwartungen kaum in der Terminologie der
eben genannten vereinfachenden Alternative zusammengefaßt
werden. Denn in Wirklichkeit umfassen diese Erwartungen
eine Vielzahl heterogener Gebiete. Hinter einer Unmenge
unterschiedlicher Verhaltensweisen kann man allerdings dennoch eine geringe Zahl stabiler, wesensbestimmender Prinzipien erkennen, die sich in Wirklichkeit zu zwei Schlüsselkonzeptionen zusammenfassen lassen: Befreiung und Schaffung von Bindungen.

Unter den "Nach-Materialisten" drücken bestimmte stark minoritäre Gruppen dieses Bedürfnis nach Befreiung und Schaffung von Bindungen in extremer Form aus. Zunächst fordern
sie, daß die Individuen von moralischen Tabus und hierarchischen Zwängen oder Normen befreit werden und daß gleichfalls alle peripheren Gruppen vom "Zentrum" freigegeben werden sollten. Dabei mag es sich beispielsweise um die Beziehungen zwischen Hauptstädten und Provinzen, zwischen Hochsprache und Dialekt, zwischen kolonisierten Völkern und Imperialismus, zwischen Kindern und Eltern, Frauen und Männern
oder zwischen natürlicher Umwelt und Technologie handeln.
Das Schaffen von neuen Bindungen ist der positive Aspekt dieser Negierung. Ihr radikaler Ausdruck ist das Einbetten all
dieser "befreiten" Gruppen in autonome Gemeinschaften, die
nur minimale Kontakte mit der Außenwelt - und insbesondere
mit dem, was vom "Zentrum" übrigbleibt - aufrechterhalten.
Es wird gefordert, daß Entscheidungsverantwortung so weit
wie möglich auf diese Gemeinschaften übertragen wird, allerdings unter der Bedingung, daß dies nicht die gleichmacherischen Grundsätze behindert, die dazu bestimmt sind, die
vergangenen Ungerechtigkeiten zu beseitigen.

Jedoch existiert unabhängig von jenen Minoritäten eine Majorität, die derartige "nach-materialistische" Wertvorstellungen in einer abgeschwächten und heterogenen Weise akzeptiert und dabei eine Art von Kompromiß mit den mehr traditionellen Wertvorstellungen erreicht. Aber das Bild dieser Majorität läßt Deutlichkeit vermissen, da Untergruppen, die ihr in den wesentlichen Dingen verbunden sind, sich in besonderen Fällen abspalten können.

3. Einige wahrscheinliche Konsequenzen: Der Trend zur fragmentierten Gesellschaft

Alles in allem führt diese unvermeidlich unvollständige Analyse zu der Vermutung, daß die entwickelten demokratischen Gesellschaften weder zu einem Konsensus über die vorherrschenden Wertvorstellungen der letzten 25 Jahre zurückfinden werden[1] (Szenario A), noch schnell neue Werte akzeptieren werden, wie sie von den meisten nach-materialistischen Minoritäten vertreten werden (Szenario B_1). Statt dessen erscheint eine doppelte Fragmentierung der hochentwickelten Industriegesellschaften nicht unwahrscheinlich.

Die erste Fragmentierung wird dargestellt durch eine Fortsetzung der vergangenen Trends und der Differenzen der Nachkriegsperiode, durch die Suche nach Gleichheit durch einige und die Verteidigung von relativen Positionen durch andere, was einen permanenten Konflikt in Hinblick auf die Einkommensverteilung mit sich bringt. Diese Auseinandersetzung, die in institutioneller Hinsicht den Prozeß der sozialen Oligopolisierung mit Industrie- und Arbeitgeberverbänden, Gewerkschaften und Interessentengruppen verstärkt,

1 Ein Konsensus, welcher bekanntlich insbesondere in Europa tiefe Meinungsverschiedenheiten in Hinblick auf bestimmte Problembereiche nicht ausgeschlossen hat.

zwingt den Staat, seine Interventionen zu vermehren und seine Bürokratie auszudehnen. Die Intensität dieser ersten Fragmentierung scheint allerdings, was Nordamerika, Japan und die verschiedenen europäischen Staaten anbetrifft, beträchtliche Unterschiede aufzuweisen.

Die zweite Fragmentierung wird durch die Entwicklung von Wertvorstellungen bedingt, die entweder in der Majorität oder an deren Rändern das Auftreten vielfältiger Minoritäten begünstigt, die alle ihrerseits eigene verschiedenartige und in einem gewissen Maße schnell wechselnde Ansprüche entwickeln. Mit der Unterschiedlichkeit der Lebensstile ergeben sich willkürliche Formen des sozialen Verhaltens (D. Bell). Um es anders auszudrücken, der Wunsch, frei zu sein und Bindungen einzugehen, entspricht der Forderung nach Dezentralisierung und Partizipation. In dem Maße, wie das soziale und kulturelle Niveau steigt, werden diese Ansprüche von der gesamten Bevölkerung aufgegriffen und suchen auch ihre institutionelle Verwirklichung: In der Fabrik und im Unternehmen, im Leben in der Gemeinde und in der Region. Alles dies wendet sich gegen die Bürokratie, die sich ihrerseits mit dem Ziel der Selbsterhaltung mit den neuen Trends arrangiert.

Die Schwierigkeiten, die hochentwickelten demokratischen Gesellschaften zu regieren, werden auf diese Weise zunehmen, während politische Verhandlungen im Vergleich zur Marktsteuerung infolge spontaner Entwicklungen an Bedeutung gewinnen.

Was können nun die Konsequenzen dieser komplexen Trends in den Wertvorstellungen für die Strukturen der fortgeschrittenen Industriegesellschaften bedeuten? Nur einige sollen hier genannt werden:

- In Zukunft werden die hochentwickelten Industriegesellschaften in gleichem Maße durch die Verwendung der Zeit der einzelnen wie durch die Einkommensverwendung definiert sein. Der Arbeitszeit-Freizeit-Gegensatz, der schon heute nicht mehr der Realität entspricht, wird seine bisherige Bedeutung verlieren, und es wird die Verwendung der Zeit als solche sein, die die Lebensstile charakterisiert. Insbesondere können größere Veränderungen erwartet werden in der Zeitverwendung durch junge Leute, Frauen und Ältere. Hieraus folgt das Interesse für ein intensiveres Studium von Zeitbudgets.

- Die Suche nach einer vielschichtigen Befriedigung im Arbeitsleben wird die Zielsetzungen und Anforderungen, die den Bewerbungen um Arbeitsplätze zugrunde liegen, verändern und wird die Unterscheidung zwischen Beschäftigten und Nicht-Beschäftigten viel weniger deutlich machen. Desgleichen könnte die Länge des Arbeitslebens sehr viel stärker gestaffelt sein.

- Der von der Belegschaft zum Ausdruck gebrachte Wunsch nach Dezentralisation und Partizipation wird die Unternehmen ebenso wie den öffentlichen Dienst zwingen, die Arbeitsabläufe in ihren Produktionseinheiten zu ändern. Soweit es die Technik erlaubt, werden Funktionseinheiten von einer Größe bevorzugt werden, die möglichst begrenzt und überschaubar bleiben. Selbst in großen Organisationen könnte die Entwicklung der Belegschaftspartizipation mit einer weiteren Ausdehnung bürokratischer Prozeduren durchaus vereinbar sein - ganz im Gegensatz zu dem, was einige Leute erhoffen.

- Die Forderung nach Umweltschutz, das heißt nach einer Verminderung physischer und sozialer Belastungen, dürfte sich verstärken und ebenfalls zu einem steigenden Widerstand gegenüber Großtechnologien beitragen.

- Mit der Verkürzung der Zeit, die mit Arbeit außerhalb des
  Hauses verbracht wird, könnte sich innerhalb der Haushalte ein informeller Sektor bilden, der Waren in Dienstleistungen umwandelt und auf diese Weise käufliche private
  Dienstleistungen teilweise überflüssig macht. Die Existenz dieses informellen Sektors könnte für den einzelnen eine Quelle der Befriedigung darstellen, die ein geringeres Einkommen, herrührend aus der verkürzten Arbeitszeit im formellen Sektor, aufwiegen könnte. Gleichzeitig
  könnte diese Entwicklung zur Bildung eines dritten Systems sozialer Organisation führen, das zusätzlich neben
  die bestehenden Markt- und Verwaltungssysteme tritt und
  durch nicht-marktorientierte private Selbsthilfeeinrichtungen gekennzeichnet ist. (Ein solches System ist insbesondere denkbar für soziale und kulturelle Aktivitäten.)[1]

Es gibt vier verschiedene Arten von Beziehungen zwischen Veränderungen in den Wertvorstellungen und wirtschaftlichem
Wachstum.

- Erstens: Die Entwicklung der Wertvorstellungen scheint
  vom Wachstumstempo nicht unabhängig zu sein.

- Zweitens: Indem sie die Zielvorstellungen der Gesellschaft in Frage stellen, rufen die neuen Werte in die Erinnerung zurück, daß wirtschaftliches Wachstum nur als
  Instrument von Bedeutung ist und auch nicht weiter fortgesetzt werden kann, wenn es nicht den materiellen und
  geistigen Bedürfnissen der Gesellschaft entspricht.

  Indessen wird die Entwicklung dieser neuen Wertvorstellungen aller Wahrscheinlichkeit nach nicht, jedenfalls nicht
  in mittelfristiger Sicht, das Streben der Majorität nach

1 Vgl. KOMMISSION DER EUROPÄISCHEN GEMEINSCHAFTEN: Bericht
  der Arbeitsgruppe über neue Charakteristiken einer sozioökonomischen Entwicklung. "Ein Projekt für Europa",
  Brüssel, Dezember 1977.

Vollbeschäftigung, höherem materiellen Wohlstand und gleichmäßigerer Einkommens- und Vermögensverteilung beenden. Das Bemühen um hohes wirtschaftliches Wachstum wird auch im nächsten Vierteljahrhundert als eine der bevorzugten Maßnahmen weiterbestehen, mit denen die Regierungen versuchen werden, die Bedürfnisse der Bevölkerung zu erfüllen.

- Eine dritte Art von Beziehungen zwischen Wertvorstellungen und Wirtschaftswachstum besteht insofern, als jene neuen Werte zu einem Wandel des Wachstumsinhaltes beitragen oder zu Maßnahmen führen, die gegen die als negativ empfundenen Rückwirkungen des Wachstums gerichtet sind.

- Schließlich, obwohl mit dem wirtschaftlichen Wachstum verbunden, hängen Wandlungen in den Wertvorstellungen auch noch vom gesamten sozialen Entwicklungsprozeß ab, von Ausbildung, Urbanisation, von der Lebenserwartung und so weiter. Außer im Falle eines Bruches in der Entwicklung wird dieser Prozeß des Wandels indessen auch unter den Bedingungen niedrigeren Wachstums fortschreiten.

B. DIE AUSSICHTEN FÜR MAKRO-ÖKONOMISCHES WACHSTUM

Neben dem Problem der physischen Knappheit der Ressourcen und ihren Folgen taucht eine andere, ältere Frage auf, ob es nämlich eine technische Grenze des Wachstums gibt. Die Antwort auf diese Frage scheint im Prinzip ebenfalls negativ zu sein.

Nach dieser Vorbemerkung kann die makro-ökonomische Entwicklung in den hochentwickelten Industriegesellschaften von drei Seiten her betrachtet werden:

- Die Aussichten für ein schnelles wirtschaftliches Wachstum.

- Die mannigfaltigen Aussichten für mäßiges Wachstum.

- Die Wechselwirkungen zwischen Wachstum einerseits und den Wertvorstellungen und der Fähigkeit zur Strukturanpassung andererseits.

1. Die technischen Grenzen des Wachstums

Während der betrachteten Periode erscheint eine wesentliche Verlangsamung des Wachstums aus Gründen einer mangelnden technischen Innovation unwahrscheinlich. Auch in längerfristiger Sicht scheinen weder die Kapazität für wissenschaftliche Forschung noch das technologische Potential als solches dem Wachstum Grenzen zu setzen. Wachstumshemmnisse, sofern es solche gibt, werden auf die Wechselwirkung zwischen Wissenschaft, Technologie und Gesellschaft zurückzuführen sein. Besondere Bedeutung hat in diesem Zusammenhang unter anderem, daß fortwährendes langsames Wachstum die Forschungs- und Entwicklungsaktivitäten zugunsten solcher Aktivitäten, die schneller Profit abwerfen, längerfristig einschränken können.

Welches werden nun die wichtigen technologischen Entwicklungen sein, von denen man einen markanten Einfluß auf Organisation und Entwicklung der modernen Industriegesellschaften erwarten kann? Vier von ihnen verdienen eine gründliche Untersuchung. In der wahrscheinlichen chronologischen Reihenfolge, in der sich ihre Anwendung entwickeln dürfte, sind es die folgenden:

(a) Elektronik und Mikroprozessoren

Einen entscheidenden qualitativen Sprung nach vorn stellt das Auftauchen von Mikroprozessoren Mitte der siebziger Jahre dar. Seitdem deutet sich gleichzeitig ein grundlegender Wandel in der Automatisierung bei zahlreichen Industriebranchen an (besonders durch die Beseitigung vieler technischer Hindernisse im Hinblick auf dezentralisiertes Management des Produktionsprozesses), eine Umformung der Verbrauchsmuster (durch Ausbreitung einer Vielzahl von computerbearbeiteten Produkten und Dienstleistungen), eine Veränderung hinsichtlich Ort und Organisation des tertiären Sektors in den Hauptindustrieländern (insbesondere durch die Einführung der Telematik, der Synthese von Telekommunikation und Informatik).

Auf der anderen Seite gibt es Grund zu der Befürchtung, daß die negativen Effekte auf die Beschäftigung, die der ausgedehnte Gebrauch von Mikroprozessoren für etwa zehn Jahre nach sich ziehen dürfte, die positiven Effekte übertreffen könnten. Diese positiven Wirkungen werden folgen, sobald eine massive Nachfrage nach jenen neuen elektronischen Gebrauchsgütern auftritt, aber diese Nachfrage könnte zunächst mit tiefverwurzelten sozialen Gewohnheiten kollidieren und zumindest auf kurze Sicht nicht tragfähig genug sein, um in der nahen Zukunft einen großen, einträglichen Markt entstehen zu lassen. In längerfristiger Perspektive wird die elektronische Revolution das Aussehen der modernen Industriegesellschaften mit Sicherheit ändern.

(b) Ausbeutung von Energie- und Rohstoffquellen in den Ozeanen

Es muß kaum daran erinnert werden, daß der Meeresgrund erhebliche Reserven an Kohlenwasserstoff und an Metallen birgt, die im allgemeinen in Form von polymetallischen Erzknollen vorkommen, in einigen Gebieten wie im Roten Meer aber auch als Konzentrate in heißer Salzlauge. Die Zukunft der Ausbeutung der Energie- und Metallrohstoffe im Meer hängt allerdings weniger von technologischen Entwicklungen als von politischen Entscheidungen auf dem Gebiet des internationalen Seerechts ab.

(c) Die Entwicklung neuer Energieformen

Große technologische Anstrengungen sind im Gange, um die Abhängigkeit der Menschheit vom Erdöl zu verringern. Die beiden derzeit größten technischen Unternehmen in dieser Richtung, nämlich Kernfusion und Sonnenenergie, können durchaus mit den größten Abenteuern der Vergangenheit verglichen werden. Sie sollten indessen nicht dazu verleiten, von bescheideneren, aber trotzdem wertvollen anderen Bemühungen wie beispielsweise thermische und biologische Energiegewinnung allzusehr abzulenken. Auf dem Gebiet der Umwandlung von Primärenergie in Sekundärenergie könnte das 21. Jahrhundert gleichfalls in großem Maße die Umwandlung von Kohle oder bituminösem Schiefer in flüssige Brennstoffe erleben.

(d) Bio-Industrie

Die spektakuläre Entwicklung von grundlegendem Wissen in der Biologie während der letzten 25 Jahre verleiht der Frage, wie dieses Wissen in der Mehrheit der menschlichen Aktivitäten, besonders in der Industrie, angewandt werden könnte, zunehmende Bedeutung. Manche sagen bereits, daß die Biologie im 21. Jahrhundert eine ebenso große Revolution in der Industrie hervorrufen könnte wie die Chemie und die Physik im 20. Jahrhundert. Inzwischen gibt es zunehmend Anzeichen dafür, daß in der industriellen Produktion physikalisch-chemische Prozesse durch die Aktivität von lebenden Mikroorganismen teilweise oder vollständig ersetzt werden könnten. Ebenfalls gibt es bereits neue Produkte, die mit der Verwendung gewisser Eigenschaften von Mikroorganismen in Zusammenhang stehen. Dieses Vertrauen in die Zukunft der Bioindustrie sollte indessen mit einem Schuß Vorsicht gemischt werden, zumindest was Zeitspanne oder Rentabilität dieser oder jener Anwendung betrifft. Die in Betracht kommenden Bereiche sind durchaus weitreichend: Energie, Tiernahrung und -aufzucht, Landwirtschaft, Chemie und Pharmazie, um nur die Hauptgebiete zu nennen.

Diese schnelle Übersicht über die anstehenden technologischen Entwicklungen ermöglicht nunmehr eine Untersuchung in bezug auf das wirtschaftliche Wachstum, die über die Vorbedingungen wie Knappheit von Ressourcen und Grenzen der Technologie hinaus vor allem sozio-ökonomische Faktoren in den Mittelpunkt stellt.

Wenn auch die potentiellen wirtschaftlichen Wachstumsraten nicht drastisch zurückgegangen sind, bleibt dennoch die Frage offen, in welchem Maße dieses potentielle Wachstum langfristig auch realisiert werden kann. Hieraus ergibt sich die Kernfrage nach den Hemmnissen für die Wiedererlangung eines hohen Wachstums und jene nach den unterschiedlichen Perspektiven unter den Bedingungen gemäßigten Wachstums.

Es sei an dieser Stelle darauf hingewiesen, daß es nicht der Zweck des Interfutures-Berichtes ist, eine genaue Analyse der gegenwärtigen wirtschaftlichen Lage und ihrer Gründe zu erstellen. 1976 veröffentlichte das OECD-Sekretariat ein mittelfristiges Szenario,[1] und auch der McCracken-

---

1 Vgl. OECD: A Growth Scenario to 1980, Supplement to Economic Outlook, Paris 1976.

Report[1] bietet eine detaillierte Interpretation der jüngsten Wirtschaftsgeschichte, verbunden mit politischen Empfehlungen für die nächsten Jahre. Im Interfutures-Bericht dagegen, der die langfristigen Aussichten behandelt, mußte die Fülle gegenwärtiger Ereignisse bewußt außer acht gelassen werden, um einige wenige Themen in den Brennpunkt zu stellen und dabei die bedeutenden Trends und Entwicklungsdeterminanten herauszuarbeiten. Hieraus folgt die Unvermeidbarkeit der Selektion, die notwendigerweise dazu führt, daß die vorliegende Untersuchung für jene unvollständig ist, die eine Darstellung augenblicklicher wirtschaftlicher Bedingungen suchen.

2. Die Aussichten für schnelles Wachstum

Im Mittelpunkt des McCracken-Reports und auch der jüngsten Diskussionen innerhalb der OECD über die mittelfristigen Aussichten steht die Überzeugung, daß schnelles Wachstum, einmal in Gang gesetzt, fortgeführt werden könne. Die Ressourcen würden ausreichen, das Arbeitskräftepotential schnell genug wachsen, und Innovationen und technischer Fortschritt würden - auf alle Fälle bei hoher Investition - anhaltend sein.

Läßt man die Politik zur Wiederherstellung höheren Wachstums und Vollbeschäftigung beiseite, findet man entlang des ganzen Weges anhaltend schnellen Wachstums das wohlbekannte Kreislaufkonzept wirtschaftlicher Einflußfaktoren: Eine hohe Nachfrage beflügelt die Investitionsneigung, während gleichzeitig die Produktivität steigt; bei hohen Investitionsraten und steilem Anstieg der Produktivität würden die Einkommen genügend wachsen, um die Nachfrage in Schwung zu halten. Der Anstieg der Produktivität würde die Lohnstückkosten senken, und die inflationistischen Tendenzen würden sich abschwächen. Was die Zahlungsbilanzprobleme anbetrifft,

---

1 Vgl. OECD: Towards Full Employment and Price Stability. A Report to OECD by a group of experts, Paris 1977.

so würden sie durch schnelles Wachstum nicht verschlimmert, sofern man den Ölpreis und seine Auswirkungen auf die Handelsbilanz beiseite läßt. In der Tat hat sich in den letzten Jahrzehnten in der Logik der Produktionsbeziehungen oder der Rückführung des Einkommens in den Wirtschaftskreislauf nichts geändert, was die Vermutung zuließe, daß schnelles Wachstum und Vollbeschäftigung nicht aufrechterhalten werden könnten, wenn sie erst einmal erreicht sind.

Betrachten wir also die Entwicklungsperspektiven unter den Bedingungen schnellen Wachstums:

In kurz- oder mittelfristiger Sicht hat der McCracken-Report bereits einen Erholungspfad angedeutet, der die OECD-Volkswirtschaften zurück zu schnellem Wachstum führen würde. Im einzelnen: "Die unmittelbaren Gründe für die ernsten Probleme der Jahre 1971 bis 1975 können weitgehend im Rahmen konventioneller ökonomischer Analyse verstanden werden. ...Das wichtigste Kennzeichen (der jüngsten Geschichte) war ein ungewöhnliches Zusammentreffen von unglücklichen Störfaktoren, deren Wiederholung im gleichen Ausmaß unwahrscheinlich ist und deren Auswirkungen mit einigen vermeidbaren wirtschaftspolitischen Irrtümern zusammenfielen."[1] Hieraus schloß der Report, daß "eine Periode anhaltenden Wachstums sowohl des Realeinkommens als auch der Beschäftigung eine vernünftige Erwartung war, mit einer durchschnittlichen Realeinkommenssteigerung von 5,5 v.H. pro Jahr für das gesamte OECD-Gebiet während der Periode von 1975 bis 1980."[2] Wenn man diesen Standpunkt einnimmt, würden die Jahre 1968 bis 1975 als eine Periode wachsender Spannungen anzusehen sein, die zu einer tiefen Rezession führten. Von hier aus könnte das Wachstum einen neuen Anfang nehmen, wenn auch ein wenig langsamer, so doch im Ergebnis mit zufriedenstellendem Niveau in bezug auf Beschäftigung und wirtschaftliche Aktivität.

1 OECD: Towards Full Employment and Price Stability, a.a.O. (eigene Übersetzung).
2 Ebenda.

Dies allerdings geschah nicht. Infolgedessen erfordern die Ereignisse seit der Abfassung des McCracken-Reports eine Analyse der Gründe, die das Wachstum verringern könnten. Das Szenario A mit schnellem Wirtschaftswachstum leistet in diesem Zusammenhang vorzügliche Dienste.

Die diesem Szenario zugrundeliegenden Annahmen führen im OECD-Gebiet zwischen 1975 und 2000 zu einem jährlichen realen Wachstum von 4,3 v.H. bei einer Rückkehr zu Vollbeschäftigung ungefähr im Jahre 1990. Die Wachstumsrate wird zwischen 1975 und 1990 höher als das genannte Mittel des Vierteljahrhunderts sein (4,9 v.H.), da zunächst überschüssige Kapazitäten absorbiert werden, und geringer zwischen 1990 und 2000 (3,4 v.H.), weil die Arbeitskraft langsamer wachsen wird und die Konvergenz der Produktivitätsentwicklung wahrnehmbar wird.

Zwei erste Schlußfolgerungen können auf der Basis von Szenario A gezogen werden:

- Die Rückkehr zu Vollbeschäftigung wird besonders in Europa schwierig sein, wo noch für eine Dekade eine Kluft zwischen potentieller und tatsächlicher Produktion bestehen könnte. Sie könnte in den Vereinigten Staaten einfacher sein, wo die Rate friktioneller Arbeitslosigkeit wesentlich höher zu sein scheint, wohingegen in Japan das in der Vergangenheit beobachtete Produktivitätswachstum wahrscheinlich schon zu Beginn der Betrachtungsperiode nicht wiedererlangt werden kann.

- Das Szenario erscheint nur dann möglich (Vgl. Teil V), wenn die Einkommenselastizität hinsichtlich Energie, das heißt das Verhältnis von prozentualer Zunahme des Energiebedarfs zu prozentualem Wachstum des Bruttoinlandsprodukts, in Zukunft ungefähr 0,7 beträgt, verglichen mit 1,0 in der Zeit vor 1973. Ferner müßte es den Vereinigten Staaten gelingen, wenigstens den eigenen Energiebedarf aus eigenen Ressourcen zu decken. Sofern die Energiepolitik nicht energisch genug ist, könnten folglich schnelles Wachstum durch Energieverknappung und damit verbundene außenwirtschaftliche Beschränkungen verhindert werden. Dies könnte dann durchaus den Beginn einer inflationistischen Rezession in den späten achtziger Jahren darstellen.

Abgesehen von diesen Schlußfolgerungen wirft das Szenario zwei andere Fragen auf:

- Ist es bei den augenblicklich gegebenen Umständen möglich, eine Politik innerhalb des Rahmens traditioneller makroökonomischer Analyse zu formulieren, die in der Lage wäre, zu schnellem Wachstum zu führen?

- Gibt es neben den ökonomischen Ursachen und Wirkungen tieferliegende soziale und politische Faktoren nationaler oder internationaler Art, die für die Veränderung der Wachstumsbedingungen verantwortlich sind?

(a) Makro-ökonomische Wachstumshemmnisse

Es könnte drei Haupthindernisse für schnelles Wachstum geben:

- Die Investitionsraten, die mit hohem Wachstum verbunden sind, erweisen sich als unerreichbar ohne anhaltende politische Interventionen und vielleicht überhaupt als nicht realisierbar.

- In dem augenblicklichen und vorhersehbaren Stand der internationalen Zusammenarbeit sind viele Regierungen verpflichtet, die Wachstumsraten ihrer eigenen Länder einzuschränken, um möglichen Zahlungsbilanzschwierigkeiten entgegentreten zu können, da sie über die Expansionsraten in anderen Ländern im Ungewissen sind.

- Schließlich ist eine erneute Verstärkung der Inflation eine ständige Bedrohung. Dieser Bericht ist nicht der Ort, die kurzfristigen Aspekte der Inflation zu analysieren. Der McCracken-Report gab eine Übersicht über den augenblicklichen Stand der Diskussion, besonders was Geld-, Finanz- und Einkommenspolitik anbetrifft, und eine Reihe anderer OECD-Berichte haben ins einzelne gehende Untersuchungen über dieses Gebiet beschrieben. In der langfristigen Perspektive läßt es sich jedoch kaum vermeiden, die folgende Frage zu stellen: Könnte der Inflationsdruck die Realisierung höherer Wachstumsraten in entwickelten Volkswirtschaften entweder während der Erholungsphase oder sogar permanent verhindern?

Aus Gründen, die in der Natur des hier diskutierten Problems liegen, behandeln wir natürlich nicht die Inflation, die ihren Ursprung in der vollen Auslastung der Produktionskapazität hat. Es sind die anderen Inflationsformen, die zur Debatte stehen; dennoch ist es wie immer auf diesem Gebiet notwendig, zwischen ursächlichen und verstärkenden Faktoren zu unterscheiden.

Der erste langfristige Aspekt im Zusammenhang mit den Ursachen ist die Entwicklung der Preise für Energie- und Industrierohstoffe. Es ist nicht ausreichend, wenn genügend physische Ressourcen vorhanden sind. Es ist außerdem notwendig, daß rechtzeitig Entscheidungen über Investitionen zur Einsparung und Substitution bestimmter Formen von Energie getroffen werden ebenso wie die Entscheidungen bezüglich solcher Investitionen, die Gewinnung, Verarbeitung und Transport der fossilen Energierohstoffe betreffen. Auch darf es keine politische Krise geben, die zu plötzlichen Unterbrechungen der Versorgung führt. Im Hinblick auf diese beiden Aspekte ist die Lagebeurteilung sehr viel kritischer als hinsichtlich der physischen Verfügbarkeit der Ressourcen. Die ohnehin bestehende längerfristige Tendenz einer Erhöhung der realen Preise kann daher durch plötzliche, knappheitsbedingte Preissteigerungen zusätzlich verstärkt werden; letztere sind für die monetäre Stabilität wesentlich gefährlicher.

Ein zweites Risiko besteht in der Möglichkeit sinkender nominaler Wechselkurse. In einer unsicheren Welt, wo kurzfristige Kapitalströme eine wesentliche Komponente der Zahlungsbilanz bilden, sind solche Abwertungen jederzeit leicht möglich. Ihre Auswirkung auf nationale Preisniveaus ist sehr beträchtlich, besonders weil die Importe in manchen Ländern einen sehr hohen Prozentsatz des Volkseinkommens in Anspruch nehmen.

Andere meinen, daß eine dritte Gefahr, mehr spezifisch monetären Ursprungs, in der Art und Weise bestehe, in der internationale Liquidität geschaffen wird und in der sie das nationale Angebot beeinflußt.

Die vierte Gefahr stammt von möglichen Störungen innerhalb der Investitionsmechanismen. Diese können zum Auftreten von Engpässen führen, bevor Vollbeschäftigung erreicht ist.

Das hauptsächliche Problem sind indessen jene Kräfte, die inflationserhaltend wirken. Ihre Bedeutung ist wahrscheinlich gestiegen, und zwar auf eine Weise, die in den entwickelten Ländern nicht leicht rückgängig zu machen ist. Die Geschwindigkeit, mit der sich die Erwartungen den geringsten Beschleunigungen im Inflationsprozeß anpassen und, im Gegensatz dazu, die Trägheit der Reaktion auf jede Verlangsamung, spiegeln in vielen Fällen ein erhöhtes Bewußtsein um das zentrale Problem der Verteilung wider, das heißt Verteilung als Marktprozeß ebenso wie als Verhandlungsergebnis zwischen den Sozialpartnern etc. Dieses Verhalten der Teilnehmer am Wirtschaftsprozeß wird auf der institutionellen Ebene in zweifacher Hinsicht verstärkt. Einerseits läßt die soziale

Oligopolisierung die verschiedenen gesellschaftlichen Gruppen schneller Wege finden, um sich selbst vor den Konsequenzen der Inflation zu schützen; andererseits enthalten Tarifverträge in zunehmendem Maße Indexklauseln. Hieraus ergibt sich die Bedeutung der Flexibilität der Realeinkommen.

Auch wenn sie langfristig einem Wechsel unterliegen, sind diese neuen Erscheinungsformen der Inflation nicht zyklischer Natur. Sie werden den modernen Industriegesellschaften für eine lange Zeit ihren Stempel aufdrücken.

Die makro-ökonomische Analyse macht uns mit drei Dingen bekannt. Zunächst einmal erscheinen die Szenarien mit hohem Wirtschaftswachstum unwahrscheinlich. Der Grund hierfür liegt in dem Gewicht der makro-ökonomischen Wachstumshemmnisse, und außerdem erscheint es erforderlich, nach den sie verursachenden sozialen, wirtschaftlichen und politischen Faktoren zu suchen.

(b) Soziale Hindernisse für das Wachstum

In einer neueren Untersuchung betonte Olson[1] mit Recht die Notwendigkeit, zwischen Elementen und Gründen für Wachstum zu unterscheiden. Die Elemente für Wachstum sind die Zunahme von Ressourcen und andere Entwicklungen, die eine unmittelbare Gelegenheit zur Erhöhung der Produktion mit sich bringen. Die Gründe für Wachstum dagegen beeinflussen die Spar- und Investitionsentscheidungen, die Innovationsrate, die Einführung mehr oder weniger effizienter Kombinationen der Produktionsfaktoren usw. Von den Ursachen für Wachstum weiß man weit weniger als von seinen Elementen.

Die Diskussion um die Probleme der Elemente wurde in den makro-ökonomischen Rahmen gestellt, weil sie eng mit den bereits

---

1 Vgl. M. OLSON: The Political Economy of Comparative Growth Rates, Washington.

oben dargestellten Wachstumshemmnissen zusammenhängen. Aber gibt es nicht noch tiefere Ursachen, die für das Entstehen dieser Wachstumshemmnisse verantwortlich sind? Die analytische Betrachtung läßt die folgenden drei vermuten: Institutionelle Sklerose, Wandel von Wertvorstellungen und eine verringerte Fähigkeit der Regierungen, ihre Politik zu koordinieren. An dieser Stelle werden wir lediglich den ersten Aspekt diskutieren, der zweite ist bereits behandelt worden, und der dritte wird das zentrale Element in Teil V. sein.

Die institutionelle Sklerose ist eng mit der sozialen Oligopolisierung verbunden. Olson faßt die wesentlichen Tatbestände in wenigen Worten zusammen: "Gesellschaftliche Vereinigungen, die öffentliche Güter bereitstellen, sind aus fundamentalen Gründen extrem schwierig zu errichten, insbesondere im Rahmen größerer Gruppen. Solche Institutionen werden keinen bedeutenden Prozentsatz der großen und verstreuten sozialen Gruppierungen wie Verbraucher, Steuerzahler, Arbeitslose oder Arme anziehen; Vereinigungen, die den gemeinsamen Interessen einiger Gruppen dienen können, werden in der Lage sein, sich zu etablieren, aber nur unter sehr günstigen Umständen und daher oft erst sehr lange nach Entstehen des gemeinsamen Interesses. Wenn solche Institutionen mit monopolistischer Stellung oder politischer Macht entstehen, tendieren sie dazu, Innovationen und Ressource-Allokationen, die das Wirtschaftswachstum fördern, zu verzögern. Allerdings kann diese Tendenz stark abgeschwächt werden, wenn Produzentenvereinigungen einen hinreichend großen Teil jener umfassen, die im Falle einer Wachstumsverlangsamung verlieren."[1]

Mit anderen Worten, im gleichen Maße, wie die OECD-Länder seit dem zweiten Weltkrieg nicht irgendwelche Umwälzungen hinzunehmen hatten, die den Prozeß einer zunehmenden institutionellen Sklerose verlangsamten, wurde es für sie schwieriger, sich an die wirtschaftlichen und strukturellen Wandlungen der letzten Jahre anzupassen.

[1] M. OLSON, a.a.O. (eigene Übersetzung).

Folglich zentrieren sich die sozialen Spannungen um die
Verteilung der Erträge des Wirtschaftswachstums. Letztere,
bereits verringert durch die Kräfte des internationalen
Wettbewerbs und durch den Widerstand gegen eine Umverteilung
der Ressourcen, werden alsdann weiter verkleinert durch Abgaben, die vom Staat erhoben werden, der den nachhaltigen
Ansprüchen bestimmter Gruppen entgegenkommen muß. Wie die
Arbeitnehmer - Lohnempfänger und andere - sind sie organisiert, nicht nur um ihren bestimmten Anteil zu verteidigen,
sondern auch um zu versuchen, den zukünftigen Anteil zu erlangen, den sie selbst vor dem Hintergrund ihrer Erwartungen
für gerecht halten. Sie stellen die Vermögensverteilung und
die Berechtigung von Gewinnen in Frage. Dies erklärt einige
der Aspekte, die mit Investition und Inflation zusammenhängen, während im allgemeineren Sinne die Diskussion um das
Wachstum untrennbar mit der Analyse der strukturellen Anpassungsfähigkeit verbunden zu sein scheint.

Es würde interessant sein, eine Diagnose der Verschiedenheiten institutioneller Sklerose innerhalb der OECD-Länder zu
versuchen, und zwar mit dem Ziel, sich eine Meinung über ihre
zukünftigen Wachstumsaussichten bilden zu können. Japan würde sich zweifellos dank seines Gemeinschaftsgeistes und der
Tatsache, daß viele seiner Institutionen sich über das ganze Land erstrecken, in geringerer Gefahr befinden als die
Vereinigten Staaten und vor allem gewisse Länder der Europäischen Gemeinschaft.

Auf diese Weise könnte das Szenario für schnelles Wachstum
zu Interpretationen führen, die nicht miteinander in Widerspruch stehen, die aber im Grundsatz verschieden sind. Diese
machen deutlich, daß es schwierig ist, schnelles Wirtschaftswachstum zu erreichen aus Ursachen, die vor allem aus der
OECD-Region selbst erwachsen, wenn auch von Land zu Land mit
unterschiedlicher Intensität.

3. Die Aussichten für mäßiges Wachstum

Es gibt nicht nur eine einzige Variante mäßigen Wachstums in der Zukunft, und es ist nun an der Zeit, die beiden Arten mäßigen Wachstums aufzuzeigen, die Interfutures analysiert hat: eine neue Variante mäßigen Wachstums, basierend auf einem breiten sozialen Konsensus (Szenario B_1), und eine zweite, die die Konsequenz aus makro-ökonomischen Wachstumsbeschränkungen und dem gleichzeitigen Mangel an struktureller Anpassung darstellt (Szenarien B_2 und B_3).[1]

(a) Der neue Typ des qualitativen Wachstums

In diesem ersten Fall wird mäßiges Wachstum akzeptiert. Es ist verbunden mit schnell wechselnden Wertvorstellungen im Hinblick auf Verbrauch und Produktion, auf Bewertung der Freizeit und in bezug auf die Bedeutung, die materiellen Besitztümern beigemessen wird. Unter diesen Annahmen ist ein Rückgang in der Erwerbsbeteiligung und eine weniger gespannte Haltung gegenüber der Arbeitslosigkeit vorstellbar mit einer schwächeren Neigung, einen neuen Arbeitsplatz zu suchen oder den Ort beziehungsweise die Art der bestehenden Beschäftigung zu ändern. In diesem Fall ist es nicht unmöglich, eine kürzere Arbeitswoche teilweise durch einen Anstieg der Arbeitsproduktivität pro Stunde auszugleichen.

Gleichzeitig paßt sich die Gesellschaft an, um die Bedürfnisse - einschließlich der Nachfrage nach materiellen Gütern, die latent noch recht stark vorhanden ist - selbst auf einem unveränderten Niveau des Volkseinkommens besser zu befriedigen. Zeichen hierfür sind die Ausweitung des informellen Sektors, die Entwicklung von gesellschaftlich bedeutsamen

1 Vgl. Teil V für Szenario B_3.

Gruppenaktivitäten und das Auftauchen neuer Formen von Partizipation in Städten, Regionen und Unternehmungen.

Dieses Entwicklungsbild wird in Szenario B_1 dargestellt; es impliziert eine Wachstumsrate von 3,4 v.H. pro Jahr für das OECD-Gebiet als Ganzes für die Jahre 1975 bis 2000. Wenn dieses Szenario auch erst in Teil V. im einzelnen analysiert wird, sollen zwei seiner Implikationen bereits hier herausgestellt werden:

Die erste betrifft die Wahrscheinlichkeit. In kurz- und mittelfristiger Sicht wird dieses Szenario zweifellos durch die Langsamkeit des Wechsels in den Wertvorstellungen verhindert werden und durch den heftigen Widerstand jener in den entwickelten Ländern, die den Wechsel nicht als eine Verbesserung ihrer eigenen Situation empfinden. Wir werden später sehen, daß auch der internationale Zusammenhang dieses Szenario weniger wahrscheinlich macht. Die längerfristige Perspektive erfordert hingegen eine differenziertere Beurteilung: Unterschwellige Veränderungen in den Wertvorstellungen und Anhäufung lokaler sozialer Innovationen könnten das Bild der modernen Gesellschaften derart wandeln, daß sie einige der Züge von Szenario B_1 tragen.

Der zweite Aspekt betrifft die Stabilität. Wenn die neue Variante des Wachstums auf ein einzelnes Land beschränkt ist, erscheint sie unstabil, weil sie einen gewissen Grad der Abkoppelung von der Außenwelt voraussetzt. Sollte sich diese Variante hingegen über einen großen Teil der entwickelten Welt ausdehnen und sollten gleichzeitig in der Dritten Welt Entwicklungsstrategien vorherrschen, die mehr auf die Befriedigung der Grundbedürfnisse ausgerichtet sind, kann nicht ausgeschlossen werden, daß sie in nationalem wie in internationalem Rahmen eine Stabilität erreicht, die traditionell langsames Wachstum niemals haben wird.

(b) Langsames Wachstum im traditionellen Sinne

Im zweiten Fall ist das mäßige Wirtschaftswachstum das Ergebnis einer Kombination von zwei Faktoren. Auf der einen Seite wird es durch die bereits vorher erwähnten Beschränkungen für eine nachfrageorientierte Wirtschaftspolitik bedingt (dies bedeutet fortgesetzt niedrige Investitionen, Außenhandelsprobleme, anhaltend hohe Inflationsraten und Ungleichgewicht zwischen Energieangebot und -nachfrage). Auf der anderen Seite stehen sowohl die zweifache soziale Fragmentierung, unter der die entwickelten Gesellschaften leiden, als auch eine gewisse institutionelle Sklerose. All dies zusammen verursacht eine allgemeine Verringerung des Produktivitätswachstums in den OECD-Ländern, das in den numerischen Annahmen dieses Szenarios reflektiert wird.

Szenario B_2 ist inhärent instabil, da es interne gesellschaftliche Konflikte, unbefriedigte soziale Gruppen, nachhaltige Unterbeschäftigung und verstärkte staatliche Interventionen impliziert. Diese Situation könnte zu einem Wiedererstehen des Protektionismus (Szenario D), zu sehr niedrigem Wirtschaftswachstum, zu unakzeptabel hoher Arbeitslosigkeit sowie zu einem Verlust der politischen und sozialen Stabilität in den entwickelten Gesellschaften führen. Darüber hinaus mag dieses Szenario auch einen Bruch in ihren externen wirtschaftlichen und politischen Beziehungen heraufbeschwören, und zwar besonders darum, weil es keinen Raum läßt für Unterschiede in der kurzfristigen Intensität der makro-ökonomischen Wachstumshemmnisse in bezug auf die verschiedenen Länder.

Die wirtschaftlichen Aussichten für die entwickelten Industriegesellschaften hängen daher vor allem davon ab, wie sie ihre gegenwärtige Unfähigkeit überwinden, die makro-ökonomische Gesamtnachfrage nachhaltig zu erhöhen und die Arbeitslosigkeit zu verringern. Neueste Statistiken lassen vermuten, daß die entsprechenden Reaktionen in zwei Richtungen gehen:

- In einigen Ländern bringt der Marktmechanismus, unterstützt durch mäßige staatliche Intervention, die Lohnforderungen zurück auf den Trend der Entwicklung der Produktivität und der Terms of Trade. Die realen Lohnkosten sind hier flexibel genug, um die Faktorkosten sich nach einer gewissen Zeit dem bestehenden Kapitalstock anpassen zu lassen; dies führt zunächst zur Verbesserung der Ertragslage der Unternehmen und später zu einer Belebung der Investitionstätigkeit.

- In anderen Ländern bewirkt der soziale Zwang, die Höhe der realen Arbeitskosten beizubehalten oder diese sogar noch zu steigern, so daß sich die Spanne zwischen der Entwicklung dieser Kosten und der der Produktivität zunehmend erweitert. Die Folge ist ein Ansteigen der Arbeitslosigkeit, und es ist notwendig, einen Weg zu finden, diese Unterbeschäftigung auf eine sozial akzeptable Weise zu absorbieren, entweder durch kürzere Arbeitszeiten, durch Teilzeitarbeit, durch eine Herabsetzung der Altersgrenze für die Pensionierung oder durch freiwilligen Rückzug aus dem Arbeitsmarkt.

Das langsame Wirtschaftswachstum entsprechend Szenario B_2 zu vermeiden, wird eine der Hauptsorgen der Regierungen in der Zukunft sein. Die Überlegungen über angemessene wirtschaftspolitische Strategien machen es indessen erforderlich, das Problem der strukturellen Anpassungsfähigkeit der hochentwickelten Industriegesellschaften zu analysieren, ein Phänomen, das sich aus den Wechselbeziehungen zwischen Anpassungszwängen und Rigiditäten ergibt.

C. STRUKTURELLE ANPASSUNGSERFORDERNISSE FÜR DIE HOCHENTWICKELTEN INDUSTRIEGESELLSCHAFTEN

Nichts weist darauf hin, daß die Erfordernisse der strukturellen Anpassung in den hochentwickelten Industriegesellschaften in der Zukunft stärker sein werden als in der Vergangenheit, aber die Art und Weise des Anpassungszwanges wird sich ändern und vor allen Dingen wird ihm unter den Bedingungen verlangsamten Wachstums zu begegnen sein, das Strukturanpassung ohnehin schwieriger macht. Vier Ursachen für strukturelle Anpassungserfordernisse werden im folgenden in Betracht gezogen: Bevölkerungsentwicklung, Veränderungen in der Endnachfrage, die Kosten der Nutzung der natürlichen Umwelt und der Wandel in der internationalen Wettbewerbssituation der einzelnen Länder.

1. Die Bedeutung demographischer Trends

Die wesentlichen demographischen Faktoren in diesem Zusammenhang sind die folgenden: Erhöhung des Durchschnittsalters der Bevölkerung, insbesondere in Europa und Japan; die Bedeutung, den dieser Prozeß auf die Nachfragestruktur und auf die Belastung hat, die er für die Erwerbsbevölkerung mit sich bringt; schnelles Wachstum des Arbeitskräftepotentials in den meisten europäischen Ländern während des nächsten Jahrzehnts, verbunden mit der Möglichkeit von Engpässen auf dem Arbeitsmarkt im letzten Jahrzehnt dieses Jahrhunderts. Hieraus folgt, daß zur Bekämpfung der Arbeitslosigkeit in den achtziger Jahren solchen Maßnahmen der Vorzug gegeben werden muß, die reversibel sind.

Eine weitere Anmerkung ist allerdings hinzuzufügen. Im Hinblick auf demographische Fragen stellt das Ende dieses Jahrhunderts kaum den richtigen Zeithorizont dar. Die Konsequenzen bestimmter gegenwärtiger Entwicklungen mögen erst im ersten Viertel des 21. Jahrhunderts besorgniserregend werden, aber bereits in der nächsten Dekade müssen Maßnahmen ergriffen werden, wenn man derartige Trends beeinflussen will.

2. Veränderungen in der Endnachfrage

Zunächst eine Vorbemerkung: Für jede gegebene wirtschaftliche Wachstumsrate sollte der Anteil der Investitionen am Bruttoinlandsprodukt in den hochentwickelten Industriegesellschaften ansteigen. (Das Phänomen des steigenden marginalen Kapitalkoeffizienten.)

Was sind nun die möglichen Veränderungen im Endverbrauch? Zu den relevanten Determinanten gehören: Bevölkerung, Wertvorstellungen, Einkommen, Preise und staatliche Ausgabenpolitik.

(a) Der private Konsum

Der Einfluß der Bevölkerungsentwicklung wurde bereits dargestellt. Das Ansteigen des Durchschnittsalters erhöht die Ausgaben für Gesundheit und Freizeit und beschleunigt mit einiger Wahrscheinlichkeit die Sättigung der Nachfrage nach dauerhaften Konsumgütern. Auf der anderen Seite führt die Verringerung der Altersgruppen unter zwanzig Jahren zu einer Verminderung der Nachfrage nach Wohnraum.[1]

Der Einfluß neuer Wertvorstellungen geht weit über die Struktur der Verbrauchsnachfrage hinaus. Er betrifft die Gestaltung des privaten Lebens, die Frage, wie die Menschen Zeit und Raum nutzen, sowie das Arbeitsleben. In pluralistischen

1 Wohnungsbau ist zugegebenermaßen ein Teil der Investition, aber seine Determinanten sind in der Tat jenen sehr ähnlich, die die Konsumnachfrage der Haushalte bestimmen.

Gesellschaften dürften die verschiedenen sozialen Gruppen unterschiedliche Präferenzen im Hinblick auf Arbeit und Freizeit, in bezug auf den Verbrauch käuflicher Güter und Dienste und nicht-marktmäßige Leistungen usw. entwickeln.

Mehr traditionellen Charakter haben die Konsequenzen der Entstehung und Umverteilung des Einkommens und der Veränderungen der relativen Preise (ohne wesentlichen Wandel der Wertvorstellungen). Im gesamten OECD-Gebiet sollte man annehmen, daß sich die Ausgaben für Ernährung und Bekleidung relativ verringern, während jene für Gesundheit, Kultur und Freizeit ansteigen. Unsicherer sind die Entwicklungen im Hinblick auf dauerhafte Verbrauchsgüter. Für einige von ihnen (zum Beispiel Kraftfahrzeuge und traditionelle elektrische Haushaltsgeräte) wird der Markt zunehmend Sättigungserscheinungen zeigen. Aber mit einiger Wahrscheinlichkeit werden neue Generationen von dauerhaften Gebrauchsgütern auf dem Markt erscheinen, und zwar auf den verschiedensten Gebieten wie Information, Telekommunikation, Erziehung, Gesundheit und Sicherheit. Einige davon wie zum Beispiel Videogeräte befinden sich bereits in den ersten Stufen dieser Entwicklung.

Was wird mit der Aufteilung des privaten Verbrauchs zwischen Gütern und Dienstleistungen geschehen? Das Problem ist komplizierter, als es nach bestimmten übereilten Aussagen erscheinen mag. Zunächst werden kürzere Arbeitszeit und steigende Arbeitskosten, wie Gershuny ausführte (1977), die Tendenz beschleunigen, Nachfrage nach arbeitsintensiven Dienstleistungen durch Käufe von Waren, die von den Käufern selbst in Dienstleistungen umgeformt werden können, zu ersetzen. Hieraus ergibt sich die schnelle Expansion eines informellen Produktionssektors. Szenario B_1 würde im besonderen zur Entwicklung dieses Sektors neigen. Zweitens jedoch werden die Haushaltsausgaben neu verteilt zugunsten von dienstleistungsintensiven Sektoren wie Freizeit oder Transport. Außerdem werden wie in der Vergangenheit neue Güter aufkommen, die Dienst-

leistungen in sich schließen (zum Beispiel Video-Kasetten),
oder die Bereitstellung von Dienstleistungen möglich machen
(so zum Beispiel Computerterminals). Hier wird ein explosives
Wachstum durch die Entwicklung von Teleprozessing möglich gemacht. Infolgedessen sollte das Wachstum des Anteils der Haus-
haltsdienstleistungen am privaten Verbrauch beträchtlich geringer sein, als allgemein erwartet wird.

(b) Privater versus öffentlicher Verbrauch

Ähnlich komplexe Veränderungen findet man, wenn man eine andere wichtige Art der strukturellen Umschichtung betrachtet,
nämlich jene zwischen öffentlichem und privatem Verbrauch.
Sicher ist, daß diese Umschichtung Gegenstand von Auseinan-
dersetzungen sein wird, deren Natur zu einem großen Teil von
den Wachstumsszenarien bestimmt wird. In einer Szenario-B_2-
ähnlichen Situation mit zweifacher Fragmentierung der Gesellschaft zum Beispiel dürften jene sozialen Gruppen, die privaten Leistungen den Vorzug geben, weil sie stärker differenziert und ihren Bedürfnissen besser angepaßt sind, gegen
eine weitere Erhöhung der Besteuerung revoltieren. Dieser
Präferenz stellen sich gleichzeitig die steigende Nachfrage
nach Schaffung oder Erhaltung von Arbeitsplätzen entgegen,
die die wirtschaftliche Situation nach sich zieht, präzise
Forderungen bestimmter Minoritäten, die die Träger der neuen
Wertvorstellungen sind, und der erhöhte, zum großen Teil
öffentliche Verbrauch, der aus der Überalterung der Bevölkerung und aus der Veränderung des Lebensstandards herrührt.
Das chronische Defizit der Sozialversicherung in einigen
Ländern in den letzten Jahren ist bereits ein Beispiel für
solche Konflikte. Wie steht es nun mit Szenario B_1? Mit einiger Wahrscheinlichkeit fördert diese Variante ein Ansteigen
hinsichtlich des Anteils des öffentlichen Verbrauchs am Volkseinkommen. Doch andererseits dürfte es auch jene Kräfte stär-
ken, die die öffentlichen Dienstleistungen in den Regionen

und Gemeinden stärker dezentralisieren und die Partizipation der Bürger stärker erhöhen wollen. Was den informellen oder dritten Sektor anbetrifft, dürfte es ebenfalls darauf hinauslaufen, daß gewisse Dienstleistungen durch Haushalte oder Gemeinden übernommen werden. Eine Szenario-A-Situation schließlich mag es erleichtern, die Konflikte zu überbrücken, weil in diesem Fall der Regierung mehr Mittel zur Verfügung stehen und wahrscheinlich auch die Variationsbreite der zum Ausdruck gebrachten Bedürfnisse geringer ist. Alternative Zukunftsbetrachtungen zeigen also, daß der Anteil des öffentlichen Verbrauchs am Volkseinkommen in den entwickelten Industriegesellschaften steigen dürfte, aber begleitet von Konflikten, in denen sich widerspiegelt, was man die Krise des Wohlfahrtsstaates nennen könnte.

(c) Der Export

Im Hinblick auf die letzte Komponente der Endnachfrage, die Ausfuhr, werden die hochentwickelten Industriegesellschaften radikalen Veränderungen in der Struktur entgegensehen. (Vgl. Teil V).

Zwischen der Analyse der Endnachfrage und dem Studium der Beziehungen zwischen wirtschaftlicher Aktivität und der natürlichen Umwelt sollten zweifellos auch der menschlichen und sozialen Umwelt und ihren Wechselbeziehungen zur Wirtschaftsstruktur eine gesonderte Betrachtung gewidmet werden. Dies ist indessen ein weites Feld, in dem zum Beispiel die neuen Wertvorstellungen sehr ähnliche Anpassungszwänge auf die Wirtschaftsstruktur ausüben können wie die Veränderungen im Zusammenhang mit der Nutzung der natürlichen Umwelt. Es ist sogar sehr wahrscheinlich, daß sich gerade diese Kräfte in der Zukunft verstärken werden, während sich in den entwickelten Ländern jene, die auf den Schutz der natürlichen Umwelt gerichtet sind, stabilisieren sollten. Dieses Problemfeld

schließt auch die ganze Bandbreite der Beziehungen ein, die
mit dem Leben am Arbeitsplatz oder in den Städten in Zusammenhang stehen. Die relevanten Fakten sind die Verwendung
von Raum und Zeit ebenso wie die Art der psycho-sozialen
Relationen.

3. Steigende Kosten der Nutzung der natürlichen Umwelt

Für die hochentwickelten Industriegesellschaften ist eine
Erhöhung der Kosten im Zusammenhang mit den Austauschbeziehungen mit der übrigen Ökosphäre in drei Bereichen möglich:
Energie, Rohstoffe und natürliche Umwelt.

(a) Produktionsstrukturen und Energie

Im Prinzip gibt es keinen Grund, warum die Produktionsstrukturen der hochentwickelten Volkswirtschaften nicht in der
Lage sein sollten, sich zukünftigen Preiserhöhungen für
Energie anzupassen. Damit dieser Anpassungsprozeß tatsächlich stattfindet, müssen allerdings gewisse Bedingungen erfüllt sein:

- Im Hinblick auf die langen Zeitspannen, die notwendig
  sind, um die Formen des Energieverbrauchs umzustellen
  (zum Beispiel durch Eliminierung energieintensiver Produktionsprozesse oder Substitution bestimmter Produktionsweisen durch andere), ist es notwendig, der Energiepolitik
  eine längerfristige Orientierung zu geben und die gegenwärtig bestehenden Unsicherheiten so weit wie möglich
  zu reduzieren.

- Alles sollte getan werden, um einschneidende und unregelmäßige Energiepreiserhöhungen zu vermeiden und gleichzei-

tig die Fähigkeiten der entwickelten Volkswirtschaften
zu erhöhen, Schockeffekte auf dem Energiesektor zu absorbieren. Aus diesem Grunde ist es wünschenswert, die Industrie dazu anzuhalten, Techniken zu entwickeln, die die
Form ihres Energieverbrauchs flexibler machen.

- Schließlich muß vermieden werden, daß der Einfluß von
Energiepreiserhöhungen im Hinblick auf die Gesamtheit
eines Wirtschaftsbereiches verallgemeinert wird. Die
staatliche Energiepolitik sollte daher dem Markt hinreichend Spielraum lassen, als Indikator für die Entscheidung über die Art und Weise des Energieverbrauchs zu wirken, wobei, wenn dies nötig ist, durchaus entsprechende
Signale durch den Staat gegeben werden sollten.

(b)   Produktionssysteme und Rohstoffe

Sowohl aus längerfristigen als auch aus mittelfristigen Gründen dürfte sich der Aufwärtstrend in den realen Preisen für
Industrierohstoffe fortsetzen. Darüber hinaus besteht das Risiko von Versorgungsunterbrechungen infolge politischer Ereignisse. Auch dürften die Versorgungsbedingungen für Industrierohstoffe für die entwickelten Volkswirtschaften schwere Probleme mit sich bringen, wenn es zu einer generellen
Ausweitung des Protektionismus käme (Szenarien C und D).

(c)   Produktionsstrukturen und Umwelt

Unabhängig von den globalen Problemen, die in Teil I diskutiert worden sind, steigt das Ausmaß der Bemühungen der Industrieländer ständig an, die Auswirkungen menschlicher Aktivität im allgemeinen und des industriellen Sektors im besonderen im Hinblick auf die natürliche Umwelt unter Kontrolle
zu bringen. Da die Leistungen der Umwelt (zum Beispiel Assi-

milation von Rückständen) vom Marktmechanismus nicht in befriedigender Weise berücksichtigt werden, muß die Umweltpolitik versuchen, den Marktmechanismus unter dem Aspekt einer effizienten Allokation der Produktionsfaktoren zu korrigieren und zu ergänzen. Auch Verteilungsprobleme treten in diesem Zusammenhang auf, da einige Beteiligte bei Nichtvorhandensein von Vorschriften, die die Umweltkosten dem Verursacher anlasten oder externe Nachteile verhindern, ihr Einkommen dadurch erhöhen, daß sie anderen Schaden zufügen. Auf diese Weise kann Umweltpolitik auf drei Arten dazu beitragen, das Funktionieren der Wirtschaft zu verbessern. Aber das Dosieren dieser Politik ist eine schwierige Angelegenheit. Abgesehen von unzureichenden Kenntnissen über die physikalischen und chemischen Wirkungen der Schadstoffemissionen, abgesehen von dem Problem, den sozialen Grenzwert von Verbesserungen oder Verschlechterungen in bezug auf die Umwelt abzuschätzen, und abgesehen auch von der Unkenntnis über die Auswirkungen von Umweltschutzvorschriften auf wirtschaftliche Ziele wie Wachstum und Beschäftigung, treten Probleme infolge der Unübersichtlichkeit der Verfahren, der wachsenden Politisierung der Investitionsentscheidungen und des Umlenkens der Umweltpolitik auf andere Ziele auf.[1] So ist es keineswegs überraschend, daß Umweltpolitik dazu beiträgt, die strukturellen Anpassungserfordernisse für die entwickelten Volkswirtschaften zu erhöhen, während sie gleichzeitig ihre Anpassungskapazität vermindern kann. Die erste dieser Wirkungen (und die einzige, die in diesem Abschnitt behandelt wird),[2] tritt auf drei verschiedenen Ebenen auf: innerhalb von Industrien, zwischen Industrien und auf internationalem Niveau.

1 Obgleich die Anzahl klar identifizierbarer Fälle gering ist, kann Umweltschutzpolitik zum Beispiel als Vorwand für die Errichtung von Handelsschranken dienen.

2 Die durch die Umweltpolitik verursachten Rigiditäten werden im vierten Abschnitt dieses Teils unter der Überschrift der staatlichen Intervention behandelt.

(1) Umweltpolitik hat innerhalt eines jeden industriellen Sektors Konsequenzen zweifacher Art: Sie beeinflußt das technische und wirtschaftliche Veralten der Produktionsanlagen, da die alten Anlagen nicht nur in stärkerem Maße emittieren, sondern auch höhere Ausgaben erfordern, um sie dem neuen Standard anzugleichen. Man muß allerdings zugeben, daß die Umweltpolitik in diesem Fall nur eine ohnehin unvermeidliche Entwicklung forciert. Die Umweltpolitik fördert Konzentrationstendenzen in bezug auf Produktions- und Marktstrukturen. Empirische Untersuchungen zeigen beispielsweise, daß die Investitions- und Betriebskosten pro Produktionseinheit für Umweltschutzkontrolleinrichtungen mit der Größe der Anlagen abnehmen. Auch Forschung und Entwicklung im Bereich des Umweltschutzes unterliegt bemerkenswerten Massenproduktionsvorteilen.

(2) Daneben gibt es Konsequenzen, die zwischen den verschiedenen Industrien auftreten: Umweltpolitik beschleunigt den Rückgang bestimmter Industrien in den Industrieländern. Die am stärksten emittierende und infolgedessen durch Umweltpolitik am härtesten betroffene Industrie ist in der Hauptsache die Schwerindustrie, wohingegen die Verbrauchsgüterindustrie mit Ausnahme der Töpferei, des kunststoffverarbeitenden Gewerbes und der Nahrungsmittelindustrie der Umwelt weniger Schaden zufügen.

Umweltpolitik erzeugt neue Nachfrage und neue industrielle Aktivitäten. Entsprechend den Untersuchungen des OECD-Umweltdirektorats können Umweltschutzprogramme im Hinblick auf die Schaffung neuer Arbeitsplätze, was ihren Gesamteffekt anbetrifft, sowohl leicht positiv als auch leicht negativ wirken.

(3) Schließlich leiten sich strukturelle Effekte der Umweltpolitik auf internationaler Ebene von den Unterschieden in den Normen ab. Diese Unterschiede spiegeln anerkanntermaßen

entweder Differenzen in der Fähigkeit der nationalen Umwelt, Schadstoffe zu assimilieren, oder bestimmte unterschiedliche politische Präferenzen im Hinblick auf gesellschaftliche Ziele wider. In einigen Fällen hingegen kann nicht ausgeschlossen werden, daß andere Absichten bis zu dem Punkt hin verdeckt werden, wo es schwierig ist, mit der laufend verfügbaren Information wirkliche Umweltpolitik von solcher zu unterscheiden, die nur vorgibt, eine zu sein.

Querschnittsanalysen enthüllen eine starke Wechselbeziehung zwischen dem Niveau des nationalen Pro-Kopf-Einkommens und der Intensität der Nachfrage nach verbesserter Umweltqualität. Sollte diese Situation sich nicht ändern, würde die Politik der entwickelten Länder sich sehr ähnlich bleiben, wohingegen weiterhin beträchtliche Normenunterschiede zwischen Industrieländern und den meisten Ländern der Dritten Welt bestehen blieben.

Auch ohne zu wirklichen Umwälzungen zu führen, wird daher der Anstieg in den Kosten für die Nutzung der natürlichen Umwelt ständig alle möglichen Anpassungszwänge für die Wirtschaft der entwickelten Länder mit sich bringen. Diese Anpassungserfordernisse werden natürlich nicht nur auf die Industrie beschränkt bleiben. Sie werden ebenfalls auf die Landwirtschaft und auf Dienstleistungen wie Transport und Tourismus einwirken, und darüber hinaus werden sie sich auf Gebieten bemerkbar machen, die nicht direkt mit der Produktion in Beziehung stehen wie beispielsweise auf das städtische Leben oder die Nutzung des Weltraumes.

4. Wandlungen in der Wettbewerbsposition der entwickelten Volkswirtschaften

Kann man, bezogen auf Technologien und Produktionsfaktoren, behaupten, daß sich die komparativen Kostenvorteile zwischen

den verschiedenen Volkswirtschaften, den entwickelten und
den anderen, in einem Prozeß radikaler Veränderung befinden,
so daß sich auch hieraus beträchtliche und darüber hinaus
differenzierte strukturelle Anpassungserfordernisse für die
Volkswirtschaften der OECD-Länder ergeben? Der Trend in den
Kosten für Arbeit und die Veränderungen in den relativen
Kosten für Kapital sind die beiden Elemente, die es in diesem Zusammenhang zu betrachten gilt.

(a) Veränderungen in den komparativen Kostenvorteilen und
in den relativen Arbeitskosten

Zwei der bedeutendsten Indikatoren für Verschiebungen in der
Wettbewerbssituation von Ländern, oder von Industrien in jenen Ländern, sind das Niveau und die jährliche Änderungsrate der Arbeitskosten pro Produktionseinheit - natürlich vorausgesetzt, daß diese Kosten nicht nur Lohnkosten beinhalten, sondern gleichzeitig alle Sozialversicherungs- und andere indirekte Kosten. Dieses Phänomen kann am besten stufenweise analysiert werden.

(1) Was ist das Ergebnis, wenn man zunächst die realen Arbeitskosten pro Produkteinheit betrachtet? Die Entwicklung
des Verhältnisses von Lohnkosten zu Bruttoinlandsprodukt in
Zähler und Nenner, ausgedrückt in nationalen Währungseinheiten zu laufenden Preisen, kann durchaus zu ersten Einblicken
führen, auch wenn gewisse Vorbehalte im Hinblick auf die
Einflüsse möglicher Änderungen in der Zusammensetzung des
Bruttoinlandsproduktes, in der Produktions- und Beschäftigungsstruktur und in der Einkommensverteilung erforderlich
sind.

Mit Ausnahme der Vereinigten Staaten, der Niederlande und
Schwedens ist die Differenz zwischen der Wachstumsrate der
Arbeitskosten und jener der Produktivität zwischen 1969 und

1975 beträchtlich größer als zwischen 1960 und 1968. Eine erste Schlußfolgerung kann daher gezogen werden. Für arbeitsintensive Aktivitäten hat sich die Wettbewerbsposition der Industrieländer seit 1968 im ganzen genommen verschlechtert. Das gleiche gilt für bestimmte Industrieländer im Vergleich zu anderen.

(2) Als nächstes sollten die Wirkungen der Inflation einbezogen werden, indem der Trend der nominalen Arbeitkosten (ausgedrückt in laufenden Einheiten nationaler Währung) pro Volumeneinheit des Bruttosozialprodukts (bewertet in konstanten Einheiten der nationalen Währung) betrachtet wird. Die Bedeutung dieser Rechnung liegt darin, daß sie eine Vorstellung darüber gibt, welches die Änderungen in den Wettbewerbsbedingungen sein würden, wenn die Wechselkurse konstant geblieben wären.

Wie erwartet, zeigt sich auch in diesem Falle im Jahre 1968 ein Knick in der Entwicklung. Während der vorangegangenen fünfzehn Jahre war das Wachstum der nominalen Arbeitskosten pro Produkteinheit gering, aber nach 1968 stieg es steil an. Die durchschnittlichen jährlichen Wachstumsraten für die beiden Perioden 1960 bis 1968 und 1969 bis 1975 sagen viel aus: 3,2 und 6,5 v.H. für die Vereinigten Staaten; 3,4 und 8,9 v.H. für Kanada; 5,3 und 10,2 v.H. für Frankreich; 3,8 und 14,8 v.H. für Großbritannien; 5,6 und 15,3 v.H. für Italien; 4,0 und 8,6 v.H. für die Bundesrepublik Deutschland sowie 5,3 und 13,7 v.H. für Japan. Man könnte sagen, daß diese Ergebnisse teilweise auf das Wachstum des Dienstleistungsanteils am Bruttoinlandsprodukt zurückzuführen sei und auch auf den Einfluß relativer Preise, aber dasselbe Phänomen kann man ebenfalls in der verarbeitenden Industrie für sich allein genommen finden.

(3) Als dritte Stufe muß daher der Einfluß der Wechselkurse in die Analyse eingeführt werden. Die vorangegangenen Raten für die verarbeitende Industrie mit den laufenden Wechselkursen der nationalen Währung in US-Dollar ausgedrückt und

multipliziert ergeben so für jedes Land den Dollarbetrag, der den Arbeitskosten pro Produkteinheit in der Verarbeitenden Industrie entspricht.

Die Ergebnisse zeigen, daß Änderungen in den Wechselkursen in keiner Weise die Spanne in den Steigerungsraten für Arbeitskosten nach 1968 verringern. Man findet eine einzige Veränderung: Die Lage der Länder mit schwachen Währungen wie Italien und Großbritannien verbessert sich, während sich die von Japan, der Bundesrepublik Deutschland und der Schweiz - und sogar die Belgiens, Dänemarks und Hollands, die mit der Deutschen Mark gekoppelt waren, verschlechtert. Die herausragende Tatsache ist, daß sich in den arbeitsintensiven Industrien die Wettbewerbsposition von Japan und den westeuropäischen Ländern im Durchschnitt mehr verschlechtert als die der beiden nordamerikanischen OECD-Länder.

(4) Diese Entwicklung spiegelt sich indessen nicht in den Leistungsbilanzen wider. Andere Elemente müssen daher den relativen Anstieg in den Arbeitskosten für einige OECD-Länder verglichen mit anderen teilweise kompensieren. Allerdings zeigt eine kürzlich erschienene OECD-Studie, die nicht nur Arbeitskosten, sondern auch Kosten für bestimmte Rohstoffe und die regionale Streuung des Handelns berücksichtigt, keine deutlich abweichenden Ergebnisse. Im besonderen bestätigt sie, daß der größte Kostenanstieg auf den Faktor Arbeit zurückzuführen ist und daß diese Entwicklung bereits vor der Ölkrise begann.

Das Anwachsen der Arbeitskosten pro Produkteinheit seit 1969 hat die internationale Wettbewerbsposition verändert, und zwar:

- zwischen den am weitesten entwickelten OECD-Ländern,

- zwischen diesen Ländern und den OECD-Mittelmeerländern,

- zwischen diesen Ländern und den sich im Industrialisierungsprozeß befindlichen Entwicklungsländern.

Auch in Zukunft werden die Unterschiede in der Entwicklung der Arbeitskosten eine Ursache für beträchtliche Anpassungserfordernisse für die Produktionsstrukturen in den OECD-Ländern darstellen. Hieraus leitet sich die Bedeutung ihrer Politik auf diesem Gebiet ab.

(b) Änderungen der komparativen Vorteile und der relativen Kapitalkosten

Dieser zweite Unterabschnitt stellt die Beziehungen zwischen Industrieländern, osteuropäischen Ländern und den sich schnell industrialisierenden Ländern der Dritten Welt in den Mittelpunkt. Die jüngste Periode hat, offenbar aus Gründen einer deutlichen Interessenübereinstimmung, ein Anwachsen von Technologietransfer und Kapitalströmen zwischen diesen Ländern erlebt. Die Konsequenz, die aus dieser Tatsache für die OECD-Länder befürchtet wird, ist die Einrichtung von Produktionskapazitäten in diesen anderen Ländern zu sehr geringen Kapitalkosten.

Es ist notwendig, zwischen den fundamentalen, neutralen Faktoren zu unterscheiden, die dazu beitragen, diese Transfers und Ströme in Gang zu setzen, und jenen, die von Verzerrungen in den relativen Kapitalkosten herrühren.

Es ist gewiß, daß die Verringerung der Kapitalrentabilität während der Rezession in fast allen Industrieländern ein Sinken der Investitionstätigkeit nach sich zog, das, gekoppelt mit großen Beträgen zusätzlicher internationaler Liquidität aus den OPEC-Ländern, ein Anwachsen produktiver Investitionen in den sich schnell entwickelnden Ländern der Dritten Welt förderte, und zwar besonders mit Hilfe der privaten Banken. Der Gesamtbetrag der Direktinvestitionen in Entwicklungsländern verdoppelte sich zwischen 1970 und 1976 von 42,3 Mrd. Dollar auf 83,5 Mrd. Noch viel offensichtlicher als in der Vergangenheit, konzentrierten sich diese Investitionen während jener Periode auf wenige Länder mit hohem Wachstum und hier bevorzugt auf die verarbeitende Industrie und nicht so sehr auf den Bergbau. Vor allem die multinationalen Unternehmen förderten diese Entwicklung, und zwar zunächst aus einem technisch-wirtschaftlichen Grund: sie sind dank ihrer Strategie hinsichtlich Industrie und Welthandel am ehesten in der Lage, ihre Produktionsprozesse aufzugliedern und einige Teile, die dort bessere Erträge bieten, in die Entwicklungsländer zu verlagern. Zweitens aus einem finanziellen Grund: sie haben bevorzugt Zugang zum internationalen Kapitalmarkt.

Darüber hinaus ist ein Trend in der Art des Technologietransfers in die Entwicklungsländer zu beobachten. Selbst wenn die Gründung von hundertprozentigen Tochtergesellschaften als solche relativ zurückgeht, sind die transferierten Technologien zumeist äußerst effizient und in vielen Fällen äußerst kapitalintensiv. Dies resultiert durchaus nicht nur aus etwa bestehenden Kostenverzerrungen, ein Punkt, auf den später zurückzukommen sein wird, sondern auch daraus, daß die Produktionsanlagen in einigen Entwicklungsländern mit sehr disziplinierter Arbeitskraft täglich oder jährlich länger in Betrieb gehalten werden können und sich daher die ursprüngliche Investition schneller wieder amortisieren kann.

Neben diesen objektiven Faktoren, die Technologietransfers und Kapitalbewegungen herbeizuführen helfen, gibt es nun andere, die als Verzerrungen bezüglich der relativen Kapitalkosten anzusehen sind. Einige dieser Verzerrungen gehen von den Industrieländern selbst aus und sind im wesentlichen das Resultat ihrer Politik im Hinblick auf Investitionsgarantien und Exportkredite. Die Investitionsgarantien subventionieren Direktinvestitionen außerhalb der Industrieländer insbesondere dadurch, daß sie das Risiko künstlich

verringern. Exportkredite bewirken die Subventionierung des
Exports von Produktionsanlagen und Kapitalgütern durch
eine Verringerung der Zinsbelastung. Die Folge ist ein verstärkter Wettbewerbsdruck auf die Halbwaren- und Verbrauchsgüterindustrien in den Industrieländern, wobei zusätzlich
eine Rolle spielt, daß der Aufbau neuer Kapazitäten in den
Entwicklungsländern (oder in Osteuropa) schneller vorangeht,
als dem Anwachsen des Inlandsmarkts jener Länder entspricht.

Schlußfolgerungen sind also auf zwei Ebenen zu ziehen:
Einerseits sind die hochentwickelten Industrieländer als
Folge der weltweiten Interdependenz wirtschaftlichen Anpassungszwängen ausgesetzt, die zu einer Änderung ihrer Produktionsstruktur führen. Andererseits bewirken sie durch einige politische Maßnahmen künstlich ein Ansteigen dieses wirtschaftlichen Drucks. Indessen ist eine Beurteilung dieser
strukturellen Anpassungszwänge nur in Verbindung zu möglichen ihnen entgegenstehenden Rigiditäten sinnvoll.

D. RIGIDITÄTEN INNERHALB HOCHENTWICKELTER INDUSTRIEGESELLSCHAFTEN

Um Mißverständnisse zu vermeiden, sollte von vornherein klargestellt werden, daß die hier zu diskutierenden Rigiditäten
doppelten Ursprungs sind: Sie entstehen sowohl aus der bewußten Erfüllung legitimer sozialer Ziele als auch durch die
nicht beabsichtigte Akkumulation von Institutionen, Prozeduren und Vorschriften, die teilweise irreversibel sind und
darüber hinaus zur Ineffizienz beitragen, und zwar insbesondere durch ihre indirekten Wirkungen. Die sich ständig verändernde Umwelt ist durch beide Arten von Rigidität gekennzeichnet, aber soziale Ethik und politischer Realismus erfordern eine klare Unterscheidung, selbst wenn ihre verschiedenen Ursprünge manchmal unentwirrbar ineinander verschlungen sind.

Ein Ergebnis, das in dieser Untersuchung deutlich wird, besteht in der Tatsache, daß sich die strukturellen Rigiditäten in den Industrieländern zunehmend verstärkt haben und daß sie aller Wahrscheinlichkeit nach deren strukturelle Anpassungsfähigkeit in der Zukunft gefährden. Allerdings ist auch hinzuzufügen, daß die Situation in den einzelnen Ländern sehr unterschiedlich ist.

Unter den vielen Sektoren, in denen sich jene Rigiditäten finden lassen, verdienen Arbeitsmarkt, staatliche Intervention und Außenhandel vermutlich die größte Aufmerksamkeit. Andere Aspekte sind weniger augenfällig: so könnten zum Beispiel die durch bestimmte Großtechnologien geschaffenen Inflexibilitäten durch andere neue Technologien durchaus wieder ausgeglichen werden. Auch im Hinblick auf die Bevölkerungsentwicklung gibt es eine wichtige Frage. Wird in Industrieländern eine Bevölkerung mit zunehmendem Durchschnittsalter ein konservatives Verhalten der Zukunft gegenüber an den Tag legen und auf diese Weise die Anpassung erschweren?

1. Arbeitsmarkt

Der Arbeitsmarkt wird für die Regierungen der Industrieländer weiterhin eine entscheidende Herausforderung bleiben. Unabhängig vom Anwachsen der arbeitsfähigen Bevölkerung könnte nämlich das Anwachsen der nicht zyklischen Arbeitslosigkeit mit Änderungen in der Angebotsstruktur, mit neuen Verhaltensweisen der Arbeitsuchenden und mit der Schaffung von Rigiditäten durch staatliche Politik einhergehen.

(a) Neue Entwicklungen in der Struktur des Stellenangebotes

Das wirtschaftliche Wachstum in den Industrieländern in der Vergangenheit hat die Struktur des Stellenangebots auf dem Arbeitsmarkt grundlegend verändert:

Zunächst auf sektoraler Ebene. Eine detaillierte Untersuchung macht insbesondere die Rolle des Dienstleistungssektors in diesem Zusammenhang deutlich. Wenn Jahre des Booms wie 1966 und 1977 in den Vereinigten Staaten und Kanada miteinander verglichen werden, zeigt sich, daß der Anteil des tertiären Sektors am Nettozuwachs der Arbeitsplätze in der dazwischenliegenden Periode bei 92 v.H. beziehungsweise 86 v.H. liegt. Das neue Phänomen der Zukunft wird folglich die Abnahme industrieller Beschäftigung sein. Durch die Entwicklung der Elektronik wird darüber hinaus die Grenzlinie zwischen Industrie und Dienstleistungssektor zunehmend unscharf werden, denn eine steigende Zahl sogenannter industrieller Arbeitsplätze wird die Charakteristik von Dienstleistungsarbeitsplätzen aufweisen.

Innerhalb von Sektoren ist die Nachfrage nach Spezialisten, Technikern und qualifizierten Verwaltungsfachleuten oft schneller gestiegen als die nach angelernten oder ungelernten Arbeitern. Der weltweite industrielle Strukturwandel, der besonders in Teil V diskutiert werden wird, dürfte in den hochentwickelten Industriegesellschaften die Verdrängung bestimmter industrieller Arbeitsplätze weiter beschleunigen.

Diese Änderungen schaffen nicht aus sich selbst heraus Unterbeschäftigung, aber sie sind mit anderen Änderungen, die in diese Richtung wirken, eng verbunden. Die Veränderung in der Struktur des Arbeitsplatzangebots zum Beispiel vergrößert gleichzeitig die Nachfrage nach Arbeitsplätzen. Im besonderen verstärkt sie die Tendenz einer zunehmenden weiblichen Partizipationsrate als Ergebnis des sich wandelnden sozialen Verhaltens und sich ändernder Wertvorstellungen.

Darüber hinaus scheint der Prozeß von Einstellung und Entlassung im Dienstleistungsbereich schneller abzulaufen als in der Industrie. Die Folge ist, daß der wachsende Anteil des Dienstleistungssektors an der Gesamtbeschäftigung bei Konstanz der anderen Faktoren zu größerer friktioneller Arbeitslosigkeit führt. Dabei spielt auch eine Rolle, daß es leichter ist, junge Leute und Frauen zu entlassen als erwachsene Männer.

So könnte also die zukünftige Entwicklung der Struktur des Arbeitsplatzangebots mittelfristig eine Zunahme struktureller Arbeitslosigkeit und infolgedessen ebenfalls eine höhere Rate von allgemeiner Arbeitslosigkeit für ein gegebenes Beschäftigungsniveau nach sich ziehen.

(b) Neue Eigenschaften von Arbeitsuchenden

Steigender Lebensstandard, die Ausweitung bestimmter Ausbildungsarten und ein sich änderndes Rollenverhalten zwischen den Geschlechtern bilden drei Kräfte, deren zugrundeliegende Wirkung darin besteht - und weiterhin bestehen wird -, die Faktoren zu ändern, die Umfang und Art der Nachfrage nach Beschäftigung bestimmen.

(1) Die Generationen, die dem Arbeitsmarkt zuwachsen, sind besser ausgebildet als ihre Vorgänger; der Wandel war beträchtlich und schnell. In politischer Hinsicht sind die Folgen dieser Entwicklung unter drei Gesichtspunkten von großer Bedeutung:

- Die Unternehmen in Industrieländern müssen Organisationsformen schaffen, die den Fähigkeiten und Motivationen der neuen Arbeitskräfte besser angepaßt sind. Verbesserte Arbeitsbedingungen sollten nicht nur als Kostenfaktor angesehen werden, sondern ebenfalls als Mittel zur Produktivitätssteigerung.

- Mehr Flexibilität im relativen Lohnniveau sollte dazu beitragen, die Anpassung des Arbeitsangebots an die Nachfrage in denjenigen Ländern zu erleichtern, wo institutionelle Regelungen zu Rigiditäten in der Gehaltsskala geführt haben.

- Die Ausweitung der schulischen Erziehung führt in Zukunft in den entwickelten Ländern zur Unterscheidung zwischen bildungsorientierter Ausbildung (bei der die geldliche Entlohnung eine immer geringere Rolle spielt) und spezialisierter Berufsausbildung, die unmittelbar auf den Arbeitsmarkt ausgerichtet ist.

(2) Sich wandelnde Wertvorstellungen und ein steigender Lebensstandard verringern die Bedeutung des Einkommens verglichen mit anderen Gesichtspunkten wie beispielsweise die Beibehaltung der sozialen Umwelt und die Sicherung der Qualität des privaten Lebens.

(3) Mehrere Gründe führen zu einer Abnahme der regionalen Mobilität: die steigende Zahl der Haushalte, in denen mehr als eine Person erwerbstätig ist; die wachsende Zahl von Familien mit nur einem Elternteil, solange Kindergärten und dergleichen nicht überall zur Verfügung stehen; Haus- und Wohnungseigentum und so weiter.

Zusammengefaßt, unter dem Blickwinkel der Nachfrage nach Arbeit entspringt die Zunahme der Arbeitslosigkeit sowohl einer ungenügenden Abstimmung des Arbeitsangebots auf die individuellen Erwartungen als auch einer verringerten Notwendigkeit für die einzelnen, sofort und um jeden Preis einen neuen Arbeitsplatz zu finden.

(c) Rigiditäten als Folge staatlicher Politik

Obwohl die staatliche Politik im Hinblick auf Arbeitskosten, soziale Sicherheit und Besteuerung von Land zu Land große Unterschiede aufweist, dürfte sie in vielen OECD-Ländern zu einer Verringerung des Arbeitsplätzeangebots führen und auch dazu, daß bestimmte Personengruppen in besonderer Weise die Last der Arbeitslosigkeit zu tragen haben.

(1) Unabhängig von ihrer Höhe sind die Arbeitskosten in den Industrieländern unflexibel geworden. Ihr relatives Niveau zwischen verschiedenen Industrien ebenso wie zwischen verschiedenen Berufskategorien bleibt vergleichsweise konstant. Darüber hinaus haben die Arbeitskosten auf Grund einer Anzahl wohlbekannter Gründe mehr und mehr den Charakter von Fixkosten angenommen.

(2) Bestimmte Formen der sozialen Sicherheit in den Industrieländern haben zweifellos dazu beigetragen, die strukturelle Arbeitslosigkeit zu erhöhen, auch wenn die grundsätzliche Berechtigung der betreffenden Maßnahmen nicht in Frage gestellt werden soll. Abgesehen von dem bereits oben angesprochenen Fixkostenproblem sei auf zwei weitere Folgen hingewiesen:

- Die marginalen Arbeitskosten werden in einigen Ländern durch die Ausgaben für die Sozialversicherung künstlich erhöht, sofern diese durch Beiträge finanziert werden, die sich als Prozentsatz des Lohnes berechnen.

- Die bestehenden Formen der Arbeitslosenunterstützung und die Maßnahmen zur Einkommenssicherung verringern gelegentlich den Anreiz zur Arbeit und insbesondere die Mobilität.

Der Umfang der sozialen Sicherheit hat ohne Zweifel auch unabhängig von jenen negativen Wirkungen, die mit der spezifischen Ausgestaltung der Maßnahmen zusammenhängen, einen Einfluß auf das Ausmaß der Arbeitslosigkeit. Das Problem in diesem Zusammenhang ist indessen nicht die Modifizierung der Ausgestaltungselemente, sondern eine grundsätzliche Frage gesellschaftspolitischer Entscheidungen.

(3) Darüber hinaus kann die Besteuerung das Funktionieren des Arbeitsmarktes beeinträchtigen. In einigen Ländern dürfte das hohe Niveau der Besteuerung dazu beitragen, die Mobilität zu verringern und den Unternehmungsgeist zu schwächen. Auch die progressive Besteuerung, die vor allem die mittleren Einkommensklassen trifft, wenn die Realeinkommen steigen, bewirkt eine Nivellierung im Hinblick auf das verfügbare Nettoeinkommen und verringert dadurch den Anreiz zum Arbeitsplatzwechsel. Dies gilt um so mehr, wenn die Flexibilität in den relativen Löhnen in bezug auf verschiedene Sektoren oder Berufsgruppen allzu gering ist.

Die Analyse der Rigiditäten im Arbeitsmarkt führt zum Kern der längerfristigen Probleme der entwickelten Länder. Erstens unterstreicht sie jene beiden Problembereiche, die unmittelbar mit dem zweifachen Ursprung der Rigiditäten zusammenhängen:

- Unter dem Aspekt der erhöhten strukturellen Anpassungserfordernisse werden die Regierungen der Industrieländer energische Anstrengungen unternehmen müssen, um alle künstlichen und ungewollten Rigiditäten zu beseitigen, die sich daraus ergeben, daß man Gesetze in Kraft gesetzt hat, ohne vorher mit hinreichender Gründlichkeit alle ihre Konsequenzen zu studieren.

- Andere Rigiditäten dagegen sind eng verbunden mit den Fragen der sozialen Gerechtigkeit. In diesem Fall muß zwischen dem unmittelbaren Nutzen der Umverteilung und den indirekten Konsequenzen einer verringerten ökonomischen Effizienz sorgfältig abgewogen werden, und zwar auch unter dem Aspekt der sozialen Gerechtigkeit. Dabei ist eines sicher, nämlich die Tatsache, daß bei dieser Entscheidung nicht unbeachtet bleiben kann, daß die heutigen Industrieländer auf dem Wege sind, in einer sich wandelnden Welt in die Minorität gedrängt zu werden.

Zweitens wirft die Analyse der Rigiditäten im Arbeitsmarkt die Frage der Notwendigkeit einer Neudefinition von sozialer Gerechtigkeit auf. Denn die gegenwärtigen Konzepte, die in den entwickelten Gesellschaften implizit zugrunde gelegt werden, könnten sehr wohl zu einer von zwei Extremsituationen führen:

- zu einem überaus flexiblen, sehr wettbewerbsbetonten und folglich durchaus abschreckenden Arbeitsmarkt für jene, die Beschäftigung suchen, bei gleichzeitig übermäßiger Protektion für die wirtschaftlich und sozial Unterprivilegierten, was dazu führt, daß diese Gruppen in ein Ghetto der Arbeitslosigkeit abgedrängt und vom Wirtschaftsleben ausgeschlossen werden, oder

- zu einer zunehmenden Sklerose des Arbeitsmarkts mit einer sich verkleinernden Bandbreite der Nettoarbeitseinkommen, beachtlicher Protektion und Maßnahmen, die das Beschäftigungsniveau künstlich hochhalten, was alles zusammen die Anpassungsfähigkeit der Wirtschaft in äußerstem Maße herabsetzt.

Die Risiken dieser beiden Extremsituationen könnten wahrscheinlich leichter vermieden werden, wenn soziale Gerechtigkeit hauptsächlich als Selbstverwirklichung des einzelnen durch aktive Teilnahme am gesellschaftlichen Leben verstanden würde. Vor dem Hintergrund dieser erweiterten Interpretation, die der Kombination zwischen den wachsenden externen Anpassungszwängen und der Diversifizierung der individuellen Erwartungen besser angepaßt ist, müßten die Industrieländer ihre längerfristige Beschäftigungspolitik neu überdenken.

2. Staatliche Intervention

Das Gleichgewicht zwischen dem öffentlichen und dem privaten Sektor ist in erster Linie eine Frage politischer Entscheidung. Der folgende Abschnitt behandelt daher nicht dieses Problem. Hier ist lediglich beabsichtigt, die Rigiditäten zu analysieren, die in die hochentwickelten Industriegesellschaften durch bestimmte Formen der staatlichen Intervention hineingetragen werden, und die unter den veränderten Verhältnissen notwendigen Anpassungen zu diskutieren. Dabei werden drei Aspekte staatlicher Intervention einer besonderen Betrachtung unterzogen:"Regulatory Policies", steigende Staatsausgaben und direkte staatliche Beteiligung an Entscheidungen über industrielle Aktivitäten.

(a) "Regulatory Policies"

Im Zuge des Wandels der Wertvorstellungen und des Auftretens neuer Ansprüche verfolgen die Industriegesellschaften in zunehmendem Maße Ziele, die nicht in den Kategorien Wachstum des Sozialprodukts oder Verteilung von Geldeinkommen ausgedrückt werden können. Welches sind die Präferenzbeziehungen zwischen diesen Zielen? Wie können sie am wirksamsten verfolgt werden und mit welchen "regulatory policies"?

Die erste Frage führt zurück zu der Notwendigkeit eines ständigen politischen Dialogs, damit die Bürger der demokratischen Gesellschaften über die volle Bandbreite der Möglichkeiten informiert sind. Die zweite Frage behandelt die Problematik der Institutionen und Methoden, mit denen es möglich ist, die neuen Zielsetzungen wirksam zu verfolgen, ohne das Funktionieren jener Institutionen unnötig zu beeinträchtigen, durch die die traditionellen Zielsetzungen realisiert werden. Es fragt sich, ob es einige wenige Prinzipien gibt, an denen die Regierungen ihre "regulatory policies" orientieren könnten.

(1) Regierungen haben oft die Wahl zwischen direkter Regulierung (mit unmittelbaren Kontrollen, Ermächtigungen oder Verboten) und dem Aussenden entsprechender Signale für den Markt, so daß das individuelle Verhalten derartig beeinflußt wird, daß es sich mit den kollektiven Interessen trifft (zum Beispiel durch Subventionen und Steuern). In längerfristiger Betrachtung gibt es sehr viele Gebiete - Umweltschutz, Kontrolle der Ausgaben des staatlichen Gesundheitswesens oder Energieeinsparung -, wo sich die Methode der direkten Regulierung als zu eng, zu statisch und als relativ unwirtschaftlich oder unwirksam erweist.

(2) Regierungen können ihre Leistungen mit einem höheren oder geringeren Grad von Dezentralisierung erbringen. Ein falsches Maß an Zentralisierung oder Dezentralisierung kann die Ursache für Unwirtschaftlichkeit und Ungleichheit sein.

(3) Die Regierungen sollten die Teilnahme der Bürger an der Formulierung und Durchführung von "regulatory policies" erleichtern.

(4) "Regulatory policies" müssen langfristig orientiert sein. Wenn die staatlichen Interventionen in den hochent-

wickelten Industriegesellschaften im ganzen zunehmen, wird im übrigen die Fähigkeit, zweckmäßige staatliche Interventionen durchzusetzen, in zunehmendem Maße den Charakter eines knappen Produktionsfaktors annehmen.

(b) Zunehmende öffentliche Ausgaben

Dieses Thema muß mit besonderem Verständnis für die verschiedenen Für und Wider behandelt werden. Wer würde leugnen, daß das Ansteigen der öffentlichen Ausgaben teilweise als Antwort auf Forderungen von politisch bedeutsamen sozialen Gruppen anzusehen ist? Aber wer würde andererseits nicht mehr oder weniger auch zugeben, daß der Anstieg ebenso von der internen Dynamik des Staates hergeleitet werden kann und von einem Mangel in der Nachfragesteuerung, der dadurch bedingt ist, daß zwischen dem Ausmaß der vom Staat gratis zur Verfügung gestellten Dienstleistungen und der Höhe der Steuern keine direkte Beziehung besteht? Wer würde schließlich nicht auch nach den Risiken fragen, die mit einem ständigen Ansteigen der öffentlichen Ausgaben einhergehen: Die Schwierigkeit, nicht marktmäßige Aktivitäten wirtschaftlich zu gestalten, die negativen Einflüsse auf Arbeits- und Investitionsanreize sowie die Verringerung der Fähigkeit zur Strukturanpassung im privaten Sektor? Der jüngste Protest der kalifornischen Steuerzahler zeigt nur zu deutlich, daß sich in diesen Fragen für die hochentwickelten Industriegesellschaften eines der entscheidenden Konfliktpotentiale für die Zukunft verbirgt.

Der Anteil der Staatsausgaben am Bruttoinlandsprodukt der OECD-Länder stieg von durchschnittlich 28 v.H. zur Mitte der fünfziger Jahre auf 41 v.H. zur Mitte der siebziger Jahre. Trotzdem ist die Wachstumsrate der Staatsausgaben von Land zu Land sehr verschieden, und die Unterschiede im relativen Gewicht des öffentlichen Sektors sind größer geworden. Nichts weist darauf hin, daß sich die öffentlichen Ausgaben der verschiedenen OECD-Länder prozentual allmählich angleichen werden. Aber dies verhindert in keiner Weise, daß den verschiedenen OECD-Ländern bestimmte breitgefächerte Strömungen gemeinsam sind.

(1) Wohlfahrtsausgaben (Ausbildung, Gesundheit, Einkommensstabilisierung) stellen den größten Anteil an den Staatsausgaben in den OECD-Ländern dar. Das OECD-Sekretariat hat kürzlich zwei Szenarien für 1985 erstellt. Das erste unterstellt einen Anstieg des Anteils der öffentlichen Wohlfahrtsausgaben am Bruttoinlandsprodukt von 2 v.H. im Vergleich zu 1975. Eine Änderung in der Politik wird nicht angenommen, jedoch werden demographische Faktoren, der Anstieg der relativen Kosten öffentlicher Dienstleistungen und ein Wachstum der Zahlungen entsprechend dem Trend des Pro-Kopf-Einkommens berücksichtigt. Das zweite Szenario unterstellt ein Wachstum des Anteils der öffentlichen Wohlfahrtsausgaben am Bruttoinlandsprodukt von 6,5 v.H. Es gilt unter den folgenden Annahmen: Annäherung an den höchsten Standard, der in den OECD-Ländern realisiert ist; Einführung neuer Programme und beträchtliche Erhöhung der Zahlungen. In längerfristiger Sicht wird der Anteil des Volkseinkommens, der für öffentliche Wohlfahrtsausgaben verwendet wird, daher weiter ansteigen,[1] allerdings wahrscheinlich langsamer als in der Vergangenheit.

(2) Die öffentlichen Ausgaben zur Unterstützung von Landwirtschaft und Industrie betrugen im Durchschnitt der letzten Jahre etwa 2,5 v.H. des Volkseinkommens. Die jüngste Rezession und das sich anschließende mäßige Wirtschaftswachstum führten allerdings zu einem steilen Anstieg der direkten Subventionen für die Industrie, besonders in Australien, Ka-

---

1 Vgl. OECD: The rise in public expenditure. How much further can it go?, in: OECD Observer, Nr. 92, Mai 1978, S. 11.

nada, Irland, Italien, Norwegen und dem Vereinigten Königreich. Außerdem war ein schneller Anstieg der indirekten Subventionen im Rahmen fiskalischer Abschreibungen, Investitionsanreize und so weiter zu verzeichnen.[1]

(3) Es verbleiben die Ausgaben für Verteidigung, Infrastruktur, allgemeine öffentliche Dienste und Schuldendienst. Während der letzten zwanzig Jahre hat sich der Anteil des Verteidigungsbudgets am Volkseinkommen im allgemeinen verringert. Jedoch ist es in mittlerer Sicht wahrscheinlich, daß er sich in den meisten OECD-Ländern stabilisiert oder wieder leicht ansteigt. Der gegenwärtige Trend der "regulatory policies" ist nicht dazu angetan, die Kosten der allgemeinen öffentlichen Leistungen merklich zu verringern. Was den Schuldendienst anbetrifft, ist sein Anstieg in mittelfristiger Sicht aus den Budgetdefiziten der letzten Jahre abzulesen. Nur für eine einzige Ausgabenposition scheint sich die Möglichkeit einer Verringerung abzuzeichnen, und dies sind die Ausgaben für Infrastruktur (Wohnung- und Städtebau) vor dem Hintergrund der gegenwärtigen Entwicklung in bezug auf Bevölkerung und Verstädterung.

Alles in allem brauen sich daher in den hochentwickelten Industriegesellschaften größere Konflikte zusammen, die sich auf den Anteil der öffentlichen Ausgaben am Volkseinkommen beziehen, der für die verschiedenen sozialen und wirtschaftlichen Gruppen auf dem Spiele steht.

(c) Staatliche Beteiligung an Entscheidungen über industrielle Aktivitäten

In den letzten Jahren hat sich eine Reihe von neuen Formen der staatlichen Beteiligung an industriellen Aktivitäten entwickelt:

1 Vgl. OECD: Public expenditure trends, Paris 1978, S. 22.

(1) Eine erste Variante besteht darin, daß der Staat auf verschiedene Weise ein wachsendes Engagement in Aktivitäten mit fortgeschrittener Technologie wie zum Beispiel elektronische Komponenten, Computer, Luftfahrt, Kernenergie, Raumfahrt und so weiter eingegangen ist, und zwar in dem Bemühen, die totale Abhängigkeit von anderen entwickelten Volkswirtschaften zu vermeiden oder private Initiativen aufzugreifen, die infolge niedriger Investitionen und unsicherer Rentabilität nicht vorankommen. Die offensichtliche Berechtigung für diese Politik trägt zwei Risiken in sich: zum einen das der Unwirtschaftlichkeit im nationalen Rahmen, wenn die staatlichen Maßnahmen, weil sie zu bürokratisch sind und zu wenig Anreiz bieten, nicht zur Stimulierung der Privatinitiative beitragen. Zum anderen das Risiko der internationalen Unwirtschaftlichkeit, wenn dadurch die Verbreitung der besten Technologien verhindert wird.

(2) Die zweite Variante direkter staatlicher Intervention in industriellen Aktivitäten in den OECD-Ländern bezieht sich darauf, daß eine zu schnelle Schrumpfung gewisser traditioneller Industrien verhindert werden soll und daß die strukturelle Anpassung unter Kontrolle gebracht wird.

Nicht so sehr die staatliche Beteiligung an Entscheidungen über industrielle Aktivitäten als solche, sondern die Art und Weise, wie dies geschieht, und die Begleiterscheinungen dürften ein Element institutioneller Sklerose für die Zukunft darstellen.

3. Außenhandel

Die Regierungen der OECD-Länder unternehmen große Anstrengungen, den protektionistischen Tendenzen zu widerstehen. Sie haben ihr Bekenntnis zu einem freien multilateralen Welthandel wiederholt bekräftigt (so zum Beispiel bei der Erneuerung des Trade Pledge" im Juni 1978 und bei den Bemühungen, die multinationalen Handelsverhandlungen zu einem erfolgreichen Ende zu bringen). Dennoch konnte eine Reihe von OECD-Ländern in jüngster Vergangenheit gewisse protektionistische Maßnahmen nicht vermeiden.

Drei Eigenschaften dieses sogenannten Neoprotektionismus seien im folgenden herausgestellt:

- Die Errichtung von Handelsschranken stellt immer weniger den Versuch dar, ein generelles Ungleichgewicht der Leistungsbilanz zu korrigieren, sondern mehr und mehr eine Antwort auf langfristige strukturelle Schwierigkeiten in bestimmten Industrien.

- Neoprotektionismus bedeutet weniger die Anwendung der traditionellen Techniken wie der einseitigen Einführung von Mengenbeschränkungen und Zöllen, sondern gibt anderen Interventionsformen den Vorzug wie zum Beispiel bilateral oder multilateral ausgehandelten Handelsbeschränkungen oder der Errichtung von nichttarifären Handelshemmnissen beispielsweise in der Form administrativer Regulierungen für bestimmte Produkte.

- Abgesehen von den Maßnahmen, die mehr oder weniger direkt mit dem internationalen Handel zusammenhängen, spielen viele weitere Formen staatlicher Intervention eine Rolle, so zum Beispiel Beschäftigungssubventionen, Steuererleichterungen, finanzielle Beteiligung an Untersuchungen und so weiter.

Zusammen machen diese drei Elemente das Ausmaß deutlich, in dem der Neoprotektionismus eine Form von Antwort seitens der hochentwickelten Industriegesellschaften auf die Herausforderungen zur Strukturanpassung darstellt. In diesem Zusam-

menhang ist der Neoprotektion?
bestehende Rigiditäten als a'
für neue.

Als Nachwirkung der schweren Rezession, die für die entwickelten Volkswirtschaften eine bemerkenswerte Wachstumsflaute mit sich gebracht hat, und in Abwesenheit wirklicher internationaler wirtschaftlicher Kooperation ist es für Regierungen, die den Zusammenbruch bestimmter industrieller Sektoren und steigende Arbeitslosigkeit in bestimmten Regionen vor Augen haben, äußerst schwierig, nicht auf protektionistische Politik zurückzugreifen; denn in kurzer Frist ist diese wirksam und mag ebenfalls soziale Unruhen verhindern. Allerdings besteht die schwere Gefahr, daß gewisse Formen des Protektionismus nicht aufgegeben werden können, nachdem sie erst einmal eingeführt worden sind, und daß in längerfristiger Sicht erhebliche negative Konsequenzen hingenommen werden müssen.

Diese negativen Konsequenzen haben zwei Formen: einerseits hat der Neoprotektionismus im wesentlichen die gleichen Wirkungen wie traditioneller Protektionismus und andererseits besondere Effekte, die noch gefährlicher sein können. Die traditionellen Wirkungen des Neoprotektionismus sind die folgenden:

- Neoprotektionismus behindert den Strukturwandel. Wenn die dadurch erreichte Atempause nicht erfolgreich genutzt wird, die notleidenden Sektoren fundamental umzustrukturieren, werden darunter längerfristig Effizienz, Wachstum, Beschäftigung und monetäre Stabilität leiden.

- Neoprotektionismus bürdet die Last der strukturellen Anpassung anderen Ländern auf, er exportiert die Arbeitslosigkeit und zwingt die Handelspartner, ihre eigenen Kapazitäten umso stärker abzubauen.

- Neoprotektionismus kann auf nationalem Niveau zu zweierlei Art Kettenreaktion führen. Die Einführung von Maßnahmen zur Unterstützung eines Sektors berechtigt zu Forderungen von anderen. Der durch Protektionismus bedingte Anstieg der Preise für Produktionsgüter und Vorstoffe verringert die Wettbewerbsfähigkeit jener Industrien, die diese verwenden.

- Neoprotektionismus trägt auch das Risiko einer Kettenreaktion im internationalen Rahmen in sich. Dieses Phänomen ist allzu gut bekannt, als daß dieser Prozeß einer weiteren Beschreibung bedürfte.

Die speziellen Wirkungen des Neoprotektionismus sind die folgenden:

- Stärker als im Falle von Änderungen in den Zollsätzen stellen neoprotektionistische Maßnahmen das Produkt von Ad-hoc-Entscheidungen von nationalen oder sogar regionalen Behörden dar. Teilweise haben diese Interventionen nicht einmal den Charakter von staatlichen Maßnahmen wie zum Beispiel Exportselbstbeschränkungsabkommen, die von den Produzenten zweier Länder ausgehandelt worden sind.

- Neoprotektionismus ist häufig ein Weg, etablierten internationalen Regeln wie zum Beispiel denen des GATT auszuweichen und dadurch international akzeptierte Garantien zu unterlaufen.

- Neoprotektionismus trägt die Tendenz in sich, Multilateralismus durch Bilaterialimus zu ersetzen. Obwohl multilateral ausgehandelt, stellt beispielsweise das "Multi-Fiber-Agreement" in der Tat ein Rahmenwerk für bilaterale Abmachungen dar.

führt dabei im Sinne einer bedeutsamen Konsequenz für unsere Gesellschaften zu Interventionen von immer stärkerer Selektivität."[1]

E. STRATEGIEN FÜR DIE ANPASSUNG AN DEN WANDEL

Die Interdependenz zwischen Wertvorstellungen, Wirtschaftswachstum und Strukturwandel führt zu zwei Fragen:

- Sehen die hochentwickelten Industriegesellschaften einer länderandauernden internen Krise entgegen?[2]

- Werden die Volkswirtschaften der hochentwickelten Industriegesellschaften in zunehmendem Maße inkompatibel miteinander?

Diese beiden Fragen stellen den Hintergrund dar, vor dem die Strategien für die Anpassung an den Wandel zu diskutieren sind.

1. Interdependenz zwischen Wertvorstellungen, Wirtschaftswachstum und Strukturfragen im nationalen Rahmen. Sind die hochentwickelten Industriegesellschaften der Schauplatz langfristiger Krisen?

Etwa zwanzig Jahre lang war es für die Ökonomen möglich, die Entwicklung der fortgeschrittenen Industriegesellschaften im nationalen Rahmen in den Kategorien gesamtwirtschaft-

[1] Assar LINDBECK: Economic Dependence and Interdependence in the Industrialised World, in: OECD: From Marshall Plan to Global Interdependence, Paris 1978 (eig. Übersetzung).

[2] Das Wort Krise wird hier natürlich nicht im engen Sinne einer zyklischen Rezession verwendet, sondern in dem weiten Sinn, der ihm von Historikern bei der Betrachtung umfassender Phänomene beigemessen wird.

lichen Wachstums zu beschreiben. Einerseits schien sich die
Übereinstimmung im Hinblick auf die Zielsetzung des Wirtschaftswachstums bei Preisstabilität und Vollbeschäftigung
von selbst zu ergeben. Der Strukturwandel war tiefgreifend,
konnte jedoch vergleichsweise leicht absorbiert werden. Und
andererseits macht es das wirtschaftliche Wachstum möglich,
auch andere Ziele zu realisieren, insbesondere Gleichheit
und Sicherheit.

Die komplexen Beziehungen zwischen Wertvorstellungen, Wirtschaftswachstum und Strukturwandel lassen indessen heute
diese einfache Betrachtung der Entwicklung nicht mehr zu.
Für die Regierungen ergeben sich in diesem Zusammenhang besondere Schwierigkeiten, und zwar einmal dadurch, daß die anstehenden Probleme nach wie vor allzu isoliert betrachtet
und die Interdependenzen nur unzureichend beachtet werden,
oder zum anderen dadurch, daß sie nur unter kurzfristigen
Aspekten betrachtet werden, ohne daß die längerfristigen Implikationen hinreichend berücksichtigt werden. Die Gefahr
besteht daher im langfristigen Fortbestehen von mäßigem
Wirtschaftswachstum entsprechend den B_2-Szenarien, mit einer
Verstärkung der Rigiditäten, einer daraus resultierenden
weiteren Verringerung des Wachstums und der Aussicht einer
politischen und sozialen Destabilisierung in den entwickelten Ländern.

Hieraus ergibt sich die Frage, ob die hochentwickelten Industriegesellschaften über die zyklischen Auswirkungen der Rezession von 1975 hinaus nunmehr der Schauplatz langfristiger
interner Krisen werden, die weit über den ökonomischen Bereich hinausgehen. Die Antwort hierauf ist im wesentlichen
eine Angelegenheit des persönlichen Urteils. Die von Interfutures durchgeführte Analyse identifiziert indessen eine
Reihe von Problembereichen, die für die speziellen Konflikte
der entwickelten Gesellschaft eine zentrale Bedeutung zu ha-

Zunächst zu den Wertvorstellungen: Es ist zugegebenermaßen schwierig, hier einen Trend festzustellen, der im Hinblick auf Individuen, Generationen, Geschlechter, soziale und ethnische Gruppen sowie Länder unterschiedlich ist,und der erste Abschnitt in diesem Teil dieses Berichts hat gezeigt, wie verschieden die Phänomene sind. Eine vernünftige Annahme ist indessen, daß es einen differenzierten Wandel in den Wertvorstellungen geben wird, und zwar mit einer zunehmenden Verschiedenheit in den Auffassungen zwischen zahlreichen Minoritäten und einer Mehrheit in der Mitte, die in sich selbst wiederum relativ heterogen und im Wandel begriffen ist. Diese zunehmende Differenzierung der Auffassungen dürfte eine Quelle von Komplexität und Instabilität werden, da sie die Zahl der durch die Gesellschaft verfolgten Zielsetzungen erhöht und Konflikte zwischen diesen heraufbeschwört. Dieser Prozeß könnte dazu führen, daß das traditionelle wirtschaftliche Wachstum als Zielsetzung in Frage gestellt wird, ohne daß es zu einer Einigung über die neue Art des Wachstums kommt; er würde die bestehenden Rigiditäten verstärken und gleichzeitig den Wunsch nach einer Neuorganisation der Gesellschaft intensivieren. Vor diesem Hintergrund ist es von allergrößter Wichtigkeit, daß gründliche und vergleichende Studien über die Entwicklung der Wertvorstellungen in den hochentwickelten Industriegesellschaften durchgeführt werden.

Als zweites eine Bemerkung zur Organisation der Gesellschaft: die institutionellen Aspekte der Probleme in den modernen Industriegesellschaften dürfen nicht unterschätzt werden. Sie sind in diesem dritten Teil des Berichts in dreifacher Hinsicht wieder und wieder aufgetaucht:

(1) Soziale Oligopolisierung: die verschiedenen sozialen Gruppen (Landwirte, Ärzte, ethnische Minoritäten, Geschäftsleute einer bestimmten Industrie und so weiter) tendieren dazu, sich auf dauerhafter Basis zu organisieren, um durch eine starke Verhandlungsposition in bezug auf das Parlament, die Regierung, die örtliche Verwaltung oder andere organisierte Gruppen eine Führungsrolle zu übernehmen. Hieraus ergibt sich eine institutionelle Struktur, die für das Weiterbestehen der Rigiditäten, für die Ausweitung der Inflation, für die ungenügende internationale Kooperation und so weiter in starkem Maße verantwortlich gemacht werden kann.

(2) Die Schwierigkeiten im Hinblick auf die zwei wesentlichen Institutionen, die der Verteilung von Gütern und Diensten dienen: der Markt und der Wohlfahrtsstaat. Auf der einen Seite wird die Meinung vertreten, daß der Markt die Zukunft unvollständig antizipiert, die externen Effekte vernachlässigt und für die Verteilung der zahlreichen nicht-marktmäßigen Leistungen unzureichend geeignet ist. Auf der anderen Seite heißt es, daß der Wohlfahrtsstaat in bezug auf seine regulierenden Mechanismen unzulänglich ist und daß dies zu einem übermäßigen Wachstum der nicht-marktmäßigen Leistungen, zu einer unzureichenden Abstimmung dieser Leistungen an die individuellen Bedürfnisse und zu einer größeren Bereitschaft führt, auf die Wünsche von Interessentengruppen einzugehen statt auf jene der Mehrheit der Bevölkerung.

Eines der zukünftigen Probleme für die Regierungen in den modernen Industriegesellschaften wird daher nicht nur sein, diese beiden Institutionen so einzusetzen, daß die besten Ergebnisse erzielt werden, sondern darüber hinaus auch deren Funktionsweise zu verbessern. Außerdem könnte sich ein gemeinwirtschaftlicher nicht-marktmäßiger und nicht-staatlicher Sektor entwickeln, und zwar durchaus in Symbiose mit

(3) Die Schwierigkeiten der politischen Institutionen: Infolge des Aufbaus des vorliegenden Berichts sind diese Probleme etwas im Hintergrund geblieben, doch sind sie von Zeit zu Zeit immer wieder von vielen verschiedenen Blickwinkeln angeschnitten worden: die Schwierigkeit der Koordinierung von zunehmend verschiedenartigen Regierungsaktivitäten; das Problem, das Wachstum der staatlichen Bürokratie zu kontrollieren; die Unzulänglichkeit der Parlamente; Gegensätze zwischen zentralen Regierungen und regionalen oder örtlichen Behörden; die Konflikte, die sich aus dem Verlangen nach Dezentralisierung und Partizipation ergeben. Zwei Aspekte dieser Schwierigkeiten haben für diesen Bericht eine ganz besondere Bedeutung:

Erstens die Probleme, die sich in einer Demokratie im Hinblick auf das relative Gewicht stellen, das von den Bürgern der kurzen, mittleren und langen Frist beigemessen wird. Es scheint, daß sich die Bürger hauptsächlich um die kurzfristig relevanten Angelegenheiten kümmern und die Sorge um die langfristigen Interessen der Regierung überlassen, während letztere langfristige Zielsetzungen nur in dem Maße verfolgen kann, wie dies keinen negativen Einfluß auf die Chance ihrer Wiederwahl hat.[1]

Als zweites sind die Probleme zu nennen, die sich in einer Demokratie im Zusammenhang mit der Koordinierung von nationaler und internationaler Politik stellen, insbesondere wenn die Bürger dazu tendieren, die wirtschaftliche Interdependenz zwischen den verschiedenen Staaten ernsthaft zu unterschätzen.[2]

1 Vielleicht weil sich die Bedeutung des langfristigen Zeitraums in den letzten Jahrzehnten merkbar erhöht hat.
2 Vielleicht weil diese Interdependenz sehr schnell zugenommen hat.

Dieses Resultat erinnert an eine Bemerkung von D. Bell, daß die Regierungen heutzutage für die kleinen Probleme zu groß und für die großen Probleme zu klein geworden sind.

2. Interdependenz zwischen Wertvorstellungen, Wirtschaftswachstum und Strukturfragen im internationalen Rahmen. Werden die Volkswirtschaften der modernen Industriegesellschaften in zunehmendem Maße inkompatibel miteinander?

Was die Wertvorstellungen angeht, sind gewisse Parallelen in der Entwicklung zwischen Japan, Nordamerika und Westeuropa zugegebenermaßen durchaus überraschend, doch steigt die Wahrscheinlichkeit unterschiedlicher Präferenzen vor dem Hintergrund der komplexen und unstabilen Lage in der Zukunft. Im Hinblick auf die verschiedenen makro-ökonomischen Wachstumshemmnisse für die OECD-Länder ist dies bereits ganz offensichtlich. Die verschiedenen OECD-Länder haben auf diese Unterschiede durch differenzierte Maßnahmen reagiert. Aber man sollte sich fragen, ob sich daraus nicht Differenzen im mittelfristigen Wachstumspotential ergeben, die die Konvergenzhypothese in Frage stellen, die den Szenarien A, B_1 und B_2 zugrunde liegt.

Schließlich unterscheiden sich häufig auch die wesentlichen Merkmale der Spannungen zwischen strukturellen Anpassungserfordernissen und Rigiditäten von Land zu Land. Einerseits machen die Unterschiede in den Strukturen der verschiedenen Industrien (beispielsweise in der Textilindustrie und im Schiffbau) einige Staaten in bezug auf das Auftauchen der Industrialisierungsländer stärker verwundbar als andere. Andererseits führt die Ähnlichkeit in den Ambitionen und Strukturen vieler anderer Industrien dazu, daß die Volkswirtschaften der Industrieländer sich heute weniger gut er-

xibilität der Reallöhne dort größer ist.

Es erstaunt daher nicht, daß die Antwort der Wirtschaftspolitik zu den Problemen der strukturellen Anpassung von Land zu Land bemerkenswerte Unterschiede aufweist. Während einige dem freien internationalen Handel anhängen, haben andere in überdurchschnittlichem Maße in neoprotektionistischen Maßnahmen Zuflucht gesucht.

3. Mögliche Strategien für die Anpassung an den Wandel

Bezogen auf die internen Probleme in den modernen Industriegesellschaften deuten sich vor dem Hintergrund der vorausgegangenen Analyse drei extreme Strategien an:

Eine Strategie mit absoluter Priorität für Wirtschaftswachstum und Strukturanpassung. In Anerkennung des großen Umfangs der Bedürfnisse, die nur durch eine Erhöhung des Volkseinkommens befriedigt werden können, würde diese Strategie darauf abgestellt sein, die Endnachfrage und insbesondere die privaten Investitionen zu stimulieren, während sie gleichzeitig die Reallöhne und die Sozialversicherungskosten niedrig hält. Darüber hinaus wird der Versuch unternommen, die bestehenden Rigiditäten abzubauen und zwar durch ein flexibleres Funktionieren des Arbeitsmarktes, durch eine Beschränkung des Umfangs der staatlichen "regulatory policies", durch eine Begrenzung der staatlichen Ausgaben und ein Minimum an neuen Umverteilungsprogrammen zwischen Individuen, sozialen Gruppen und Regionen. Auf internationaler Ebene würde die Zusammenarbeit im wesentlichen die Aufrechterhaltung eines Systems des freien internationalen Handels und die Verringerung von Wechselkursfluktuationen zum Ziel haben.

Eine im wesentlichen defensive Strategie mit der Absicht, die negativen sozialen Auswirkungen der internationalen wirtschaftlichen Entwicklung abzumildern. Im Bewußtsein des Ausmaßes der notwendigen Strukturanpassungen der modernen Industriegesellschaften würde diese Strategie in erster Linie den Schutz der einzelnen Mitglieder der verschiedenen sozialen Gruppen zum Ziel haben. In diesem Falle würde Maßnahmen zur Beschäftigungserhaltung Priorität gegenüber dem Wirtschaftswachstum beigemessen. Man würde ein Ansteigen der öffentlichen Ausgaben zum Zwecke der Einkommensstabilisierung akzeptieren. Gewisse Formen des Neoprotektionismus sind nicht ausgeschlossen. Auf internationaler Ebene impliziert diese Strategie das Bemühen um die Schaffung eines Systems des internationalen Handels, das die Strukturanpassung leichter annehmbar macht.

Eine Strategie, die eine beschleunigte Entwicklung von Wirtschaft und Gesellschaft in Übereinstimmung mit neuen Wertvorstellungen zum Ziel hat. Auf der Überzeugung basierend, daß diese neuen Wertvorstellungen sich allgemein durchsetzen werden, würde diese Strategie auf entsprechende Strukturveränderungen hin orientiert sein. Man würde ein geringeres Wirtschaftswachstum akzeptieren und gleichzeitig stärkere Umverteilung anstreben. Außerdem würde man die Dezentralisierung ebenso wie die Entwicklung des informellen Sektors und des "dritten Systems" begünstigen. Man würde versuchen, die vorhandenen freien Arbeitsplätze unter den Arbeitsuchenden zu verteilen. Es würden wirkungsvolle Anreize für die Einsparung von Energie und Rohstoffen gegeben; die Bemühungen um Umweltschutz würden verstärkt werden. Im internationalen Rahmen würde man die Steigerung der Entwicklungshilfe propagieren und gleichzeitig nicht zögern, zu gewissen protektionistischen Maßnahmen Zuflucht zu nehmen, um die Entwicklung einer "Blaupausengesellschaft" zu ermöglichen, die allerdings nicht für die Gesamtheit der OECD-Länder gleichermaßen akzeptabel wäre.

Die Gefahr der ersten Strategie besteht darin, daß Ungleichheiten in zweierlei Weise verstärkt auftreten könnten. In kurzfristiger Sicht wegen der Nachteile, die von denen hingenommen werden, die ihre Beschäftigung verlieren. In langfristiger Sicht dadurch, daß sich bestimmte Gruppen bilden, die von den Vorteilen des Wirtschaftswachstums ausgeschlossen sind (ethnische Minoritäten, sozial Diskriminierte in den Städten, Einwohner von Gebieten, die sich wirtschaftlich im Abstieg befinden). Das erste Phänomen kann soziale Unruhen hervorrufen, während das zweite unbemerkt die Ausweitung von Unterentwicklung in bestimmten Gebieten begünstigen und damit gleichzeitig in zunehmendem Maße die Möglichkeit für Wachstum einschränken kann.

Die Gefahr der zweiten Strategie ist soziale Sklerose, der Rückzug der Gesellschaft auf sich selbst und die Ablehnung jeder positiven Antwort auf die Herausforderung der Zukunft. Zugegeben, in kurzfristiger Sicht ist der Anpassungsprozeß gebremst und das soziale Leben erleichtert, aber langfristig werden die Zwänge so groß, daß nur zwei Lösungen bleiben: Hinnahme des Wandels unter wesentlich härteren Bedingungen oder zunehmende Isolierung.

Der Nachteil der dritten Strategie besteht darin, daß es sich um eine ausgesprochene Utopie handelt: die Unstimmigkeiten zwischen den Gruppen, die verschiedenartigen Forderungen Ausdruck verleihen, würden sich verschärfen und zwar mit dem Ergebnis, daß es notwendig wird, Änderungen durchzusetzen, die der Strategie entsprechen.

Die eigentliche Antwort auf die bestehenden und voraussehbaren Herausforderungen dürfte daher mit einiger Wahrscheinlichkeit in einer Politik bestehen, die Elemente jener drei extremen Strategien kombiniert. Zwar wird eine solche Politik niemals in formeller Weise aufgezeichnet werden, denn sie wird in jedem Land durch den permanenten gesellschaftlichen Dialog und durch das Machtgleichgewicht zwischen den verschiedenen relevanten Gruppen geformt werden. Als Beitrag für jenen gesellschaftlichen Dialog ist es jedoch nichtsdestoweniger möglich, sechs Orientierungslinien herauszustellen, die sich aus der Arbeit von Interfutures ergeben:

(1) Die Wiederherstellung des wirtschaftlichen Wachstums und das klare Bekenntnis dazu, daß seine Fortsetzung ein legitimes Ziel der Regierungen in den Industrieländern darstellt. Wirtschaftswachstum entspricht den Erwartungen eines großen Teils der Bevölkerung in diesen Ländern, es dürfte nicht an längerfristige physische Grenzen stoßen und sollte die Entwicklung der Dritten Welt nicht beeinträchtigen.[1]

(2) Die Anerkennung der Notwendigkeit zur Strukturanpassung und demzufolge der Abbau der Rigiditäten in den hochentwickelten Industriegesellschaften. Wo solche Rigiditäten aus der Verfolgung gesellschaftspolitischer Zielsetzungen resultieren, sollten die Möglichkeiten untersucht werden, diese Ziele zu realisieren, ohne jene negativen Effekte heraufzubeschwören.

(3) Die Vermeidung von Bedingungen, die das Entstehen von Gruppen fördern, die von den Vorteilen des wirtschaftlichen Wachstumsprozesses ausgeschlossen sind. Dabei kommt es gleichzeitig darauf an, die Beteiligung aller Individuen, aller sozialer Gruppen und aller Regionen am Prozeß der wirtschaftlichen und sozialen Entwicklung als noch wichtiger anzusehen als die reine Einkommensverteilungsproblematik.

1 Vgl. zu diesem Sachverhalt auch die Analyse in Teil IV.

se Politik wahrscheinlich weniger auf bloße Unterstützung ausgerichtet sein, sondern in verstärktem Maße die Fähigkeit zur Partizipation fördern.

(4) Die zeitliche Befristung für alle Programme, die zum Ziel haben, den Strukturwandel sozial tragbarer zu machen. Hinzu kommt, solche Maßnahmen soweit wie möglich nicht nur in der Zeit, sondern auch in ihrer räumlichen Ausdehnung zu begrenzen und sie so zu gestalten, daß sie so wenig wie möglich zur Schaffung zusätzlicher Rigiditäten beitragen.

(5) Offenheit für die Wünsche von Gruppen, die möglicherweise Einfluß auf die Zukunft haben, besonders dann, wenn deren Forderungen eine reelle Chance haben, in zunehmendem Maße auch von der Majorität übernommen zu werden.

(6) Auf internationaler Ebene kommt es darauf an, zur Schaffung eines Systems der Zusammenarbeit beizutragen, das die Erfolgschancen für die zuvor dargestellte Politik erhöht. Dieser Aspekt stellt einen zentralen Bezugspunkt in Teil V dieses Berichts dar.

So sinnvoll konzipiert nationale Strategien auch sein mögen, für sich allein sind sie nicht ausreichend, eine harmonische Entwicklung der hochentwickelten Industriegesellschaften sicherzustellen. Es ist ebenso notwendig, neue Formen der Zusammenarbeit zwischen den Industrieländern ebenso wie zwischen diesen und den Entwicklungsländern zu finden, zusammen mit einer angemessenen Beherrschung der Probleme der globalen Interdependenzen in all ihren Aspekten.

Teil IV: DIE HOCHENTWICKELTEN INDUSTRIEGESELLSCHAFTEN UND
DIE DRITTE WELT

Die Beziehungen zur Dritten Welt stellen die zweite große Herausforderung dar, mit der sich die Industrieländer konfrontiert sehen. Dieser Teil des Berichts wird zunächst eine Reihe von Tatsachen aufzeigen, die die Homogenität und die Heterogenität der Dritten Welt sowohl für die Vergangenheit wie für die Gegenwart belegen. Danach werden die generellen Ergebnisse der Interfutures-Analyse über die längerfristigen Entwicklungsprobleme und -aussichten der Dritten Welt vorgestellt, um die Aufmerksamkeit auf die für alle Entwicklungsländer entscheidende Frage zu lenken, nämlich auf die Frage der Wahl der Entwicklungsstrategie. Danach folgt eine problemfeldbezogene Untersuchung über die Art und den Umfang der Interdependenz zwischen Industrie- und Entwicklungsländern. Abschließend werden sodann Ziele und Inhalt von Strategien diskutiert, die von den Regierungen der Industrieländer ins Auge gefaßt werden könnten.

Von vornherein müssen zwei Probleme hervorgehoben werden, die die Analyse beträchtlich erschweren:

- Der erste Punkt betrifft die enorme Komplexität der Entwicklung in der Dritten Welt. Hieraus ergibt sich, daß jede Art aggregierter Betrachtung ihrer zukünftigen Aussichten übermäßig vereinfacht ist.

- Das zweite Problem ergibt sich aus der Tatsache, daß die Analyse von Entwicklungsprozessen immer noch in starkem Maße mit Bezug auf westliche Denkvorstellungen erfolgt. Zugegeben, es ist heute allgemein üblich zu sagen, daß die Entwicklung der Dritten Welt nicht darin besteht, den Westen zu imitieren oder ihn einfach einzuholen. Doch wäh-

einfach, wenn es um konkrete Entwicklungsstrategien geht.

A. DIE HOMOGENITÄT UND HETEROGENITÄT DER DRITTEN WELT

Die vergangenen 25 Jahre haben zu der Erkenntnis geführt, daß es notwendig ist, die Dritte Welt von zwei Blickwinkeln her zu betrachten. Dies wird auch der Ausgangspunkt für die zukunftsbezogene Analyse sein, und es wird sich am Ende dieser Untersuchung darüber hinaus zeigen, daß dies auch über das Ende dieses Jahrhunderts hinaus gilt. Somit bestätigt sich, daß diese Sicht eine geeignete Basis für die Betrachtung der Entwicklungsstrategien der Länder der Dritten Welt darstellt.

Vor drei Jahrhunderten würde ein Beobachter über die Unterschiedlichkeit der nicht-europäischen Welt überaus erstaunt gewesen sein. Es waren die industrielle Revolution und der von ihr hervorgebrachte Erfolg der westlichen Zivilisation in bezug auf Macht und wirtschaftlichen Reichtum, die den heutigen Grad von Homogenität in diesem Teil der Welt mit sich gebracht haben. Selbst vor hundert Jahren bestanden noch große Unterschiede, was den Inhalt der großen Religionen, die Art der politischen Strukturen und die jeweilige kulturelle Dimension anbetrifft. Hieraus ergibt sich eine Tatsache, die zwar völlig selbstverständlich, aber durchaus nicht unwichtig für das politische Denken ist: Die Dritte Welt umfaßt alle menschlichen Gesellschaften, die den Schock, der vom georgianischen England ausging, nicht hinnehmen wollten oder konnten, und die als Folge davon heute gemeinsame Charakteristiken aufweisen, und zwar sowohl im Hinblick auf ihre gegenwärtige Realität als auch bezogen auf ihre Entwicklungsdynamik. Bei oberflächlicher Betrachtung, das heißt von außen her, genügen einige wenige Statistiken, um gewisse Faktoren der Gegenwart zu verstehen:

- Wenn man als Trennlinie zwischen Nord und Süd jene Länder nimmt, deren Pro-Kopf-Einkommen im Jahre 1976 zwischen 2 200 und 2 900 US-Dollar lag, ist die Aufteilung beinahe perfekt. Nur Portugal, die Türkei und Rumänien auf der Seite von OECD und Comecon sowie Saudi-Arabien, Lybien und Kuwait in der OPEC befinden sich eindeutig jenseits oder diesseits dieser Grenzlinie.

- Von den 85 Ländern mit einem Pro-Kopf-Einkommen von weniger als 1 400 Dollar in 1976 hatten 75 eine jährliche Wachstumsrate der Bevölkerung von wenigstens 2 v.H. zwischen 1970 und 1976. In keinem einzigen westlichen oder östlichen Industrieland überstieg diese Rate 1,4 v.H., während der Durchschnitt sogar unter 0,8 v.H. lag.

- Im Jahre 1976 betrug der Anteil der Landwirtschaft am Volkseinkommen durchschnittlich 45 v.H. in den Ländern mit einem Pro-Kopf-Einkommen von weniger als 250 Dollar, verglichen mit durchschnittlich 21 v.H. in den Ländern mit einem Pro-Kopf-Einkommen zwischen 250 und 3 000 Dollar und nur 6 v.H. in den industrialisierten OECD-Ländern.

- Wo das Pro-Kopf-Einkommen unter 800 Dollar liegt, beträgt (mit Ausnahme von Sri Lanka) die Lebenserwartung bei der Geburt zwischen 35 und 62 Jahren. In allen Industrieländern des Ostens und Westens ist sie dagegen höher als 70 Jahre.

Diese Zahlen spiegeln teilweise tiefgehende soziale und politische Ähnlichkeiten wider, die in den vergangenen Jahren oft beschrieben worden sind. Im allgemeinen umfassen diese Ähnlichkeiten einen unvollständigen Synkretismus zwischen traditioneller und westlicher Kultur, ein gleichartiges Erbe aus der Kolonialzeit, die Koexistenz von zwei wirtschaftli-

zu den beiden bedeutenden Wirtschaftszonen des Westens und des Ostens.

Nichts könnte allerdings irreführender sein, als sich auf statistische Beobachtungen zu beschränken, denn die Dritte Welt hat im Zeitraum der letzten 25 Jahre die größte Umwälzung ihrer gesamten Geschichte durchgemacht. Dekolonisierung, Bevölkerungsexplosion, Wirtschaftswachstum und die Beziehungen zu der entwickelten Welt haben gemeinsam einen tiefgreifenden Wandel in der sozialen Struktur herbeigeführt. Das Begreifen dieses ungeheuerlichen Vorgangs setzt zwei Annahmen außer Kraft, die nicht selten Teil der in den sechziger Jahren allgemein akzeptierten Vorschläge waren:

Die erste Annahme reduzierte das Problem der Dritten Welt auf das einer zeitlichen Verzögerung verglichen mit den entwickelten Volkswirtschaften, eine Zeitverzögerung, die durch bloßes Imitieren des Wachstumsprozesses der Industrieländer seit dem 19. Jahrhundert aufgeholt werden könnte. In diesem Falle war die Entwicklungsstrategie auf maximales Wachstum der Produktion durch Kapitalakkumulation und Industrialisierung auszurichten, während die Befriedigung der sozialen Bedürfnisse der Gesamtbevölkerung automatisch infolge des Wachstums der Produktion erreicht werden sollte. Jedoch gibt es viele Entwicklungsländer, in denen das Wachstum des Volkseinkommens durchaus nicht zu einer Verbesserung der Lebenssituation großer Teile der Bevölkerung geführt hat. Die 800 Millionen, die heute in einer Situation absoluter Armut leben und nicht in der Lage sind, ihre Grundbedürfnisse zu decken, sind der lebende Beweis für die Unangemessenheit eines jeden Entwicklungskonzeptes, das nicht von der Vorstellung eines globalen sozialen Phänomens ausgeht.

Die zweite Annahme reduzierte das internationale Wirtschafts-

system auf eine Reihe von Beziehungen, die unter dem Aspekt
der Macht neutral waren, das heißt, sie unterstellte die vollständige Wirksamkeit der Marktkräfte und die Möglichkeit der
Volkswirtschaften der Dritten Welt, voll von den Antriebskräften der Industrieländer zu profitieren. Ob man indessen
die Industrialisierung, die landwirtschaftliche Entwicklung,
die Ausbeutung von Rohstoffen, die Kapitalströme oder die
Nachahmung von Lebensstilen betrachtet, die Länder der entwickelten Welt haben einen ungleichgewichtigen Einfluß auf
die Entwicklungsländer gehabt, und zwar sowohl im Hinblick
auf die positiven wie auf die negativen Effekte, so daß
interne und externe Faktoren in der heutigen Wirklichkeit
der Dritten Welt untrennbar miteinander verbunden sind.

Kürzliche Studien haben daher mit Recht die Wichtigkeit des
ganzen Systems von Beziehungen mit den Industrieländern für
die Dritte Welt betont. In diesem Sinne hat die Vorstellung
von einer internationalen Weltwirtschaftsordnung ihre eigentliche Bedeutung.

Indessen würde eine Analyse der Dritten Welt, die lediglich
deren Homogenität herausstellte, die andere Seite der Realität übersehen, nämlich die wachsende Differenzierung innerhalb dieser großen Einheit, die gleichzeitig eine neue Differenzierung darstellt, die die alten historischen Unterschiede
überlagert. Abgesehen von den offensichtlichen Unterschieden
im historischen Erbe, in den sozialen Strukturen und in den
politischen Institutionen gibt es fünf signifikante Merkmale, die es ermöglichen, eine relativ einfache Typologie der
Entwicklungsländer zu skizzieren:

(1) Die bedeutenden Unterschiede in der Größe der Bevölkerung, die von Hunderten von Millionen in den kontinentalen
Ländern bis zu Zehn- oder Hunderttausenden in den Inselstaaten oder zu wenigen Millionen in den kleinen Ländern in jenen
Kontinenten reichen, in denen Kleinstaaterei vorherrscht.

lieren.

(2) Eine enorme Unterschiedlichkeit im durchschnittlichen Pro-Kopf-Einkommen: 34 sehr arme Länder, die Bhutan auf der einen Seite und die arabisch-jemenitische Republik auf der anderen Seite umschließen, haben eine Gesamtbevölkerung von 1,2 Mrd. Menschen mit Durchschnittseinkommen zwischen 70 und 250 Dollar im Jahr 1976 (in den Kategorien der Weltbank sind dies die Länder mit niedrigem Einkommen); 31 andere Länder, die von Togo bis Paraguay reichen und zudem China einschließen, haben Pro-Kopf-Einkommen zwischen 250 und 650 Dollar und zusammen ebenfalls eine Bevölkerung von 1,2 Milliarden. Schließlich haben 27 andere Staaten, die Südkorea einerseits und Singapur andererseits umfassen, Durchschnittseinkommen zwischen 670 und 2 700 Dollar, und zwar für eine Gesamtbevölkerung von 440 Millionen.[1]

(3) Bemerkenswerte Ungleichheiten im Wirtschaftswachstum während der letzten 15 beziehungsweise 25 Jahre. Zwischen 1960 und 1976 betrug die jährliche Wachstumsrate des Pro-Kopf-Einkommens weniger als 1 v.H. (oder war negativ) für 23 Länder mit einer Gesamtbevölkerung von etwa 250 Millionen. Sie lag zwischen 1 v.H. und 2 v.H. für 15 andere Staaten einschließlich Indien mit einer Bevölkerung von 775 Millionen. Sie erreichte zwischen 2 v.H. und 4 v.H. in 36 Ländern mit insgesamt 650 Millionen Menschen. Schließlich verbleiben China auf der einen Seite und zwölf andere Staaten mit einer Gesamtbevölkerung von 260 Millionen auf der anderen, die jähr-

---

1 Zahlen zusammengestellt nach: WELTBANK: World Development Report 1978. Ausgeschlossen sind die Länder, die zur OECD und zum Comecon gehören sowie Israel, Saudi-Arabien, Libyen und Kuwait. Dagegen sind eingeschlossen die Entwicklungsländer mit Zentralverwaltungswirtschaften.

liche Wachstumsraten des Pro-Kopf-Einkommens von über 4 v.H. realisiert haben.[1]

Noch wichtiger scheint indessen, daß in der Zwei-Klassen-Einteilung der Weltbank in Länder niedrigen Einkommens und solche mittleren Einkommens[2] die ersten über einen Zeitraum von 16 Jahren eine jährliche Wachstumsrate von 0,9 v.H. und die letzteren eine solche von 2,8 v.H. zu verzeichnen hatten. Die erste Gruppe wird eine Bevölkerung von 2 Mrd. Menschen im Jahr 2000 umfassen und die zweite 1,5 Milliarden. Hieraus ergibt sich, daß sich der Abstand im Pro-Kopf-Einkommen zwischen diesen beiden Ländergruppen der Dritten Welt ständig vergrößert.

(4) Beträchtliche Unterschiede in der internen Ungleichheit, was die Einkommensverteilung anbetrifft. In einigen Ländern, wie zum Beispiel in Brasilien, bestehen eine reiche Minorität und eine relativ arme Massenbevölkerung nebeneinander, während in anderen, beispielsweise Taiwan, die Verteilung wesentlich weniger ungleich ist. Dies ist zweifelsohne der Grund dafür, warum einige Länder soziale Indikatoren in bezug auf Lebenserwartung zum Zeitpunkt der Geburt, Säuglingssterblichkeit und Ausbildungsniveau aufweisen, die wesentlich höher sind, als man aus ihrem Durchschnittseinkommen schließen würde (Sri Lanka ist ein Beispiel hierfür). Mehr noch, die bestehenden wissenschaftlichen Untersuchungen über das Verhältnis zwischen Wirtschaftswachstum und Einkommensverteilung haben keine klare Korrelation zwischen beiden aufzeigen können. Es ist daher nicht länger möglich, davon auszugehen, daß Wirtschaftswachstum automatisch positive Effekte für die Einkommensverteilung mit sich bringt. Hieraus ergibt sich die Bedeutung des Wachstumstrends der Bevölkerung

---

1 Vgl. Fußnote 1 der vorigen Seite.
2 Die Weltbank schließt China in diese Klassifizierung nicht ein. Für eine genaue Definition vgl. WELTBANK: World Development Report 1978.

hauptsächlich in Südasien, Indonesien und Sub-Sahara-Afrika (Schwarzafrika) konzentriert sind.

(5) Eine immense Ungleichheit im Hinblick auf die Verfügbarkeit natürlicher Ressourcen, deren Ausbeutung die für den Entwicklungsprozeß benötigten Importe ermöglichen könnte. Der Fall der OPEC-Länder macht deutlich, in welchem Maße das Wachstum der Weltwirtschaft während der letzten 25 Jahre die Wichtigkeit dieses Faktors erhöht hat.

Die großen Unterschiede zwischen den einzelnen Gruppen der Entwicklungsländer mahnen daher zur Vorsicht, allzu globale Ansätze in den Nord-Süd-Relationen anzuwenden. Eine Frage ist indessen, inwieweit sich die wachsende Differenzierung einerseits und die steigende Homogenität andererseits in langfristiger Sicht gegenseitig beeinflussen werden. Die Antwort hierauf hängt von zwei fundamentalen Fragen ab, die sich aus dieser komplexen Vision von der Dritten Welt ergeben:

- Die erste Frage betrifft die Entwicklungsländer selbst und ihre eigene Wahl, was die interne Entwicklungsstrategie anbetrifft. Die Geschichte lehrt uns, daß nichts den Willen einer Gesellschaft, sich anzupassen und zu überleben, ersetzen kann.

- Die zweite Frage betrifft sowohl die Industrieländer als auch die Entwicklungsländer und bezieht sich auf die Art und Weise, wie diese die Tatsache ihrer Interdependenz bewältigen. Anders ausgedrückt ist dies ein Hinweis auf die Probleme, die mit den Strukturen und dem Funktionieren des Systems der internationalen Beziehungen zusammenhängen.

B. PROBLEME UND LANGFRISTIGE AUSSICHTEN FÜR DIE LÄNDER
DER DRITTEN WELT

Die einzige Möglichkeit, die komplexe mögliche Zukunft der
Dritten Welt zu kennzeichnen, besteht darin, von der regionalen und nationalen Wirklichkeit auszugehen - der von Südasien, dem Fernen Osten, von Lateinamerika, Nordafrika, dem Mittleren Osten, Schwarzafrika und schließlich der von China - und dann zu versuchen, die gemeinsamen Aussichten abzuleiten. Es ist immer eine schwierige Aufgabe, Probleme und mögliche Entwicklungen eines Kontinents oder einer Gesellschaft zu beschreiben. Jedoch sind die Risiken des Irrtums bei diesem Ansatz zweifellos weniger groß als jene, die eine globale und undifferenzierte Analyse mit sich bringt. Zumindest ist es bei der hier angewandten Methode möglich, ständig die Auswahl der Entwicklungsstrategien im Auge zu haben, die von den hauptsächlich Betroffenen, nämlich den Völkern und Regierungen der Dritten Welt, getroffen wird. Die Ergebnisse der Untersuchung werden später dargestellt.[1]

1. Die Bandbreite der Entwicklungsstrategien

Die Zukunft wird wahrscheinlich eine noch größere Mannigfaltigkeit in den von den verschiedenen Ländern der Dritten Welt angewandten internen Entwicklungsstrategien mit sich bringen als die Vergangenheit. Die Auswahl dieser Strategien wird weit über schlichte Regierungsentscheidungen hinaus überdies das Ergebnis sozio-politischer Prozesse sein, die manchmal durch Revolutionen gekennzeichnet sind und in denen gleichzeitig interne und externe Faktoren nebeneinander einwirken.

Die bestehenden deutlichen Grenzen für mögliches Handeln werden viele Hoffnungen zunichte machen. Dennoch werden diejenigen, die in der Zukunft zu entscheiden haben, ihre Lehren sowohl

---

1 Die Darstellung der einzelnen Regionen ist nur in der vollständigen Fassung dieses Berichts enthalten.

terführen oder sie zurückweisen, gruppieren sich um drei
Haupttypen von Entwicklungsstrategien:

- Die erste Variante folgt dem herkömmlichen Ansatz: Entwicklung, in Verbindung mit dem Wachstum des Pro-Kopf-Einkommens, ergibt sich aus Kapitalbildung, Industrialisierung und Integration in den Weltmarkt. Diese Art Strategie wird von so verschiedenen Ländern wie Brasilien, Marokko, Algerien, Elfenbeinküste, Singapur, Südkorea und Pakistan verfolgt. Natürlich existieren viele Alternativen, die sich vor allem im Hinblick auf die Organisation der Wirtschaft und die Industrialisierungspolitik unterscheiden.

- Der private Sektor und multinationale Unternehmungen können, wie in Südkorea, eine Hauptrolle im wirtschaftlichen Leben spielen; sie können wie in Brasilien neben staatlichen Unternehmungen bestehen; oder die Wirtschaft kann mittels nationaler Unternehmungen vollständig unter staatlicher Kontrolle stehen wie in Algerien.

- Die Industrialisierung kann in größerem oder geringerem Ausmaß in Richtung auf Importsubstitutionen gerichtet sein. (In diesem Fall besteht allerdings das Risiko, daß die Inlandsnachfrage unzureichend ist, während gleichzeitig die Ineffizienz des Produktionssystems infolge von Protektionismus wächst und dabei außerdem eine externe Abhängigkeit im Hinblick auf Einfuhr von Kapitalgütern geschaffen wird). Sie kann ausgerichtet sein auf Exportwachstum, basierend auf Bearbeitung von Rohstoffen, auf Herstellung von Verbrauchsgütern oder auf Ausführung von Unteraufträgen (in diesem Fall vermindert die Industrialisierung Zahlungsbilanzprobleme und führt zu einer ausreichend starken Industrie; gleichzeitig macht sie aber die Entwicklung des Landes abhängig von der Weltwirtschaft). Die Industrialisierung kann aber auch zum Aufbau eines umfassenden industriellen Systems führen. (Jedoch sind nur wenige Länder groß genug und haben ausreichende Ressourcen für eine solche Politik).

Gleichwohl gibt die Erfahrung der letzten 25 Jahre einer wachsenden Zahl von Politikern und Wissenschaftlern Anlaß zu Zweifeln, ob die hauptsächlichen Entwicklungsprobleme der meisten Länder der Dritten Welt allein mit Hilfe dieser Strategien angemessen und innerhalb einer annehmbaren Zeitspanne gelöst werden können. Hieraus erklärt sich das Interesse an anderen Strategien, die entweder reformistisch oder radikal sein können. Sie beginnen mit verschiedenen Wertvorstellungen, in denen kulturelle Eigenständigkeit, die nationale Dimension und die Bedürfnisse der Gemeinschaft eine wesentliche Rolle spielen. Sie schlagen verschiedene Entwicklungsziele vor, von denen die meisten folgendes einschließen: Befriedigung der Grundbedürfnisse, wirtschaftliche Unabhängigkeit, Einschränkung gewisser Verbrauchskategorien, Priorität hinsichtlich der Beschäftigung, ausgewogene Verhältnisse zwischen städtischen und ländlichen Gebieten sowie Betonung der Landwirtschaft.

Der hervorstechende Zug reformistischer Strategien ist die veränderte Gewichtung zwischen den Zielsetzungen Umverteilung und Wachstum. Die Umverteilung wird angestrebt durch Umdirigieren von Investitionen, durch Einkommensumverteilungspolitik besonders mittels Besteuerung und durch Vermögensumverteilungspolitik (zum Beispiel Landreform). Da diese Strategien jedoch nur eine sehr partielle Herausforderung für die bestehenden sozialen Strukturen in den Entwicklungsländern und für die Integration dieser Länder in die Weltwirtschaft bedeuten, setzen sie sich unter anderem möglicherweise in Gegensatz zu den gegebenen Machtverhältnissen zwischen den sozialen Gruppen auf nationaler Ebene.

lich sind. Einige dringen lediglich auf eine möglichst schnelle Verbesserung des Lebensstandards des ärmeren Teils der Bevölkerung und darauf, die Grundbedürfnisse eines jeden hinsichtlich Ernährung, Wohnen, Gesundheit und Ausbildung zu decken. Andere dagegen messen einem möglichst hohen Selbstversorgungsgrad Priorität bei, einerseits um die externe Abhängigkeit zu verringern und andererseits ebenfalls um eine Politik zu fördern, die mehr auf Befriedigung von Grundbedürfnissen ausgerichtet ist. Solche Strategien haben eine größere Mobilisierung nationaler Ressourcen, die Entwicklung nationaler Fähigkeiten (besonders in technologischer Hinsicht) und die Zusammenarbeit mit anderen Entwicklungsländern zur Voraussetzung (kollektives Autonomiestreben, dessen wirkliche Bedeutung allerdings noch lange nicht klar ist). Andere radikale Strategien wiederum zielen in der Mehrheit ihrer Vorschläge auf ländliche Entwicklung und deren Beziehungen zu den bestehenden sozio-politischen Strukturen ab.

2. Die Gesamtaussichten für die Dritte Welt

Welches ist also das Gesamtbild der Dritten Welt am Ende des Jahrhunderts, das sich auf der Grundlage des hier verwendeten analytischen Ansatzes ergibt? Inwieweit vervollständigt und bestätigt sich das Bild, das durch die globalen Szenarien gezeichnet wird?

Die nach Ländern und Regionen differenzierte Analyse erinnert uns zunächst an die Möglichkeit, daß mehr oder weniger fundamentale sozio-politische Umwälzungen das eine oder andere Land der Dritten Welt heimsuchen und gelegentlich das wirtschaftliche und politische Gleichgewicht einer ganzen Region in Frage stellen könnten. Solche Umwälzungen können viele Formen annehmen: Bürgerkriege zwischen verschiedenen ethnischen Gruppen; Grenzkonflikte zwischen Ländern; Revolution und Gegenrevolutionen. Überschnelles Wachstum kann sich als genau so gefährlich erweisen wie gar kein Wachstum. Denn

während Stagnation langsam Spannungen aufbaut, erhöht eine
zu schnelle Entwicklung die Wahrscheinlichkeit von Zusammenstößen zwischen Konservativen und "Modernisten", zwischen
den Gruppen, die von dem neuen Trend profitieren und solchen,
die dies nicht tun. Revolutionäre Umwälzungen werden Änderungen in Entwicklungsstrategien und in den Beziehungen zu
den Industrieländern hervorrufen. Aber es gibt weder eine
Gewißheit dafür, daß sie im konkreten Fall ein wirkungsvolleres Management zur Folge haben, noch dafür, daß sie die
Aufmerksamkeit in stärkerem Maße auf die Bedürfnisse der ärmeren Bevölkerungskreise lenken, und zwar auch dann nicht,
wenn sie zu einer neuen Entwicklungsstrategie führen, die
im Gegensatz zur bisherigen steht. Die politische Instabilität einer Reihe von Entwicklungsländern, verursacht durch
eine Vielzahl interner und externer Herausforderungen, denen
sich diese Länder gegenübersehen, ist eine Quelle der Unsicherheit für die Weltwirtschaft als ganze. Sie hemmt einerseits die Ausweitung des Außenhandels und den Import internationalen Kapitals in bezug auf die Entwicklungsländer und
vermindert somit deren Wachstumsaussichten. Andererseits vergrößert sie aber auch mit wachsender Interdependenz die Verwundbarkeit der Industrieländer.

Die Untersuchung bestätigt die gewaltige Reichweite der Veränderungen, die zwischen dem heutigen Tage und dem Ende des
Jahrhunderts in der Einteilung der Weltbevölkerung nach dem
Pro-Kopf-Einkommen stattfinden werden. Trotz der offensichtlichen Grenzen dieser Art von Kriterien gibt das Schaubild
interessante Informationen:

- Wenn die Entwicklungsschwelle willkürlich auf 2 500 Dollar (in Preisen von 1976) festgelegt wird, hätte die
  Gruppe der zu den entwickelten Ländern zählenden Länder
  eine Gesamtbevölkerung von rund 760 Millionen. Die gegenwärtige Bevölkerung dieser Länder beträgt 470 Millionen.
  Bezogen auf das Pro-Kopf-Einkommen liegen also derzeit
  nur 12 v.H. der Weltbevölkerung oberhalb der Grenze für
  Unterentwicklung.

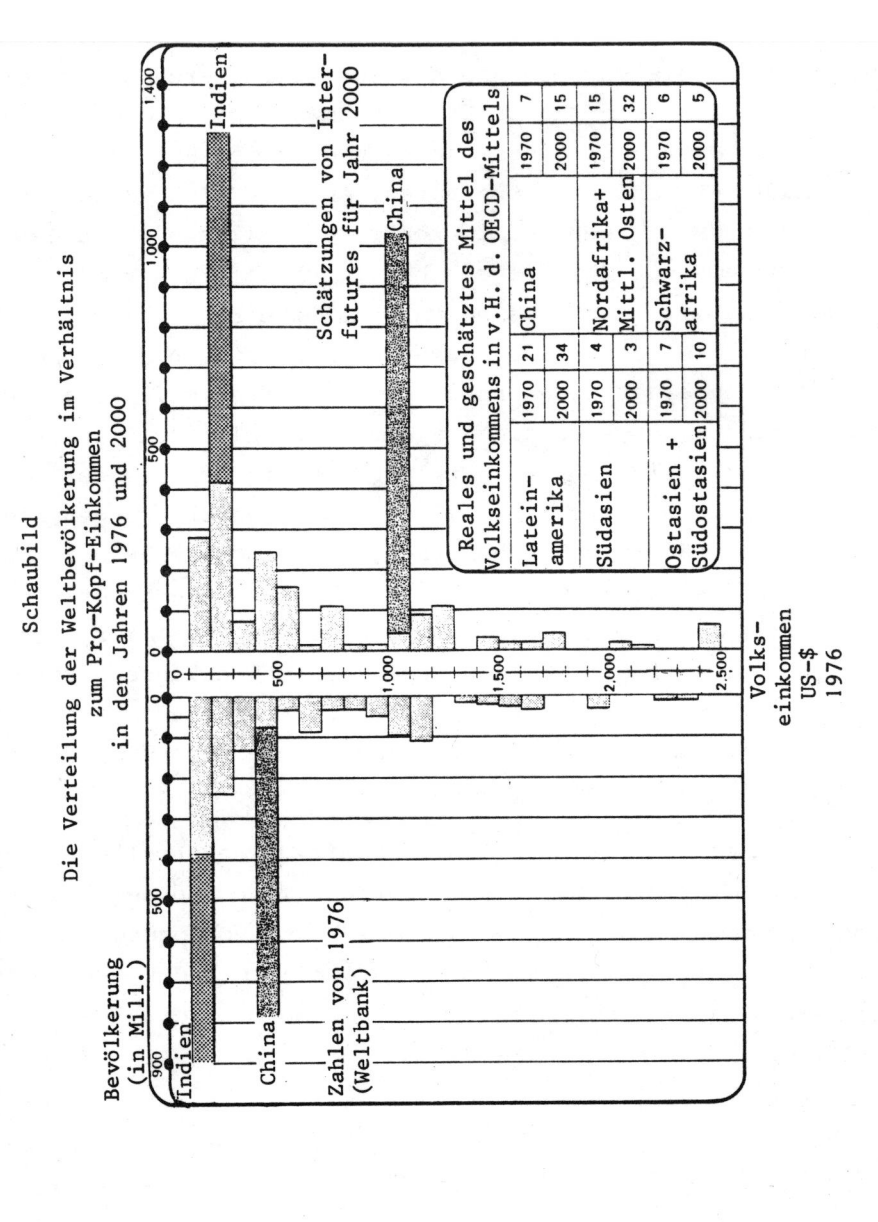

Schaubild

Die Verteilung der Weltbevölkerung im Verhältnis zum Pro-Kopf-Einkommen in den Jahren 1976 und 2000

Bevölkerung (in Mill.)

Zahlen von 1976 (Weltbank)

Schätzungen von Interfutures für Jahr 2000

Volkseinkommen US-$ 1976

Reales und geschätztes Mittel des Volkseinkommens in v.H. d. OECD-Mittels

Lateinamerika	1970	21	China	1970	7
	2000	34		2000	15
Südasien	1970	4	Nordafrika+	1970	15
	2000	3	Mittl. Osten	2000	32
Ostasien +	1970	7	Schwarzafrika	1970	6
Südostasien	2000	10		2000	5

- Wählt man als anderes Extrem 300 Dollar (in Preisen von
  1976) als Schwelle zu den armen Ländern, würden die Länder, die zu Ende des Jahrhunderts darunter lägen, 1 650
  Millionen Menschen zählen, verglichen mit 1 280 Millionen zum gegenwärtigen Zeitpunkt. Von 1976 bis zum Jahr
  2000 würde sich der Prozentsatz der Weltbevölkerung der
  Länder mit weniger als 300 Dollar Pro-Kopf-Einkommen lediglich von 32 auf 28 v.H. senken. Dieses enttäuschende
  Ergebnis kommt zustande, weil in dieser Berechnung das
  durchschnittliche Pro-Kopf-Einkommen Indiens mit weniger
  als 300 Dollar angenommen wird. Sollte Indien einen höheren Wert erreichen, würde sich jener Prozentsatz auf nur
  12 v.H. reduzieren.

Die Untersuchung unterstreicht auch die Schwierigkeit, bis
zum Ende des Jahrhunderts das Problem der absoluten Armut zu
lösen, wobei die beiden großen kritischen Zonen Südasien (Indonesien eingeschlossen) und das tropische Afrika bleiben.
Die Schätzwerte von Interfutures führen hinsichtlich der Größenordnungen zu den gleichen Resultaten wie jene der Weltbank. Diese hat in einem Basisszenario für die beiden großen asiatischen und afrikanischen Regionen mit niedrigem Pro-
Kopf-Einkommen ein jährliches Wachstum von 5,1 bis 4,1 v.H.
zugrundegelegt. Die Zahl jener, die im Zustand absoluter Armut leben, nimmt von 1975 bis 2000 relativ ungefähr um die
Hälfte ab (von 52 v.H. auf 27 v.H. der Bevölkerung), nicht
dagegen in absoluten Zahlen (von 630 auf 540 Millionen).
Auch die Weltbank konstruiert ein alternatives Szenario,
aber ihr Kommentar in diesem Zusammenhang ist sehr eindeutig: "Im Basisszenario erhalten die ärmsten 60 v.H. der Bevölkerung 18 bis 25 v.H. des Einkommenszuwachses; im alternativen Szenario beträgt ihr Anteil 45 v.H. Hier handelt es
sich um den höchsten bekannten Prozentsatz, der jemals von
einem Entwicklungsland abgesehen von zentralgelenkten Volkswirtschaften erreicht worden ist. Unter diesen Voraussetzun-

Jahre 2000 noch 15 v.H. der Weltbevölkerung
drigem Pro-Kopf-Einkommen umfassen. Der außerordentliche
Optimismus in den Hypothesen des alternativen Szenarios
sollte allerdings unterstrichen werden".[1] Eine realistische Annahme über die Spanne in der Anzahl der Bewohner
dieser Regionen, die immer noch in äußerster Armut leben,
liegt zu Beginn des nächsten Jahrhunderts wahrscheinlich
zwischen 400 und 700 Millionen.

Immerhin unterscheiden sich die beiden armen Regionen in
einem wesentlichen Punkt: Während das "balkanisierte"
Schwarzafrika zahlreiche Staaten einschließt, deren Größe
oder geographische Lage, insbesondere wegen des Fehlens
eines Zugangs zum Meer, eine eigenständige Entwicklungsstrategie kaum zuläßt, können die Länder Asiens die Veränderung ihrer Situation in gewisser Hinsicht selbst in Angriff nehmen. Die sich daraus ergebenden Beziehungen zu den
Industrieländern sind infolgedessen vollständig andere.

Der skizzierte Überblick erlaubt letzten Endes auch eine
nach Typen geordnete Gruppierung der Länder entsprechend
ihrer gegenwärtigen Verschiedenartigkeit. Unter der Voraussetzung, daß diese Einteilung nicht als strenge Klassifizierung angesehen wird, sondern als Darstellung beispielhafter Situationen, ergeben sich fünf Ländergruppen.[2]

(1) Die Länder, die im Begriff sind, Industrieländer auf
der Basis breitgefächerter Aktivitäten zu werden. Sie las-

---

1 WELTBANK: World Development Report, a.a.O. (eigene Übersetzung).
2 Bestimmte Länder können mehreren Gruppen zugeordnet werden.

sen sich deutlich in zwei Untergruppen einteilen:

- Zwei asiatische Staaten mittlerer Größe: Südkorea und Taiwan, zu denen man außerdem die beiden Stadtstaaten Hongkong und Singapur hinzufügen sollte.

- Die großen Länder Südamerikas: Brasilien, Mexiko und, in geringerem Maße, Argentinien.

Im Gegensatz zu den zuerst genannten Ländern besitzen die letzteren gleichzeitig bestimmte Charakteristiken der Unterentwicklung wie das Vorhandensein einer armen Bevölkerung und benachteiligter Landesteile.

(2) Die sehr viel verschiedenartigere Gruppe der Länder, in denen die Industrialisierung eine wachsende Rolle spielt wie Algerien, Iran, Venezuela, Malaysia, die Philippinen, Pakistan, Nigerien, Kenya und die Elfenbeinküste. Im einen Extrem gehören hierzu jene Länder, die bei äußerst günstigen Bedingungen Anschluß an die erste Gruppe finden könnten; auf der anderen Seite geht es hier um Länder, in denen die Möglichkeiten, durch Industrialisierung die Unterentwicklung zu überwinden, höchst zweifelhaft sind: zum Beispiel Pakistan. Im ganzen gesehen werden diese Länder nichtsdestoweniger eine nicht unwesentliche Rolle bei der weltweiten Neuverteilung industrieller Aktivitäten spielen. Sie werden vor allem arbeitsintensive und unqualifizierte Aktivitäten übernehmen, wie sie zur Zeit noch von der ersten Gruppe ausgeführt werden. Für die Mehrzahl dieser Länder wird überdies die Landwirtschaft ein wesentlicher Wirtschaftszweig bleiben, oft viel wichtiger sogar als die Industrie.

(3) Die Länder, in denen der Export natürlicher Rohstoffe in entscheidender Weise die Wachstumsmöglichkeiten beeinflußt (darunter eine Reihe von Ländern, die in anderer Hin-

bien und die anderen Länder der [...] für [...], [...]bia, Chile und Peru für Kupfer; Thailand, Malaysia, Bolivien und Indonesien für Zinn;, Jamaika und Guinea für Aluminium; Malaysia für Naturgummi; Ghana für Kakao und so weiter. Andere Länder wiederum halten nur zweitrangige Positionen auf den Märkten zahlreicher verschiedener Produkte wie Äthiopien und Tansania in Afrika, Guatemala und Paraguay in Südamerika. Aber ihre Wirtschaft ist nichtsdestoweniger von diesem Tätigkeitsbereich in hohem Maße abhängig.

(4) Die sehr armen Länder, die kaum Naturrohstoffe und nur geringe Industrialisierungsaussichten besitzen. Fortschritte in der Landwirtschaft sind hier noch unumgänglicher als in den vorgenannten Gruppen. Angesichts ihrer Größe werden sie verstärkt auf Auslandshilfe angewiesen bleiben wie die Länder der Sahelzone oder könnten eigene Strategien entwickeln wie Bangladesh, sofern es ihnen gelingt, die internen Entwicklungshindernisse zu überwinden. Auf jeden Fall wird allerdings die Rolle der Auslandshilfe auch von der Aufnahmefähigkeit jedes dieser Länder abhängen.

(5) Die Kontinente schließlich - China und Indien -, in denen regionale Ungleichheiten durch politische Einheit verdeckt werden. Ihre Größe verleiht ihnen Charakterzüge aller Gruppen:

- Indien ist bereits eine bedeutende Industrienation und, was entscheidend ist, Hersteller von Investitionsgütern, während auf die Landwirtschaft immer noch 47 v.H. des gesamten produktiven Beitrags entfällt.

- China wird gegen Ende des Jahrhunderts in den Rang einer Großmacht aufsteigen, sofern es sein Bevölkerungswachstum und seine landwirtschaftliche Entwicklung unter Kontrolle bringt, und zwar selbst wenn sein Pro-Kopf-Einkommen dann nicht mehr als rund 1 000 US-Dollar (in Preisen von 1976) beträgt. Es ist schon jetzt nicht ausgeschlossen, daß es fortan eine Hauptrolle in den internationalen Beziehungen spielen wird.

Die zunehmende Differenzierung der Dritten Welt, die die Regionalanalyse offenbart, ist natürlich in keinem Fall unvereinbar mit dem Weiterbestehen sozialer oder wirtschaftlicher Gleichartigkeiten, mit einer Verstärkung kultureller oder religiöser Solidarität (wie sie sich durch Renaissance oder Expansion des Islam ergeben könnten) oder mit der Aufrechterhaltung der politischen Solidarität der Gruppe der 77.

Selbst wenn gewisse Merkmale in dem soeben aufgezeigten Bild der Dritten Welt zu erkennen sind, bei denen größere Veränderungen kaum erwartet werden können, werden die Strategien der Industrie- und Entwicklungsländer die Zukunft in beachtlichem Ausmaß beeinflussen. Dies ist für jede Ländergruppe betont worden. Um indessen den Einfluß, den diese Strategien haben werden, wirklich zu verstehen, erscheint es notwendig, zunächst einmal die mögliche Entwicklung der Interdependenz zwischen den hochentwickelten Industriegesellschaften und der Dritten Welt zu untersuchen.

C. DIE VERSCHIEDENEN ASPEKTE DER INTERDEPENDENZ ZWISCHEN DEN MODERNEN INDUSTRIEGESELLSCHAFTEN UND DER DRITTEN WELT

Die Nord-Süd-Interdependenz umfaßt eine Vielzahl von Formen; der vorliegende Bericht beschränkt sich auf die wirtschaftlichen Dimensionen dieser Interdependenz, die sich wahrscheinlich verstärken wird.

wicklungsländer war die Abhängigkeit seit Jahrzehnten eines
der Hauptkriterien ihrer politischen, wirtschaftlichen und
kulturellen Entwicklung: daher heben sie jetzt die Notwendigkeit einer auf Gleichberechtigung basierenden Interdependenz hervor. Die Industrieländer haben die Abhängigkeit von
bestimmten Entwicklungsländern erst kürzlich entdeckt, sie
betonen daher die Wechselseitigkeit der jeweiligen Einflüsse.

Indessen muß man die Überlegungen an den möglichen Interdependenzen der Zukunft orientieren und nicht nur an jenen
der Gegenwart. Hieraus ergibt sich eine Vorfrage: Erleben
wir, wie viele behaupten, eine Intensivierung der wirtschaftlichen Interdependenz, oder kann man eine ungeheure Spaltung
zwischen Nord und Süd erwarten, weil die Dritte Welt mit
Hilfe einer kollektiven Autonomie Wege zu einer Entwicklung
sucht, die in erster Linie auf eine Befriedigung der Grundbedürfnisse abzielt? Die Auswertung von Szenario C führt
zu der Annahme, daß diese zweite Hypothese wegen der wachsenden Heterogenität der Dritten Welt sehr unwahrscheinlich
ist. Allerdings schließt dies weder ein mögliches Autonomiestreben der großen Entwicklungsländer wie Indien aus, noch
die Tatsache, daß zahlreiche Länder der Dritten Welt zu
einer echten Entscheidungsfreiheit gelangen werden.

Mit Hilfe der Untersuchung von sechs wesentlichen Bereichen
(Energie, Rohstoffe, Landwirtschaft, Industrie, Wissenschaft
und Forschung sowie Kapitaltransfer) versucht dieser Bericht,
zwei Fragen zu beantworten:

- Mit welcher Intensität und in welcher Richtung können sich
  die Volkswirtschaften der Industrie- und Entwicklungsländer gegenseitig beeinflussen?

- Welche Wirkungen kann die von den Staaten beider Ländergruppen verfolgte Politik erzielen?

1. Energie

Die Interdependenz zwischen Nord und Süd im Bereich der Energie zeigt sich bereits heute in zweifacher Weise:

- Der internationale Handel verbindet alle diese Länder miteinander im Zusammenhang mit der Verteilung der fossilen Brennstoffe, besonders Erdöl und Kohle;

- die Dritte Welt braucht technische Hilfe - und oft die Finanzierung - von seiten moderner Industrieländer, sowohl um ihre traditionellen Energiequellen auszubeuten, als auch um neue Energieformen zu entwickeln.

Vor der Untersuchung der Probleme, die durch diese Interdependenz gestellt werden, müssen einige Zahlen ins Gedächtnis zurückgerufen werden: Der Verbrauch der Dritten Welt (China ausgenommen) wird Ende des Jahrhunderts zwischen 2 223 MMTOE (Szenario D) und 2 776 MMTOE (Szenario A) liegen. In den Ländern der Dritten Welt außerhalb der OPEC wird die Energienachfrage in den kommenden 25 Jahren um mehr als das Vierfache wachsen. Der Importbedarf wird sich verdreifachen, obgleich die nationale Energieproduktion um das Viereinhalbfache ansteigen wird. Nichts kann besser zum einen die beträchtlichen Anstrengungen illustrieren, die diese Länder werden machen müssen, um ihre eigenen Ressourcen zu entwickeln, als auch andererseits den Wettbewerb, der bei Auftreten von Spannungen auf dem Markt im Hinblick auf die Ölversorgung mit den Industrieländern auftreten wird. In den OPEC-Ländern wird die Nachfrage um das 7,3fache anwachsen, das Angebot aber nur um das 1,6fache (wobei diese letzte Zahl vielleicht noch recht optimistisch ist). Auch die Exporte werden nur um 30 v.H. steigen.

- In den Entwicklungsländern, die kein Erdöl produzieren, wird das Wachstum, welches auch immer ihr Entwicklungsniveau sein mag, stark von der Verfügbarkeit und von dem Preis des Erdöls abhängen.

- Im Falle einer weltweiten Energiekrise wird die Situation der Länder der Dritten Welt ohne eigene Energiequellen schnell dramatisch - es sei denn, sie können sich zu günstigen Bedingungen verschulden.

- Die zukünftige Produktionspolitik der OPEC-Länder hat sowohl auf den Wohlstand der Industrieländer als auch den zahlreicher anderer Länder der Dritten Welt einen wesentlichen Einfluß.

Für die Industrieländer sind die Konsequenzen in politischer Hinsicht klar:

(1) Verfolgen einer konsequenten und wirkungsvollen Energiepolitik, die die weltweite Energiesituation entschärfen könnte.

(2) Den Entwicklungsländern helfen, und zwar direkt oder durch Einschalten internationaler Organisationen, ihre fossilen Rohstoffe auszubeuten und Kernenergie einzusetzen, sofern es die Höhe ihres Verbrauchs zuläßt, beziehungsweise andere neue Energiequellen zugänglich zu machen (besonders Biomasse).

(3) Schon jetzt darüber nachdenken, auf welche Weise den nicht-ölproduzierenden Entwicklungsländern im Falle einer Verknappung eine gewisse Ölversorgung garantiert werden kann (beziehungsweise die Mittel, um sich die Versorgung zu verschaffen).

(4) Sich darum bemühen, mit den Ländern der OPEC eine Poli-

tik der Kooperation auszuarbeiten, die eine Entwicklung der
Förderkapazitäten im Einklang mit den potentiellen Ressourcen erlaubt. Sicherlich sind die Interessen der Verbraucherländer und die der Produzentenländer in einem wesentlichen
Punkt, nämlich dem Preis für das Erdöl, verschieden; aber
langfristig gesehen sollte man den Umfang der Meinungsverschiedenheiten nicht übertreiben. Die OPEC-Länder haben kein
Interesse daran, durch erhebliche und unregelmäßige Preiserhöhungen eine weltweite Wachstumsverlangsamung oder gar eine
Rezession der Weltwirtschaft auszulösen. Die Verbraucherländer
hingegen sollten sich vernünftigerweise nicht einen so niedrigen Erdölpreis wünschen, der Einsparungen und Substitutionen bremsen würde und langfristig schließlich in noch stärkere Preiserhöhungen einmünden könnte. Es gibt also eine Art
Preisspanne, innerhalb derer die Interessenkonflikte ausgetragen werden können.

2. Rohstoffe

Dank zahlreicher Untersuchungen aus den letzten Jahren beginnt man, die wesentlichen, dieses Gebiet betreffenden Fragen besser zu verstehen. Mit Sicherheit beschränken sie sich
nicht auf die Zusammenhänge in den Nord-Süd-Beziehungen, da
mehr als 70 v.H. der Welterzproduktion zum Beispiel nicht
aus den Entwicklungsländern stammt. Nichtsdestoweniger spielen die Rohstoffe bei den Exporten der Dritten Welt eine wesentliche Rolle. Die Preisstabilität und die Funktionsweise
des internationalen Handels stellen in diesem Bereich zwei
der wesentlichen Probleme dar.

Die Preisstabilität: Zwei Marschrouten sind vorgeschlagen
worden, um Preisfluktuationen zu vermeiden: Stabilisierung
durch eine Politik der Lagerhaltung und Stabilisierung der
Exporteinnahmen. Vor dem Hintergrund der Ergebnisse der verfügbaren Untersuchungen zu diesem schwierigen Thema kann

Bei Betrachtung in langfristiger Sicht stößt der Vorschlag, die Preise für Grundstoffe auf die Preise für Industrieprodukte zu indexieren, auf größten Widerstand, und zwar sowohl unter dem Aspekt der wirtschaftlichen Effizienz (Verzerrung in der Entwicklung der relativen Preise) als auch unter dem Gesichtspunkt der damit verbundenen Verteilungseffekte. (Die an Ressourcen armen Entwicklungsländer würden benachteiligt, wohingegen Länder wie Australien, Kanada, Südafrika und die UdSSR begünstigt würden).

Seit der Preiserhöhung beim Erdöl im Jahre 1973 ist die Möglichkeit von Angebotsbeschränkungen bezogen auf einzelne Rohstoffe, das heißt insbesondere die Kartellierung der Märkte, vielfach untersucht worden. Die Minimumbedingungen, die erfüllt werden müssen, sind äußerst streng. Ihnen kann auf der Ebene der Gesamtheit der Entwicklungsländer kaum Genüge getan werden. Für bestimmte Produkte könnte es langfristig anders sein, wenn sich die Produzenten des Westens, des Ostens und des Südens untereinander zusammenschlössen, aber die politischen Bedingungen solcher Zusammenschlüsse scheinen nicht erfüllt werden zu können.

Im Gegensatz zu einer Politik der Kartellisierung wäre eine Politik der Liberalisierung des internationalen Handels hinsichtlich der Rohstoffe auf der Basis multilateraler Verhandlungen durchaus vorstellbar. In der Tat sind die Importrestriktionen in den Industrieländern weit davon entfernt, bedeutungslos zu sein: Zwar sind die nominalen Handelsschranken für Rohstoffe mineralischen und landwirtschaftlichen Ursprungs gering, sofern sie nicht mit Produkten der Industrieländer in Konkurrenz treten. Qualitäts- und Gesundheitsbestimmungen heben indessen das effektive Niveau des Protektionismus selbst hier zuweilen bereits beträchtlich an. Diese (nominalen und effektiven) Barrieren wachsen deutlich, sobald es sich um konkurrierende Rohstoffe handelt (Zucker, Fleisch, Gemüse, Milchprodukte), und sie werden noch höher für bearbeitete Rohstoffe, wo die Weiterverarbeitung in den Industrieländern geschützt wird.

Eine Liberalisierung des Handels mit Rohstoffen und eine Senkung der Zolltarife würde langfristig zu bedeutenden und steigenden Gewinnen für die Entwicklungsländer und für die Verbraucher der Industrieländer führen. Ein wichtiger Schluß ergibt sich somit aus dieser Analyse: In dieser heiklen Domäne der Rohstoffe gibt es zweifellos Wege, die für alle Beteiligten Vorteile bieten und die langfristig zu Verbesserungen im Funktionieren des Marktes führen, ohne daß diese ihre regulierende Rolle verlören (automatische Preisstabilisierung durch Maßnahmen der Lagerhaltung; möglichst umfassende Stabilisierung der Exporteinnahmen; multilaterale Liberalisierung des Handels mit Reduzierung des Protektionismus bezüglich der Rohstoffverarbeitung).

3. Landwirtschaft

Die Landwirtschaft ist in vielen Entwicklungsländern der bedeutendste wirtschaftliche Sektor. Sein Anteil am Bruttoinlandsprodukt liegt im allgemeinen zwischen 30 und 40 v.H., er kann aber auch von 20 bis 60 v.H. reichen und ist gewöhnlich doppelt oder dreimal so groß wie der Anteil der Industrie.

(a) Leistungen in der Vergangenheit

Die Landwirtschaft ist während der letzten 10 bis 20 Jahre von zahlreichen Regierungen der Entwicklungsländer stark

weniger war die Expansion der ...
tion in der Dritten Welt in den fünfziger und sechziger
Jahren beträchtlich, wenn auch von Land zu Land mit großen
Unterschieden.

(b) Die zukünftige Nachfrage nach Nahrungsmitteln

Die effektive Nachfrage nach Nahrungsmitteln in der Dritten
Welt wird durchschnittlich um 3 bis 4 v.H. pro Jahr steigen.
Die steigende Importnachfrage wird in erster Linie von Ländern ausgehen, die komparative Vorteile in anderen Bereichen
haben: Länder der OPEC, Industrialisierungsländer, Rohstoffproduzentenländer. Diese verfügen über genügende Devisen, um ihre Bedürfnisse durch Importe zu decken. Steigen
wird die Importnachfrage andererseits aber auch von seiten
der Länder Südasiens und Schwarzafrikas, obwohl sie nur geringe Einkommen haben. Diese Länder sind Hemmnissen in infrastruktureller, institutioneller und klimatischer Hinsicht unterworfen, die kaum schnell überwunden werden können, und ihre Außenhandelseinnahmen sind zu gering, um Nahrungsmittel
in großem Umfang zu importieren. Für diese zweite Gruppe
wird daher der Importanteil am Verbrauch gering bleiben,
aber er könnte dessenungeachtet bei einem Abbau von Verlusten in Lagerhaltung und Distribution darüber hinaus noch
weiter verringert werden.

(c) Die wesentlichen Kennzeichen der landwirtschaftlichen
     Probleme der Dritten Welt

Während die offizielle Politik vieler Entwicklungsländer
darin besteht, Kleinbauern Vorrang einzuräumen, haben kurzfristige Notlagen und institutionelle Faktoren oft zu Ver-

zerrungen geführt, die sich ungünstig auf die Nahrungsmittelproduktion für den Eigenbedarf ausgewirkt haben. Dies hat häufig zu einer Verschlechterung der Wettbewerbssituation dieses Sektors geführt, zu unrentablen Kleinbetrieben und zu einem Ansteigen ländlicher Armut.

Als Folgeerscheinung trat nun schon seit mehreren Jahren in zahlreichen Ländern eine Verstärkung der Dualität in der Landwirtschaft auf. Mit seinen Kleinbetrieben hat der Nahrungssektor seine Produktion nur geringfügig erhöhen können (und manchmal, gemessen an der Pro-Kopf-Produktion, sogar überhaupt nicht), obwohl er in vielen Ländern den Hauptanteil der Nahrungsmittelproduktion stellt. Andererseits hat sich der entsprechende moderne Sektor mit seinen Großbetrieben schnell entwickelt und zu einem hohen Prozentsatz am Export landwirtschaftlicher Erzeugnisse beigetragen. Dieser moderne Teil wird durch den Mangel kaufkräftiger Inlandsnachfrage weit weniger beeinträchtigt und hat bedeutende Produktionsgewinne realisieren können, was er in Zukunft vermutlich fortsetzen wird. Immerhin können die Kleinbetriebe in den Exportkreislauf integriert werden, wie es die Beispiele von Elfenbeinküste, Kenya, Malawi und Malaysia zeigen - die Unternehmensgröße stellt also keine einschränkende Bedingung dar. Dennoch führt die Politik in vielen Ländern zu einer Verschlechterung der Handelssituation im Bereich der traditionellen Landwirtschaft, zu Unrentabilität vieler Kleinbetriebe und zu einem Ansteigen der Armut auf dem Lande.

Unter diesen Umständen ist die Entwicklung der Landwirtschaft in der Dritten Welt unerläßlich, um soziale Gleichheit zu fördern und politische Stabilität zu verstärken.

Produktionswachstum kann zurückzuführen sein auf eine Ausweitung der kultivierten Bodenfläche oder auf Produktivitätssteigerung pro Einheit der Bodenfläche. In beiden Fällen setzen die Produktivitätsgewinne sowohl den Abbau von Hemmnissen

arten oder bestimmte Ökologien ... , .
Wirkungen auf die Beschäftigungslage können beträchtlich
sein.

(d) Die landwirtschaftliche Interdependenz

Die landwirtschaftliche Interdependenz zeigt vier sich ergänzende Aspekte: Produktionsfaktoren, Rohstoffmärkte, Einkommen und Beschäftigung sowie Verarbeitung der Nahrungsmittelproduktion.

Energie, Düngemittel und Pestizide sind die hauptsächlichen landwirtschaftlichen Produktionsfaktoren, bei denen es eine Interdependenz zwischen Industrie- und Entwicklungsländern gibt.

In Richtung Nord-Süd dürfte die Auswirkung des Nahrungsmitteldefizits der Dritten Welt auf die Industriegesellschaften während der Zeitspanne, die dieser Bericht umfaßt, nicht von großer Bedeutung sein. Man sollte statt von strategischer Abhängigkeit der Dritten Welt im landwirtschaftlichen Bereich lieber von Interdependenz sprechen, denn im wesentlichen sind die Länder mit einem Defizit an Getreide die Staaten der OPEC und solche, die im Begriff sind, sich zu industrialisieren. Dagegen ist in Richtung Süd-Nord das Argument der Verwundbarkeit der Industrieländer im Nahrungsmittelbereich überbewertet worden.

Drei Aspekte der Interdependenz sollten im Hinblick auf Einkommen und Beschäftigung genannt werden:

- Die Auswirkungen der nationalen Agrarpolitik der Industrieländer auf die Dritte Welt.(Indem sie ihre wirtschaftlichen und sozialen Ziele verfolgen, dürften die Agrarexportländer der OECD in der Vergangenheit in gewissem Maße die Einführung von wesentlichen Reformen im Bereich der Institutionen oder der Infrastruktur in den defizitären Entwicklungsländern verzögert haben und gleichzeitig andere daran hindern zu exportieren);

- Wirkungen der Nahrungsmittelhilfe (mit dem Ansteigen des Getreidedefizits im Süden und der wachsenden Lücke zwischen kaufkräftiger Nachfrage und dem Nahrungsbedarf wird sich die Notwendigkeit für eine solche Hilfe verstärken);

- Die Folgen der kurzfristigen Fluktuationen bei Getreideangebot und -nachfrage und die Mittel, ihnen zu begegnen.

Im Hinblick auf diesen letzten Aspekt nehmen mehrere Untersuchungen an, daß eine langfristige Lösung durch eine Kombination von drei verschiedenen politischen Maßnahmen gefunden werden könnte: Bildung eines Sicherheitsvorrates zur Stabilisierung der Preise (der Umfang dieses Vorrats sollte dem zunehmenden Wachstum des Volumens des internationalen Handels Rechnung tragen); Einführung eines Versicherungssystems, das für die versicherten Länder jenseits einer gewissen Grenze zusätzliche Ausgaben für Nahrungsmittelimporte zu "Spottpreisen" ausgleichen würde, wenn immer die nationale Produktion zu sehr gefallen ist; eine größere Flexibilität bei den Inlandspreisen der Industrieländer. Im Bereich der Verarbeitung der Nahrungsmittel schließlich sind die Probleme eng verbunden mit jenen der Interdependenz in der Industrie.

4. Industrie

Die Tatsachen, die in diesem Abschnitt beschrieben werden, unterstreichen eine der Hauptfeststellungen des dritten Teils:

beendet sein wird, unterwirft die hochentwickelten Industrie-
gesellschaften einem ständigen Zwang zu strukturellen Anpas-
sungen; aber die hier diskutierten Aspekte ergänzen diese
Schlußfolgerung in einem wesentlichen Punkt: Die Form der
Industrialisierung der Dritten Welt ist für den weltweiten
Wohlstand von ebenso großer Bedeutung wie ihr Umfang.

(a) Die jüngsten historischen Tendenzen

Auf die Gefahr hin, zu stark zu vereinfachen, die man auf
sich nehmen muß, lassen sich die jüngsten historischen Tendenzen in fünf Feststellungen zusammenfassen:

- Von 1960 bis 1976 haben sich die Fertigwarenexporte der
  Dritten Welt in die modernen Industrieländer jedes Jahr
  real um 15 v.H. erhöht; aber dennoch haben sie, von einzelnen Ausnahmen abgesehen, nur einen geringen Anteil am
  Gesamtumsatz auf den Märkten der Industrieländer.

- Bis 1973 konzentrierten sich diese Exporte auf eine geringe Zahl von Produktgruppen: in jüngster Zeit hat jedoch eine beträchtliche Diversifikation stattgefunden,
  und die komparativen Vorteile der Länder mit mittlerem
  Einkommen (zum Beispiel Hongkong, Südkorea, Brasilien
  und Mexiko) haben sich in Richtung auf solche Aktivitäten ausgedehnt, die einen höheren Kapitaleinsatz und
  qualifizierte Arbeit erfordern.

- Die Anzahl der Entwicklungsländer, die aus diesem Exportwachstum Nutzen gezogen haben, ist begrenzt: unter Aus-
  schluß von Erdölprodukten und Nichteisenmetallen haben
  im Jahre 1973 nur fünf Länder für mehr als eine Milliarde

Dollar Industrieprodukte exportiert: Hongkong, Südkorea, Jugoslawien, Mexiko und Brasilien.

- Das Wachstum der Importe aus der Dritten Welt hat alle OECD-Länder betroffen.

- Die multinationalen Unternehmungen und die Handelsgesellschaften mit Hauptsitz in Industrieländern haben bei dieser Entwicklung eine wesentliche Rolle gespielt. Sie haben in den meisten Fällen nicht nur das Marketing und den Absatz organisiert, sondern auch Informationen bezüglich der Konzeption von Produkten, technische Kenntnisse, Managementerfahrung und finanzielle Mittel bereitgestellt. Vergabe von Unteraufträgen in Entwicklungsländer und geographische Umstrukturierung der Produktion innerhalb der vertikal organisierten multinationalen Unternehmungen haben die internationale Arbeitsteilung entscheidend verändert.

(b) Die globalen und regionalen Aussichten

Am Ende des Jahrhunderts könnte die Dritte Welt, China eingeschlossen, einen Anteil von 24 bis 26 v.H. an der Weltindustrieproduktion erreichen, aber die Wachstumsraten werden von Region zu Region sehr verschieden sein.

In der Tat werden die entsprechenden Anteile der verschiedenen Regionen der Dritten Welt von 1970 bis 2000 von 4 v.H. auf 9 bis 10 v.H. in Südamerika steigen, von gemeinsamen 2,4 v.H. in Süd-, Südost- und Ostasien auf 1,5 v.H. in Südasien und 3 v.H. in Südost- und Ostasien, von 0,8 v.H. auf 1,7 v.H. in Nordafrika und dem Mittleren Osten und von 0,5 v.H. auf 0,8 v.H. in Schwarzafrika.

länder bedeutet, die OECD-Mitglieder sind. Alle sektoralen Untersuchungen zeigen ihre wachsende Rolle in der Weltindustrie auf (wie die Spaniens im Automobilsektor).

(c) Die Charakteristiken der Neuverteilung

Um sich auf das Wesentliche zu beschränken, ist es das beste zu skizzieren, wie das Modell der komparativen Vorteile, das jedem jungen Ökonom geläufig ist, sich in der Wirklichkeit bestätigt oder verzerrt:

- Nichts ist zunächst gefährlicher, als den riesigen potentiellen Markt für Industrieprodukte zu vergessen, den die unzureichend befriedigten Bedürfnisse eines ungeheuer großen Teils der Menschheit bedeuten. Industrieländer und die Dritte Welt müssen sich nicht eine gegebene globale Nachfrage teilen. Sie müssen eine Industrie auf der Basis einer Nachfrage von zwölf Milliarden Menschen aufbauen.

- Zweitens ist nichts irriger, als auf der Ebene einer geringen Zahl von Sektoren zu urteilen, die als homogen betrachtet werden, das heißt, die reiche Vielfalt des industriellen Systems zu vergessen. Die Neuverteilung der Aktivitäten findet nicht nur zwischen Sektoren statt, sondern auch innerhalb der Sektoren und sogar zwischen den verschiedenen Stadien eines Produktionsprozesses.

- Im ganzen gesehen kann man sagen, daß die Industrialisierung der Dritten Welt sich in gewisser Weise entsprechend den komparativen Vorteilen gestaltet. Dies bedeutet, daß zunächst Produktionen aufgebaut werden, die einerseits die örtlich vorhandenen und billigen Ressourcen intensiv nutzen (besonders unqualifizierte Handarbeit und in bestimmten OPEC-Ländern ebenfalls Kapital) oder aber auf einen potentiellen Regionalmarkt ausgerichtet sind. Es würde allerdings falsch sein, die bestehende regionale Struktur der komparativen Vorteile als für die Zukunft unveränderlich anzusehen: Technischer Fortschritt, Entwicklung des "menschlichen Kapitals" sowie Änderungen in den relativen Faktorkosten werden zu einem ständigen Wandel führen. Ein beachtlicher Anteil dieser Veränderungen ergibt sich aus dem Industrialisierungsprozeß selbst, denn er ist untrennbar mit der Ausbildung der Menschen, der Entwicklung von Managementerfahrung und der Beherrschung der Technik verbunden. Er schafft ständig neue Vorteile, wobei er alte zerstört, und zwar besonders dadurch, daß er ein Ansteigen der Lohnkosten ermöglicht.

Jedoch verändern die Handlungen der beteiligten Akteure das einfache Spiel der komparativen Vorteile grundlegend:

- Zunächst sind die zur Verfügung stehenden Technologien, die in den Industrieländern entwickelt wurden, das Ergebnis langwieriger Bemühungen, den knappen und teuren Faktor Arbeit durch den relativ reichhaltig vorhandenen Faktor Kapital zu ersetzen. Diese Technologien haben darüber hinaus den Vorteil, daß sie zu einem guten Teil in den Ablauf des Produktionsprozesses eingebaut werden können und infolgedessen von den Unternehmen, die sie entwickeln, selbst verwendet werden können.

Trotz der in der Dritten Welt zumeist vorgenommenen Anpassung kann man sich folglich fragen, ob die Beschaffenheit der verfügbaren Techniken unter Berücksichtigung der relativen Knappheiten in den Entwicklungsländern nicht viel zu viel Kapitaleinsatz und zu wenig Verwendung von Arbeit

Für die Analyse der komparativen Vorteile ist der Gesamtumfang des Arbeits- und Kapitaleinsatzes für einen bestimmten Produktionsprozeß entscheidend. Hieraus ergibt sich das Interesse, innerhalb der Produktionseinheiten je nach Verfügbarkeit des Faktors Arbeit am Markt mehr oder weniger arbeitsintensive Verfahren einzusetzen. Zu wenige Untersuchungen scheinen über die Auswahl der besten Techniken unter dem Gesichtspunkt der sozialen, wirtschaftlichen und kulturellen Bedingungen eines jeden Landes durchgeführt worden zu sein.

Es kann sich allerdings nicht darum handeln, unter dem Vorwand einer Anwendung arbeitsintensiver Verfahren auf nach heutigen Begriffen veraltete Techniken zurückzugreifen. Man muß vielmehr, ausgehend von modernen Techniken und Managementmethoden, für jede industrielle Aktivität die günstigste Faktorkombination suchen.

- Aus verschiedenen Gründen neigen die Beteiligten dazu, den kapitalintensiven Technologien den Vorzug zu geben: die Regierungen der Industrieländer bemühen sich, koste es, was es wolle, Exporte von Investitionsgütern zu fördern und stellen für diese Exporte Kredite zu günstigen Bedingungen bereit; die Regierungen der Entwicklungsländer geben ebenfalls diesen Technologien den Vorzug, sei es aus Gründen der Sicherheit in technischer Hinsicht oder aus Prestige; multinationale Unternehmungen schließlich verkaufen oder übertragen das, was sie in den entwickelten Volkswirtschaften ausgearbeitet haben.

- Eine der Konsequenzen, die im hier angewendeten analytischen Ansatz mehrfach hervorgehoben wurde, ist das relativ geringe Ausmaß an Beschäftigung, das die Industrialisierung nach sich zieht, und gelegentlich der verhältnismäßig hohe Lohn für Arbeit in der Industrie verglichen mit dem Einkommen in der Landwirtschaft (zum Beispiel in bestimmten afrikanischen Ländern). In diesem Fall führt die Industrialisierung zu steigender Ungleichheit in der Einkommensverteilung und trägt nur unzureichend zur Entstehung lokaler Märkte für industrielle Produkte bei. Dieses Phänomen ist in keiner Weise unvereinbar mit der Feststellung (Kreuger 1977), daß exportorientierte Industrialisierung weniger arbeitsintensiv ist und eine weniger qualifizierte Arbeit benötigt als eine Industrialisierung mit dem Ziel einer Importsubstitution; sie ist auch nicht unvereinbar mit der Tatsache, daß die Industrialisierung ihre Arbeitskräfte aus den ärmeren Bevölkerungskreisen nimmt und infolgedessen deren Einkommen erhöht.

Die Kapitalkosten in der Dritten Welt werden ihrerseits durch Investitionsprämien und mannigfaltige Subventionen verringert, und zwar zweifellos in manchen Fällen bis zu dem Punkt, wo sie negativ werden. Dies gilt selbst dann, wenn im ganzen gesehen die mangelnde Verfügbarkeit von Kapital ein Wachstumshemmnis ist.

In diesem Zusammenhang ist nicht ausgeschlossen, daß die Interessen der multinationalen Unternehmungen sich in wachsendem Maße von den Interessen der Industrieländer, aus denen sie hervorgegangen sind, unterscheiden. Die multinationalen Unternehmen versuchen, Nutzen aus den Vorteilen beider Welten zu ziehen. Und zwar: Finanzierung der Forschung, Exportförderung für Investitionsgüter und riesige Märkte in den Industrieländern; Niederlassungsprämien, geringe Lohnkosten,

Die Regierungen der Entwicklungsländer schließlich orientieren ihre industriellen Prioritäten (wie es die Industrieländer oft getan haben und noch heute tun) an Kriterien, die wesentlich mehr umfassen als lediglich die Kategorien wirtschaftlicher und sozialer Rentabilität. Einige dieser Kriterien sind gerechtfertigt, wie zum Beispiel Unabhängigkeit; andere sind illusorisch, wie die, die mit dem Prestige zusammenhängen, das die Grundstoffindustrien umgibt.

Diese Darstellung soll Nuancen aufdecken, und infolgedessen muß man übertriebene Verallgemeinerungen vermeiden:

(1) Die Möglichkeiten einer Substitution von Kapital und Arbeit sind in den verschiedenen Bereichen durchaus unterschiedlich. Man vergleiche den Textilsektor und die Nuklearindustrie. Dies bedeutet, daß die optimale Faktorkombination in jedem einzelnen Fall von den Unternehmungen in Abhängigkeit von den verfügbaren Techniken bestimmt werden muß, gleichzeitig ist es wichtig, daß die Signale richtig sind, die den Unternehmen in bezug auf die jeweiligen sozialen Kosten der verschiedenen Faktoren sowie in bezug auf die verfügbaren Technologien übermittelt werden.

(2) Es bestehen große Unterschiede zwischen den verschiedenen Entwicklungsländern hinsichtlich der Qualifikation der Arbeitskräfte; dies gilt besonders im Hinblick auf Facharbeiter (so scheint die Ausbildung im Fernen Osten besser zu sein als in Lateinamerika).

(3) Sowohl in den Industrieländern wie in den Entwicklungsländern variieren die verschiedenen Vorteile ungeheuer von Land zu Land.

(d) Probleme ausgehend von der industriellen Interdependenz

Die industrielle Interdependenz wirft, unabhängig von ihren Wirkungen auf die interne Struktur der hochentwickelten Industriegesellschaft, vier wichtige Fragen auf:

(1) Sollten die Industrieländer nicht Industrialisierungsformen in der Dritten Welt fördern, die die verfügbaren Ressourcen an menschlicher Arbeitskraft besser ausnutzen? Es handelt sich natürlich nicht darum, Technologietransfer zu bremsen oder Industrieinvestitionen der Dritten Welt zu kontrollieren, denn solche Praktiken würden die Leistungsfähigkeit der Weltwirtschaft beeinträchtigen. Andererseits könnte man eine Politik verfolgen, die die Vorliebe für äußerst kapitalintensive Technologien reduziert: Technologiepolitik (s.u.), Anreize für multinationale Unternehmungen, Übereinkünfte über die Begrenzung von Kapitalsubventionen bei Käufen von Investitionsgütern.

(2) Wie können die Industrieländer dazu beitragen, daß die Fertigwaren aus den sich industrialisierenden Ländern der Dritten Welt stärker in den internationalen Handel integriert werden? Die derzeitige restriktive Politik schützt vorübergehend die Beschäftigung in den Industrieländern. Gleichzeitig jedoch verschafft sie den Produzenten der Entwicklungsländer Einkommensvorteile und hemmt in bestimmten Entwicklungsländern das Beschäftigungswachstum. Für die Zukunft besteht die Wahl zwischen einer begünstigten und nicht reziproken Behandlung ihrer Exporte, wie sie manche Entwicklungsländer fordern, und einer allgemeineren Liberalisierung des Handels.

(3) Wie können die Industrieländer mit den Entwicklungsländern hinsichtlich der multinationalen Unternehmungen zusammenarbeiten? Vorschriften über "Wohlverhalten", Schlichtungsverfahren und gemeinsame Garantien mehrerer Regierun-

werden, daß die Dynamik der multinationalen Gesellschaften,
die für industrielles Wachstum so notwendig ist, nicht abgeschwächt wird.

(4) Wie kann man ein Informationssystem errichten, das heißt
eine periodische Analyse der Aussichten der verschiedenen industriellen Sektoren, die den einzelnen Akteuren erlaubt,
die Konsequenzen ihrer Entscheidungen im Zusammenhang mit
der Interdependenz besser abzuschätzen?

5. Wissenschaft und Technik

Dies ist einer der Bereiche, wo sachgemäßes Vorgehen der Industrieländer langfristig die günstigsten Wirkungen erzielen
könnte. Viele Programme laufen schon seit etwa 20 Jahren und
sind seit Anfang der siebziger Jahre intensiviert worden,
aber oft sind sie den eigentlichen Problemen nicht angemessen. Vier Ziele können genannt werden:

- Förderung des Einsatzes von modernen, an die wirtschaftlichen, sozialen, kulturellen und ökologischen Bedingungen der großen Gebiete der Dritten Welt angepaßten Technologien. Diese Techniken, die so wirtschaftlich wie möglich hinsichtlich des Kapitaleinsatzes sein sollten, würden dazu beitragen, die Beschäftigung zu erhöhen, hingegen die knappen Ressourcen des entsprechenden Landes
  sparsam zu verwenden.

- Intensivierung der Forschungen betreffend den landwirtschaftlichen Nahrungssektor, besonders für Gebiete, die
  man nicht bewässern kann.

- Förderung der wissenschaftlichen Forschung auch in den Entwicklungsländern selbst über besondere Probleme der Dritten Welt (zum Beispiel auf den Gebieten Gesundheit und Landwirtschaft).

- Den Zugang der Dritten Welt zu den wissenschaftlichen Kenntnissen zu beschleunigen, die ihr erlauben, an den Diskussionen über die Behandlung der gemeinsamen Probleme wie Klima, Ausbeutung der Ozeane, Ökologie, Energie und so weiter wirklich teilzunehmen.

6. Die finanziellen Transfers

Die Entwicklung der Dritten Welt ist nicht vorstellbar ohne die Mobilisierung interner Ressourcen, aber ein wachsender Strom ausländischer Finanzmittel ist in den nächsten 25 Jahren nicht weniger erforderlich. Die Ergebnisse von Interfutures stimmen in dieser Hinsicht mit denen der Weltbank überein, die kürzlich geschätzt hat, daß eine reale Wachstumsrate dieses Stroms von 5 v.H. eine Minimumbedingung für globales Wachstum sei.

Bevor die Aussichten und die speziellen Probleme der verschiedenen Transferarten diskutiert werden, sollen zunächst einige bezeichnende Größenordnungen aus der Vergangenheit ins Gedächtnis zurückgeführt werden.

- 1976 finanzierten die gesamten Netto-Auslands-Ressourcen (53 Milliarden Dollar) im Durchschnitt 18 v.H. der Investitionen der Dritten Welt, dieser Prozentsatz betrug in den ärmsten Ländern sogar ein Drittel.

- Die relative Bedeutung dieses Stromes ausländischen Kapitals ist ständig gewachsen; denn von 1960 bis 1976 ist

- In der gleichen Zeit hat sich seine Struktur verändert: zwei neue Komponenten - die Ressourcen aus der OPEC und Bankanleihen - haben Bedeutung erlangt. Diese beiden Komponenten sind es, die zusammen mit den anderen nicht an liberale Bedingungen geknüpfte Mittel das reale Wachstum der Transfers bewirkt haben, wohingegen die staatlichen Beiträge real kaum gestiegen sind und nicht mehr als 32 v.H. des Gesamtstromes im Jahre 1977 (gegen 64 v.H. im Jahr 1962) ausmachen.

(a) Finanzmittelströme zu Marktbedingungen

Kapitaltransfers zu Marktbedingungen werden wahrscheinlich in der Zukunft eine bedeutende Rolle spielen, aber institutionelle Maßnahmen können sich für ein ausgewogenes Wachstum der Gesamtheit der Finanzmittel und eine geringere Anfälligkeit des internationalen Finanzsystems als notwendig erweisen.

Über die kurzfristigen Anleihen des Internationalen Währungsfonds und die Anleihen der Weltbank für bestimmte Projekte hinaus wäre es für die Entwicklungsländer von Nutzen, mittelfristige Anleihen aufnehmen zu können, die ihnen erlauben würden, nach und nach ihr Zahlungsbilanzgleichgewicht herzustellen. Für einige unter ihnen wäre der Zugang zu langfristigen Anleihen interessant, die Entwicklungsprogramme finanzieren könnten und nicht projektgebunden wären.

(b) Staatliche Kapitaltransfers und öffentliche Entwicklungshilfe

Auch wenn sie an Bedeutung verlieren, werden die staatlichen Kapitaltransfers und die öffentliche Entwicklungshilfe weiterhin unentbehrlich sein, um die Entwicklung des ärmsten Drittels der Menschheit zu beschleunigen.

Eine Entwicklungshilfepolitik könnte auf den folgenden Prinzipien basieren:

(1) Die Entwicklungshilfe muß ein integrierter Bestandteil der Gesamtheit der Beziehungen zwischen Industrie- und Entwicklungsländern sein, das heißt, sie ist im Gesamtrahmen der finanziellen, kommerziellen, industriellen und politischen Relationen zu sehen. Folglich müssen sich auch die Ziele der Entwicklungspolitik mit denen jeder anderen Politikbereiche im Einklang befinden.

(2) Die Entwicklungshilfe kann sich nicht mit einer allgemeinen Verpflichtung zufriedengeben. Sie muß sich auf präzise Entwicklungsziele beziehen, die als Kriterien und Maßstab dienen können. Zu ihnen müssen bevorzugt auch Einkommens-Umverteilungsbemühungen der Regierungen der Entwicklungsländer zählen.

(3) Die Entwicklungshilfe muß sich auf die ärmsten Teile der Bevölkerung konzentrieren. Hieraus folgen zwei Konsequenzen:

- Eine wachsende Orientierung auf die beiden großen Regionen der Ärmsten mit gleichzeitig einer Stagnation, dann einem Abnehmen der Entwicklungshilfe im Hinblick auf Lateinamerika und die anderen Gebiete der Dritten Welt (ausgenommen natürlich bestimmte sehr arme Länder in diesen Gebieten).

derung von Landwirtschaft und Infrastruktur.

(4) Auch wenn das gegenwärtige Konzept des rein quantitativen Entwicklungshilfeziels mehr und mehr in Frage gestellt wird, bleibt es wünschenswert, das Volumen der Entwicklungshilfe auszudehnen, um die Entwicklung des ärmsten Drittels der Menschheit zu beschleunigen und in einem ersten Zwischenziel ein Minimum von 0,5 v.H. des Bruttosozialprodukts für jedes Industrieland zu erreichen.

Man kann sich schließlich fragen, ob man nicht auch über die institutionellen Formen der Entwicklungshilfe nachdenken sollte: Clubs könnten gegründet werden, um Pläne für regionale Hilfe in Gang zu setzen; die Rolle der nichtstaatlichen Hilfsorganisationen könnte verstärkt werden; sogar eine internationale Stiftung könnte ins Auge gefaßt werden, um einen Teil der staatlichen Entwicklungshilfe zu verteilen, denn eine solche Stiftung wäre bei ihren Verhandlungen mit den Entwicklungsländern (zum Beispiel über die Grundbedürfnisse) nicht der politische Sprecher der Industrieländer.

7. Über die sektorale Interdependenz hinaus

Dieses Bild der Nord-Süd-Relationen in den wichtigsten wirtschaftlichen Bereichen zeigt, bis zu welchem Punkt sich die Interdependenz in den nächsten Jahrzehnten auf gewissen Gebieten verstärken wird. Im ganzen können zwei Schlußfolgerungen gezogen werden:

- Es gibt eine große Wahrscheinlichkeit dafür, daß sich die Wachstumsraten von Nord und Süd gleichzeitig erhöhen werden.

- Das Studium der Interdependenz hat Konfliktzonen zwischen
  Ländern des Nordens und des Südens aufgezeigt, aber gleichzeitig umfangreiche Möglichkeiten in bezug auf gemeinsame für alle günstige Aktionen.

D. DIE STRATEGIEN DER INDUSTRIELÄNDER GEGENÜBER DER
   DRITTEN WELT

Die internationalen Beziehungen zwischen den hochentwickelten Industriegesellschaften und den Entwicklungsländern
stellen für die Industrieländer drei Hauptprobleme: die
Zweckmäßigkeit der Strategien, die Berücksichtigung von
Gleichheiten und Verschiedenartigkeiten sowie die Inangriff-
nahme einer für die unterschiedlichen Bereiche allgemeingül-
tigen Politik.

1. Die Zweckmäßigkeit der Strategien

In den vergangenen Jahren ist die Initiative in den Nord-
Süd-Verhandlungen hauptsächlich von den Ländern der Dritten
Welt ausgegangen, während sich die Regierungen der Industrieländer im allgemeinen darauf beschränkt haben, auf die Forderungen der Entwicklungsländer zu reagieren.

Diese Haltung ist auch Ausdruck der Tatsache, daß die öffentliche Meinung in den Ländern der OECD im Hinblick auf ein
wünschenswertes Verhalten der Industrieländer den Entwicklungsländern gegenüber gespalten ist. Das gleiche gilt hinsichtlich der stark voneinander abweichenden Standpunkte sowohl über die Ziele, die diesem Verhalten implizit oder expli-
zit zugrunde liegen, als über die anzuwendenden Strategien:

- Im Hinblick auf die Ziele nehmen manche eine ethisch moti-
  vierte Haltung ein und betrachten es aus moralischen Grün-

den, die gelegentlich durch Schuldgefühle verstärkt werden, als inakzeptabel, solche Ungleichheiten im Lebensstandard oder in Machtstellungen innerhalb der Menschheit hinzunehmen; andere interessieren sich nur für die Verteidigung nationaler Interessen in kurz- oder mittelfristiger Sicht und treffen Entscheidungen nur in Abhängigkeit von den wirtschaftlichen und sozialen Konsequenzen, die die entsprechende Politik für die Industrieländer nach sich zieht.

- Diese Meinungsverschiedenheiten treffen auch im Bereich der Strategien aufeinander. Manche wollen den Status quo aufrechterhalten und die Forderungen der Entwicklungsländer zurückweisen; entweder weil sie der Meinung sind, daß die wirkliche Verhandlungsstärke dieser Länder beschränkt ist, oder weil sie ein Wiederingangsetzen des Wachstums im Norden als unerläßliche Voraussetzung ansehen; andere bevorzugen die umgehende Einsetzung einer neuen Internationalen Wirtschaftsordnung mit veränderten Regelungen und Schaffung einer mehr oder weniger großen Anzahl von zwischenstaatlichen Vermittlungsbüros; wieder andere schließlich setzen sich für begrenzte Reformen ein.

Die vorgenannten Analysen führen zu einer weiter gefaßten Formulierung des Problems, denn sie zeigen, bis zu welchem Punkt die Menschheit in einem unwiderruflichen Prozeß begriffen ist, der eine fortschreitende und grundsätzliche Wandlung in den weltweiten Beziehungen herbeiführt und vielleicht ein halbes Jahrhundert andauern wird. Am Ende dieses Prozesses werden die heutigen Industrieländer im Hinblick auf Bevölkerung und Weltproduktion Minderheiten sein. Die Hierarchie des Lebensstandards wird sich verändert haben, sogar der Begriff Industrie- beziehungsweise Entwicklungsländer könnte seine Bedeutung verloren haben.

Statt sich nur auf Ethik oder auf den Ausgleich von Kosten

und Erträgen zu beziehen, sollte man auf die Geschichte verweisen. Sie gibt unzählige Beispiele dahingehend, daß Gesellschaften, unfähig sich anzupassen, unwiderruflich zum Niedergang verurteilt waren, wohingegen andere mit Hilfe ihrer schöpferischen Kraft überlebten und aufblühten ungeachtet der Umwälzungen in ihrer Umgebung. Von diesem Standpunkt aus ist eine positive Antwort der hochentwickelten Industriegesellschaften auf die neuen nationalen und internationalen wirtschaftlichen Zusammenhänge und besonders auf die verstärkte Interdependenz mit der Dritten Welt eine Antwort, die es ermöglicht, auf lange Sicht die politische und wirtschaftliche Sicherheit dieser Gesellschaften sowohl auf der Ebene ihrer auswärtigen Beziehungen wie auf der ihrer internen Situation zu gewährleisten. Schenkt man im übrigen den Memoiren der großen Staatsmänner Glauben, lag genau hier die höchste Sorge, die sich in ihrem Verantwortlichkeitsgefühl den zukünftigen Generationen gegenüber widerspiegelt.

Unter diesen Bedingungen sollten die Industrieländer aktive, umfassende Strategien in bezug auf die Dritte Welt ausarbeiten. Während sie die taktische Beweglichkeit beweisen, die für kurzfristige Betrachtungen notwendig ist, müssen sie gleichzeitig diese Strategien auf eine Analyse aufbauen, die die wahrscheinlichen langfristigen Auswirkungen auf die Industrieländer, die Entwicklungsländer und auf die wirtschaftliche und politische Weltlage in Betracht zieht.

Hieraus ergeben sich die extremsten Varianten der Strategien von selbst. Es bleibt der Weg, den die Wandlungen nehmen werden, und er ist unermeßlich. Er besteht darin:

- Die Nord-Süd-Probleme folgerichtig, aber ohne Eingehen auf die extremen Standpunkte des Südens anzupacken.
- Sich nicht den unvermeidlichen Entwicklungen zu widersetzen, sondern zu versuchen, sie zu modifizieren, um Brüche und Krisen zu vermeiden.

Die Strategien der Industrieländer könnten sich daher an folgenden Prinzipien orientieren:

(1) Jederzeit unter Berücksichtigung einer politischen Vorstellung über die Zukunft handeln.

(2) Zur Verbesserung der Situation der ärmsten Länder beitragen, die Integration der industrialisierten Entwicklungsländer in die Weltwirtschaft gewährleisten, Wege für ein akzeptables Wachstum in den Industrieländern finden.

(3) Sich um ein Abschaffen von Regelungen und Praktiken bemühen, die der wirtschaftlichen Chancengleichheit zwischen den Nationen und innerhalb der Nationen schaden.

(4) Vorrangig neue Übereinkünfte suchen, deren Bestimmungen den verschiedenen Gruppen der betroffenen Länder wechselseitig nützlich sind und konkrete Strategien gemeinsamen Handelns entwickeln.

(5) Vermeiden, sich auf Weltebene Generalisierungen hinzugeben, sofern sie zu einer Verwässerung der realen Probleme führen, wie sie sich tatsächlich in den unterschiedlichen Domänen der verschiedenen Ländergruppen stellen.

(6) Einsehen, daß sich die Umwälzungen nicht auf kurzfristige finanzielle Konzessionen beschränken, sondern langfristige Strukturwandlungen darstellen, die langwierige Verhandlungen ebenso wie Reformen der internationalen Institutionen einschließen.

2. Die Berücksichtigung von Gleichheiten und Verschiedenartigkeiten

Da die Entwicklung der Dritten Welt unter einem zweifachen

Gesichtswinkel gesehen werden kann, je nachdem ob man von den globalen Wechselwirkungen der Weltwirtschaft ausgeht oder von der wachsenden Differenzierung zwischen den Ländern, ist die Frage, wie man die verschiedenen Probleme mit einem Maximum an Realismus behandeln kann.

Eine erste naheliegende Antwort ist zu versuchen, gleichzeitig bei gewissen Themen in globaler Weise voranzukommen und bei anderen in eingeschränktem Rahmen von gruppenweisen oder bilateralen Verhandlungen zu agieren. Beide Ansätze müssen als komplementär und nicht als konkurrierend angesehen werden. Indessen scheint es, als ob die Industrie- und die Entwicklungsländer in den letzten Jahren die zweite Methode unterschätzt hätten. Und doch erlaubt sie, alle Möglichkeiten gegenseitiger Vorteile sachbezogen herauszuarbeiten und präzise und auch wirkungsvolle Reformen ins Werk zu setzen. Sie trägt zur Bewußtseinsfindung der Industrie- und Entwicklungsländer hinsichtlich ihrer Verantwortung bei. Sie läßt die Industrieländer die Wirkungen besser erkennen, die sie auf die Entwicklungsländer ausüben, wenn sie ihre Politik hinsichtlich ihrer internen Probleme oder ihrer gegenseitigen Beziehungen festlegen. Schließlich kann sie als Grundlage für weniger abstrakte globale Verhandlungen dienen.

Die zweite Antwort betrifft mehr die Substanz. Sie schließt ein, daß in beiden Verhandlungstypen sowohl den wirklichen Unterschieden zwischen den Ländern als auch der Bedeutung der Nord-Süd-Interdependenz im allgemeinen stärker Rechnung getragen werden muß.

Komplementäre Strategien sind für die verschiedenen Ländergruppen denkbar. Zum Beispiel:

(1) Für die neuen Industrieländer, die "Mittelklasse" der Weltwirtschaft, handelt es sich darum, von den Industrieländern als gleichwertige wirtschaftliche Partner akzeptiert zu werden. Das Wesentliche für diese sich schnell entwickeln-

den Länder ist zweifelsohne ein gleichmäßiges Wachstum ihrer Exporte, eine Diversifizierung ihrer Wirtschaft, ein leichter Zugang zu Auslandskapital und eine Beteiligung am Management der Weltwirtschaft. Die Industrieländer ihrerseits möchten zu brutale strukturelle Anpassungen vermeiden, ihre eigenen Exporte steigern und Garantien für ihre Investitionen erhalten.

(2) Die Hauptsorgen der erdölproduzierenden Entwicklungsländer scheinen auf der Hand zu liegen: Aus dem Erdöl sichere und wachsende Erträge zu ziehen, den Erfolg ihrer Entwicklungspläne zu gewährleisten, um reibungslos in die Nach-Erdöl-Ära einzutreten, ihre finanziellen Überschüsse gewinnbringend und sicher anzulegen. Diese Länder haben allmählich erkannt, daß ihre eigene Entwicklung vom Wohlstand der OECD-Länder abhängig ist. Die Industrieländer ihrerseits benötigen eine geregelte Ölversorgung ohne abrupte Preisänderungen und industrielle Investitionen seitens der Ölländer, die eine geordnete Anpassung der eigenen Raffineriekapazitäten und der petrochemischen Industrie zulassen. Sie haben ferner ein Interesse an der langfristigen Anlage der OPEC-Überschüsse. Wenn die Industrieländer eine wirksame Energiepolitik betreiben und sich darum bemühen, ihre Exporte besser an die langfristigen Entwicklungsprogramme der erdölproduzierenden Länder anzupassen, bestehen echte Grundlagen für eine Zusammenarbeit zwischen den Industrie- und den OPEC-Staaten und im weiteren Sinne zwischen Verbraucher- und Produzentenländern.

(3) Anschließend sind alle dazwischenliegenden Länder zu nennen, für die die Landwirtschaft noch immer der wesentliche Bereich bleibt, die aber gleichzeitig am Beginn der Industrialisierung stehen. Für diese Länder ist es wesentlich zu kombinieren:

- eine Unterstützung bei der Entwicklung der auf Nahrungsmittelerzeugung ausgerichteten Landwirtschaft,

- Entwicklung von modernen, angemessenen industriellen Techniken,

- Unterstützung bei der Entwicklung inländischer Energiequellen und anderer mineralischer Ressourcen,

- finanzielle Transfers in Form langfristiger Anleihen, die nicht an die Realisierung bestimmter Projekte gebunden sind.

Im Falle dieser Länder sollte die Entwicklungshilfe im traditionellen Sinn des Wortes hauptsächlich als Ergänzung bei der Entwicklung der Landwirtschaft und für die Schaffung der Infrastruktur verwendet werden.

(4) Den ärmsten Ländern schließlich, deren Aussichten trübe sind, muß man behilflich sein, eine eigene Politik zu finden, die ihren Bevölkerungen eine gewisse Menschenwürde gewährleistet zusammen mit einem wenigstens geringen Niveau des Pro-Kopf-Einkommens. Die Strategien der Industrieländer sollten auf eine Steigerung und eine Neuorientierung der Entwicklungshilfe, auf die Stabilisierung bestimmter Exporteinnahmen, auf eine Unterstützung bei der Entwicklung der Nahrungsmittelproduktion sowie auf ein Ausmerzen negativer Wirkungen, die die Agrarpolitik der Industrieländer auf diese Länder hat, ausgerichtet sein.

Die Strategien für alle diese Ländergruppen müssen ständig die allgemeine Interdependenz zwischen dem Norden und dem Süden im Auge behalten. Dieser Bericht hat schon eine große Anzahl dieser Probleme erwähnt, die zugegebenerweise Nord-Süd-Elemente in sich tragen, die aber mehr in den allgemeineren Rahmen der weltweiten Interdependenzen gehören, der in Teil V. behandelt wird. Einige von ihnen sind die folgenden:

- Einwirkungen, die verschiedene Länder auf das Klima haben können.

- Ausbeutung von gemeinsamen Ressourcen bezogen auf Ozeane und Weltraum.

- Zugang zu Rohstoffen.

- Entwicklung von Investitionen im Bereich von Energie und anderen Rohstoffen.

- Bildung von Lagerbeständen zur Sicherung der Nahrungsmittelversorgung und die Einsetzung eines Systems einer Nahrungsmittelversicherung.

- Anpassung der allgemeinen Regeln des Welthandels und Bemühungen um einen allgemeinen und multilateralen Abbau der Importbeschränkungen.

- Erweiterung bestimmter internationaler Institutionen, um den am meisten betroffenen Ländern Gelegenheit zu geben, ihnen beizutreten.

Darüber hinaus gibt es ein besonderes Thema: Eine systematische Analyse durch die Industrieländer über die Konsequenzen ihrer eigenen Politik für die Entwicklungsländer.

3. Ausarbeitung einer über alle Bereiche hinweg konsistenten Strategie

Auf der Grundlage gemeinsamer Interessen der Länder des Südens und des Nordens ist es möglich, einige Beispiele für politische Maßnahmen zu geben, die sich in eine über viele Bereiche hinweg konsistente Gesamtstrategie einpassen. Eine solche Ausrichtung der Politik würde wahrscheinlich das Funktionieren des internationalen Wirtschaftssystems im Hinblick auf Chancengleichheit zwischen den Nationen und innerhalb der Nationen verbessern, wobei dies gleichzeitig die Effizienz der Weltwirtschaft erhöhen würde.

Dies sind die Maßnahmen, die schon früher angesprochen worden sind, und sie mögen ins Gedächtnis zurückgerufen werden, selbst wenn einige von ihnen kontrovers sind:

(1) Den Entwicklungsländern helfen, ihre Ressourcen an fossilen Brennstoffen auszubeuten und Zugang zur Kernenergie zu finden, wenn ihr Verbrauchsniveau dies zuläßt. Mit ihnen auf dem Gebiet neuer Energien zusammenarbeiten. Sie an den Untersuchungen über die Versorgung mit Erdöl im Falle einer Verknappung teilnehmen lassen, wenn die politischen Bedingungen es erlauben.

(2) Die Auslandsinvestitionen der OPEC-Länder erleichtern und die Bedingungen ernsthaft erwägen, unter denen diese Länder in die Nach-Erdöl-Ära eintreten werden.

(3) Die Mechanismen ausweiten, die es erlauben, die Exporterträge für die Gesamtheit der Rohstoffexporte zu stabilisieren und die bestehenden Maßnahmen betreffend die Stabilisierung des Exports an Fertigwaren zu verbessern. Die Importbeschränkungen in den Industrieländern abbauen, und zwar für verarbeitete Rohstoffe ebenso wie für solche Rohstoffe aus den Entwicklungsländern, die im Wettbewerb mit den inländischen Produktionen stehen. Institutionen zur Versicherung von Investitionen auf dem Gebiet der Rohstoffe aufbauen sowie Regeln des Wohlverhaltens etablieren, was den Zugang zu den inländischen mineralischen Ressourcen betrifft.

(4) Bei der Preisfestsetzung für Agrarprodukte auf den nationalen Märkten der Industrieländer die Auswirkungen berücksichtigen, die diese Politik auf die Entwicklungsländer hat. Darüber hinaus die Nahrungsmittelhilfe anheben.

(5) Eine positive Politik im Hinblick auf Strukturanpassung auf dem industriellen Sektor formulieren. Meinungsaustausch über die Industrieentwicklung mit den Industrialisierungsländern der Dritten Welt pflegen. Einen allmählichen und allgemeinen Abbau von gegenseitigen Handelsschranken, was die Beziehungen zu diesen Ländern betrifft, versuchen in Gang zu setzen. Maßnahmen vermeiden, die eine zu kapitalintensive Industrialisierung in der Dritten Welt nach sich ziehen. Wohlverhaltensklauseln für die multinationalen Unternehmungen ausarbeiten, die die weitere Entwicklung von Aktivitäten dieser Gesellschaften erlauben, aber gleichzeitig die Interessen der Industrie- und Entwicklungsländer schützen.

(6) Eine aktive Politik im Hinblick auf wissenschaftliche Zusammenarbeit, auf Entwicklung und Verwendung von angepaßten Technologien sowie auf Ausbildung in Gang setzen.

(7) Die Entwicklungshilfe steigern. Sie unterschiedlich nach geographischen Zonen verteilen. Sie in eine allgemeine Politik in Ansehung des Landes oder der Gruppe der betroffenen Länder integrieren. Sie auf die Befriedigung der Grundbedürfnisse ausrichten. Ergänzende komplementäre institutionelle Formen zu den gegenwärtigen Formen ihrer Distribution suchen. Die Entwicklung langfristiger Finanzierung erleichtern. Im Falle von Zahlungsbilanzdefiziten die Aufnahme mittelfristiger Kredite ermöglichen, die den Entwicklungsländern erlauben würde, wenn nötig, ihr Zahlungsbilanzgleichgewicht unter günstigen Bedingungen wiederherzustellen.

(8) Gleichzeitig die globalen und die multi- beziehungsweise bilateralen Verhandlungen auf der Ebene von Ländergruppen vorantreiben. Neue Formen für die regionale Kooperation entwickeln. Allen Formen nicht-staatlicher Zusammenarbeit Bedeutung beimessen. Allmählich eine Erweiterung der Partizipation in bestimmten internationalen Organisationen verwirklichen und gleichzeitig neue wirksamere Verhandlungsprozeduren erarbeiten.

Teil V: FORTSCHREITENDE GLOBALE INTERDEPENDENZ

Die Notwendigkeit für die Industrieländer, den Veränderungen zu begegnen, die zu einem guten Teil durch internationale Kräfte hervorgerufen worden sind, sowie die Intensivierung und die Mannigfaltigkeit der Nord-Süd-Beziehungen sind zwei sich ergänzende Elemente der wirtschaftlichen Entwicklung. Sie sind Ausdruck eines allgemeineren Phänomens: des Anwachsens der globalen Interdependenz, bei der sich gleichzeitig die Wechselbeziehungen zwischen dem Norden, dem Osten und dem Süden und jene innerhalb dieser drei Zonen, besonders innerhalb der OECD, dem gegenwärtigen Kern der Weltwirtschaft, untereinander vermischen.

Diese Interdependenz ist schon im Verlauf des letzten Vierteljahrhunderts stark angewachsen; aber es ist in den letzten Jahren eine bemerkenswerte Unsicherheit hinzugekommen, die sich - um lediglich den Bereich der Wirtschaft zu nehmen - auf so verschiedene Faktoren wie Niveau der Wechselkurse, Zugang zu natürlichen Ressourcen und im besonderen zum Erdöl oder Exportentwicklung bezieht. Die Verhaltensweisen haben sich entsprechend verändert, und auf seiten bestimmter Länder mehren sich die Zeichen für eine verständliche Versuchung, die Ungewißheit durch eine Beschränkung der Interdependenz zu verringern, das heißt, eine leichter kontrollierbare Situation herbeizuführen, auch wenn sie in anderer Hinsicht weniger befriedigend ist: protektionistische Bestrebungen in den Industrieländern; Entwicklungsländer, die versucht sind, sich vom internationalen Wirtschaftssystem zu lösen; Rohstoffproduzentenländer, die die Rohstoffausbeutung einschränken wollen; Industrieländer, die auf ihrem Boden bestimmte strategische Aktivitäten aufrechtzuerhalten wünschen; Länder, die Lebensweisen anstreben (und infolgedessen Preissysteme), die mit einer Öffnung nach außen unvereinbar sind, und so weiter.

Teil V versucht daher, zwei Serien von Fragen zu beantworten:

Erstens solche zu den Haupttendenzen: Wie wird sich die weltweite Interdependenz bis zum Beginn des nächsten Jahrhunderts unter Berücksichtigung nationaler Strategien entwickeln? Mehrere Antworten können auf diese erste Frage gegeben werden:

- Die ständige Verminderung des Gewichts der Vereinigten Staaten in der Weltwirtschaft wird zu einer fortgesetzten Reduzierung ihrer regulierenden Rolle im Weltwirtschaftssystem und zur Entstehung einer mehrpoligen Welt führen. Dies wird nach D. Bell das Ende des "American Exceptionalism" sein.

- Gleichzeitig besteht die Gefahr, daß sich im Falle des Fehlens einer angemessenen staatlichen Politik verschärfte Interessenkonflikte zwischen den OECD-Ländern bilden, deren Interessen auf verschiedenen Gebieten in zunehmendem Maße voneinander abweichen können: Dies betrifft unter anderem das Währungssystem, den industriellen Strukturwandel und den Zugang zu Energie- und Rohstoffquellen.

- Es besteht in manchen Ländern eine langfristige Tendenz, die natürlichen Ressourcen, die industriellen Aktivitäten und den Außenhandel zunehmend direkt oder indirekt zu kontrollieren.

Die zweite Serie von Fragen betrifft die Politik: Wie kann man unter diesen Umständen die internationale Zusammenarbeit verstärken, die Verfahren zur Lösung von Konflikten verbessern sowie die Entwicklung des internationalen Handels, die strukturelle Anpassung und die Versorgung mit Rohstoffen gewährleisten und dabei gleichzeitig eine teilweise Absonderung nationaler Gesellschaften ermöglichen, für die die Verfolgung ihrer eigenen Ziele mit einer zu starken Integration in die Weltwirtschaft unvereinbar ist? Welche Rolle können unter solchen Bedingungen die internationalen Organisationen spielen?

Im Mittelpunkt dieser Betrachtung muß natürlich die Analyse
der Szenarien stehen, da ihr Zweck genau darin besteht, die
Konsequenzen aufzuzeigen, die auf nationaler Ebene getroffene Grundsatzentscheidungen auf die Weltwirtschaft haben
können. Hierauf folgt logischerweise eine kritische Beschreibung der sektoriellen Aspekte der Interdependenz, und danach
ist es möglich, die strategischen Probleme der Politik aus
der Sicht der Industrieländer anzusprechen, und zwar sowohl
hinsichtlich ihres Inhalts als auch hinsichtlich ihrer institutionellen Dimension. Vor der Behandlung der sektoriellen
Aspekte ist es indessen außerdem notwendig, der zukünftigen
weltweiten Neuverteilung der industriellen Aktivitäten spezielle Aufmerksamkeit zu widmen und Elemente dieses komplizierten Prozesses zu verstehen, auf den Regierungen ebenso
wie Unternehmungen Einfluß nehmen.

A. DIE SZENARIEN: MÖGLICHE VISIONEN DER ZUKUNFT

Ob es sich um die Diskussion der Wachstumsmöglichkeiten der
modernen Industriegesellschaften, um die Analyse der Nord-
Süd-Interdependenz oder um die Beschreibung des Strukturwandels in bestimmten Industriezweigen handelt, die im zweiten
Teil dieses Berichtes angekündigten Szenarien sind zunächst
stets im Hintergrund geblieben. Der Grund hierfür ist darin
zu suchen, daß diese Szenarien den Zweck haben, den Einfluß
auf die Entwicklung der Weltwirtschaft deutlich zu machen,
der von der "Wahl der Gesellschaft" und von der Wahl der internationalen Beziehungen ausgeht, wie sie von den großen sozialen Gruppen in den verschiedenen Ländern getroffen werden.

Der Augenblick ist nun gekommen, die Synthese herzustellen
und gleichzeitig die Szenarien nach und nach einzuführen. Sie
sind in vier Gruppen zusammengefaßt, wobei die Reihenfolge
der Darstellung weder eine Bewertung noch eine Aussage über
die Wahrscheinlichkeit darstellt. Nach dem Szenario mit hohem

Wirtschaftswachstum in den modernen Industrieländern (Szenario A) wird die Gruppe der Szenarien mäßigen Wachstums (Szenarien B_1, B_2, B_3), danach das Nord-Süd-Konflikt-Szenario (C) und schließlich das Protektionismus-Szenario (D) diskutiert werden. Erst nach dem Studium der sektoriellen Aspekte der Interdependenz, sozusagen auf der Schwelle zur Diskussion der Probleme der Politik, wird die Möglichkeit weiterer Szenarien ins Auge gefaßt, und zwar besonders von Bruchszenarien und daraus folgend die wichtige Frage nach der wahrscheinlichsten Entwicklung im Falle des Fehlens einer wirksamen Politik von seiten der Regierungen der OECD-Länder.[1]

Die quantitativen Daten der Hauptszenarien sind in den Tabellen 2 und 3 im Teil II sowie in den Tabellen 4 bis 9 zusammengefaßt.

1. Hohes Wachstum in den hochentwickelten Industriegesellschaften (Szenario A)

Diesem ersten Szenario liegen die folgenden Annahmen zugrunde:

- Wiedererlangung eines stetigen wirtschaftlichen Wachstums in den Industrieländern ohne schnelle Änderungen in den Wertvorstellungen;

- Stetige Entwicklung in Richtung auf eine größere wirtschaftliche Homogenität zwischen den Hauptpolen der OECD, die besonders in der Konvergenz der Produktivitäten (hinsichtlich Niveau und Wachstumsrate) an den als exogen vorgegebenen, langfristigen Trend der Vereinigten Staaten zum Ausdruck kommt;

[1] Um den Umfang dieser verkürzten Fassung des Berichts zu beschränken, wird eine Beschreibung weder der für die Ausarbeitung der Szenarien verwendeten Methode, noch für die Charakteristiken des vom Ministerium für Umweltfragen in Großbritannien erarbeiteten Modells SARUM gegeben, das für die Entwicklung gewisser quantitativer Werte in den Szenarien benutzt wurde.

- Kollegiales Management der weltwirtschaftlichen Entwicklung besonders vor dem Hintergrund der zunehmenden Interdependenz sowie eine fortschreitende Liberalisierung des internationalen Handels zwischen den Industrieländern;

- Intensivierung der wirtschaftlichen Beziehungen zu den Entwicklungsländern und deren steigende Integration in den Weltmarkt. Unter Berücksichtigung der Heterogenität der Dritten Welt wird hierbei die Ausbildung verschiedenartiger Beziehungen nicht ausgeschlossen, um den Möglichkeiten der verschiedenen Länder hinsichtlich ihrer Industrialisierung oder ihren internen Wachstumshindernissen besser Rechnung zu tragen. Diese Annahme schließt ferner eine kräftige Steigerung der Entwicklungshilfe und des Technologietransfers sowie eine fortgesetzte Liberalisierung in bezug auf Fertigwarenexporte aus den Entwicklungsländern ein.

Bei diesem Szenario handelt es sich also durchaus nicht um die schlichte Fortsetzung (oder Wiederaufnahme) der "Welt vor 1974", denn es geht davon aus, daß die Industrieländer eine aktive und neue Politik im Hinblick auf ihre Beziehungen untereinander und zu den Entwicklungsländern vertreten, um ein hohes Wachstum einer veränderten Umwelt zu ermöglichen.

Das gesamtwirtschaftliche Ergebnis im Rahmen dieser Annahmen stellt sich wie folgt dar: In 25 Jahren ist die Weltproduktion um das 3,4fache und das Pro-Kopf-Einkommen um das 2,3-fache gestiegen. Die Anteile der großen Regionen am Weltsozialprodukt haben sich stark verändert (von 31 auf 19 v.H. für Nordamerika; von 20 auf 16 v.H. für die EG; von 6 auf 10 v.H. für Japan und von 10 auf 30 v.H. für die Dritte Welt einschließlich China, Osteuropa konstant 16 v.H.). Mit einem Pro-Kopf-Einkommen in der Größenordnung von 10 000 US-Dollar (in Preisen von 1970) liegen Nordamerika und Japan vor der

EG (der Neun) und Osteuropa, die es auf etwa 8 000 Dollar
bringen; im Gegensatz dazu bleiben Schwarzafrika und Südasien
mit 380 beziehungsweise 210 Dollar pro Kopf sehr arme Gebiete.
Bezogen auf die Regionalverteilung des Welteinkommens ist die
Situation nicht grundsätzlich verändert: 1975 produzierten die
OECD-Länder mit 20 v.H. der Weltbevölkerung 66 v.H.; im Jahre
2000 werden die entsprechenden Werte 16 und 53 v.H. betragen.

Die Verwirklichung dieses Szenarios setzt die Überwindung
zahlreicher Hindernisse voraus. Für die Industrieländer sind
die internen und internationalen Aspekte dieser Hemmnisse
eng miteinander verflochten. Intern sind die beiden folgenden Bedingungen zu realisieren, die zudem voneinander nicht
unabhängig sind:

- Zunächst ein anhaltender und stetiger Wiederanstieg der
  Investitionen. Hierfür sind die folgenden Bedingungen zu
  erfüllen: Der durch die Wirtschaftspolitik herbeizufüh-
  rende Ausgleich der entgegengesetzten Interessen bei der
  Aufteilung der inländischen Produktion auf privaten Konsum, Staatsverbrauch und Sparen. Die Verminderung der
  Unsicherheit, die die zukünftigen Rentabilitätsaussichten
  belastet und die ihren Ursprung gleichzeitig in der ungewissen internationalen Situation (Wechselkursänderungen;
  Verfügbarkeit von Energie) sowie in der zukünftigen Aufteilung des Sozialprodukts zwischen Löhnen, staatlichen
  Abgaben und Gewinnen hat. Mit anderen Worten geht es hier
  um die Schwierigkeiten im Zusammenhang mit der Globalsteuerung.

- Das Akzeptieren eines fortgesetzten Strukturwandels und
  damit verbunden die Verfolgung einer Politik, die diesen
  Prozeß sozial annehmbar macht. Dies bedeutet größere Flexibilität auf dem Arbeitsmarkt, die die Beschäftigung und
  den Transfer von Arbeitskräften von einer Aktivität zur
  anderen erleichtert, Aufrechterhaltung eines bestimmten
  Gleichgewichts zwischen Wohlfahrtsstaat und Markt, Ableh-

nung jedweder Politik des Protektionismus sowie nachdrückliche Anstrengungen um Energieeinsparung. Alles dies stellt nichts anderes dar als unterschiedliche Aspekte der Herausforderung an die staatliche Politik in einer Zeit des Wandels.

Auf internationaler Ebene müssen zugleich vier Bedingungen erfüllt werden:

- Der Wille zu einer konzertierten Aktion der Hauptindustrieländer im Hinblick auf die Steuerung der makroökonomischen Gesamtnachfrage, um die Wechselkurse zu stabilisieren, die Zahlungsbilanzungleichgewichte zu vermindern und die außenhandelsbedingten Wachstumshemmnisse zahlreicher Industrieländer zu reduzieren.

- Eine allgemeine anhaltende Politik zur Liberalisierung des internationalen Handels. Im Szenario ist diese Liberalisierung nicht nur eine der Bedingungen für die Integration der Entwicklungsländer, sondern auch für ein anhaltendes Wachstum der Industrieländer, weil eine Ausweitung ihrer Exporte in die Dritte Welt den Ausgleich für steigende Importe aus den Entwicklungsländern schafft und umgekehrt. Sollte diese Liberalisierung allerdings nicht Hand in Hand mit einer entsprechenden positiven Strukturanpassungspolitik gehen, könnte sie manchen Ländern sozial unannehmbare Veränderungen aufzwingen, die den Handelserleichterungen ein Ende bereiten würden.

- Ein massives Anwachsen der Kapitalströme in Richtung auf die Dritte Welt zugleich mit einer wesentlichen Steigerung der Entwicklungshilfe für die ärmsten Länder, deren Probleme nicht durch die Entwicklung des internationalen Handels gelöst werden können.

- Das Bewußtsein des Staates hinsichtlich seiner Verantwortung im Energiebereich und die Notwendigkeit einer Politik, die auf Energieeinsparung und Entwicklung neuer Energiequellen zur Substituierung des Erdöls ausgerichtet ist.

Über diese wirtschaftlichen Bedingungen hinaus zeigt das Szenario politische Probleme auf, die ebenfalls nicht unbeachtet bleiben dürfen:

- Die relative wirtschaftliche Macht der Vereinigten Staaten nimmt global gesehen beträchtlich ab. Dieser relative Bedeutungsverlust, der gleichzeitig sowohl die Entwicklung der übrigen Welt als auch die der amerikanischen Gesellschaft innewohnenden Schwierigkeiten widerspiegelt, geht einher mit einer Zunahme beträchtlicher spezifischer Vorteile: Technologische Führung in Schlüsselbereichen wie industrielle Elektronik, reichliches Vorhandensein von landwirtschaftlichen Ressourcen sowie von Energie und Rohstoffvorkommen (ganz abgesehen von der militärischen Stärke). Aufgrund dieser Dualität wird es den Vereinigten Staaten als größter wirtschaftlicher Macht der Welt, deren Position allerdings nicht mehr einmalig ist, nicht leichtfallen, mit Unterstützung ihrer Partner Wege der kollegialen Zusammenarbeit in der industrialisierten Welt zu finden.

- Das schnelle Wachstum Japans, das sich zu einem großen Teil aus einer besseren Anpassung seiner sozialen Organisation an eine Welt erklärt, in der die Interdependenz sowohl auf nationalem wie auf internationalem Niveau steigt, kann auch und gerade in der Zukunft die Ursache eines weiter intensivierten internationalen Wettbewerbs sein. Denn der Mangel an natürlichen Ressourcen macht die japanische Wirtschaft vom Wachstum ihrer Exporte abhängig, sobald die Importkosten für Rohstoffe steigen. Dies kann im Fall einer Energieverknappung zu einer verstärkten Gefahr von Konflikten, besonders im Bereich des internationalen Handels, führen.

- Die Hauptfrage im Hinblick auf die Europäische Gemeinschaft (erweitert oder nicht) betrifft ihren Zusammenhalt. Wegen der Unterschiede in den Produktionsstrukturen ihrer Mitgliedländer verlangt eine allgemeine Handelsliberalisierung zweifellos den Einsatz einer innereuropäischen Politik, die Gewinne und Kosten dieser Liberalisierung mehr oder minder gerecht verteilt.

- Für die Länder der Dritten Welt bedeutet das Szenario eine dreifache Partizipation: Die Strategie der OPEC-Länder bestimmt über die Investitionen für Prospektion, Exploration und Förderung der Produktionskapazitäten für Erdöl und über die Preispolitik die Stetigkeit im Ansteigen der Energiekosten. Manche Länder, die im Prozeß der Industrialisierung begriffen sind, besonders in Lateinamerika, könnten zum Vorteil für ihre Exporte eine nur beschränkte und asymmetrische Liberalisierung des internationalen Handels vorziehen und auf diese Weise die Öffnung der Märkte insgesamt gefährden. Die Ausweitung der Nahrungsmittelproduktion in vielen Entwicklungsländern erfordert zudem die allmähliche Beseitigung von Verzerrungen, die sich ungünstig auf die Entwicklung der Landwirtschaft auswirken.

- Schließlich bleibt das Problem, daß es am Ende des Jahrhunderts weiterhin zwei große Zonen der extremen Armut geben wird: Schwarzafrika und Südasien. Eine massive Unterstützung könnte deren wirtschaftliches Wachstum über die Schätzungen dieses Szenarios hinaus ansteigen lassen, aber es ist fraglich, ob sich die Industrieländer hierzu entschließen können. Realpolitisch ist es vor dem relativ kurzen Zeithorizont von einem Vierteljahrhundert schwierig, den Einfluß dieses Teils der Dritten Welt auf das weltweite politische Gleichgewicht abzuschätzen. Langfristig gesehen kann das Weiterbestehen von großen Ungleichgewichten nur eine Ursache für Spannungen sein.

2. Die hochentwickelten Industriegesellschaften im Zeichen gemäßigter Wachstumsraten (Szenarien B)

Drei Szenarios untersuchen die Hypothese eines längerfristig verlangsamten Wachstums in den Industrieländern. Alle setzen eine Fortsetzung der Bemühungen um die Liberalisierung besonders im Hinblick auf den Handel zwischen Industrie- und Entwicklungsländern voraus, und zwar in einem globalen Rahmen, der Konfrontationen innerhalb des Nordens und in den Nord-Süd-Beziehungen ausschließt. Die Bedeutung dieser drei Szenarien ist allerdings grundverschieden.

Szenario B_1 ist auf einen schnellen Wechsel in den Wertvorstellungen gegründet, der im Konsumverhalten, in der Arbeitsorganisation und in den Produktionsstrukturen zum Ausdruck kommt. Das verlangsamte Wachstum ist hier das Ergebnis eines sozialen Konsensus in bezug auf jene neuen Wertvorstellungen.

Dagegen ist in den Szenarien B_2 und B_3 das Wertesystem nicht grundsätzlich verändert, sondern die Strukturanpassungen in den Industrieländern werden durch die doppelte Fragmentierung der Gesellschaft gebremst. Das verlangsamte Wachstum ist hier eine Konsequenz aus dem Versäumnis, die zur Verwirklichung hohen wirtschaftlichen Wachstums notwendigen Strukturanpassungen vorzunehmen.

Im übrigen wird die Hypothese einer langfristigen Konvergenz in der Produktivität der OECD-Länder in den Szenarien B_1 und B_2 vertreten, während das Szenario B_3 dazu bestimmt ist, die möglichen Konsequenzen einer Divergenz in der Produktivitätsentwicklung unter den Bedingungen eines verlangsamten globalen Wachstums zu analysieren.

Teil III hat bereits bestimmte Probleme zutage gefördert, die diese Szenarien aufzeigen: in vielen OECD-Ländern ist ein sozialer Konsensus über das neue qualitative Wachstum zweifel-

haft. Die anderen Szenarien mäßigen Wachstums tragen den
Keim einer doppelten Instabilität in sich: zum einen durch
die Unzufriedenheit, die sie im nationalen Rahmen mit sich
bringen, und zum anderen durch den Anreiz, den sie in Richtung auf einen neuen Protektionismus auf internationaler
Ebene erwecken. Wegen der einfacheren Darstellung beginnt die
folgende Beschreibung mit Szenario B_2, aber dies begründet weder ein Werturteil noch ein Urteil über seine Wahrscheinlichkeit.

Der Pfad des "mäßigen konvergierenden Wachstums" für die OECD-Länder beruht auf den Annahmen, daß die Arbeitslosigkeit weiterhin eine strukturelle Komponente in sich trägt und daß die
Produktivität in den Vereinigten Staaten langfristig mit einer
jährlichen Rate von 1,5 v.H. anwachsen wird, einer Rate, die
um 20 v.H. niedriger ist als die in Szenario A. Diese Annahmen führen zu den Schätzungen in den Tabellen 2 und 4, die
einer jährlichen Wachstumsrate von 3,4 v.H. für die Gesamtheit der OECD zwischen 1975 und 2000 entsprechen.

Um die Analyse zu vereinfachen, wird die Zuwachsrate des
Bruttoinlandsprodukts im Szenario mit neuem qualitativen
Wachstum (Szenario B_1) ebenso hoch angesetzt. Allerdings
verbirgt diese offensichtliche Ähnlichkeit eine Anzahl ganz
verschiedener Annahmen:

- Unterschiedliche Bewertungen hinsichtlich Arbeit und Freizeit führen zu einer Verringerung der Arbeitszeit. Entsprechende Anpassungen in der Lebensweise und Änderungen
  in den Wertvorstellungen in bezug auf die Beschäftigung vermindern den Anteil der arbeitenden Bevölkerung. Dies wird
  in erster Linie bedingt durch einen späteren Eintritt in
  den Arbeitsmarkt, durch eine Ausbildung, die sich auf das
  gesamte Arbeitsleben erstreckt, sowie durch die Aufeinanderfolge von Perioden von Aktivität und Nicht-Aktivität in
  Verbindung mit dem "informellen Sektor" und dem "dritten
  System". Die Verbesserung der Arbeitsbedingungen könnte

dagegen gleichzeitig dazu führen, die Erwerbsbeteiligung tendenziell zu vergrößern. Alles in allem wurde unterstellt, daß der Gesamteffekt all dieser Faktoren eine allmähliche Verminderung des jährlichen Angebots an Arbeitsstunden um 25 v.H. verglichen mit den Szenarien A und B_2 bedeuten würde.

Tabelle 4: Szenarien A und B_2: Schätzung des BIP 1975-2000 für eine Auswahl von OECD-Ländern unter Voraussetzung von Übereinstimmung hinsichtlich der Produktivität (in Mrd. US-Dollar, Wert 1970)

	BIP				
	1975	1990		2000	
		A	B_2	A	B_2
Belgien	30,9	61,3	49,5	87,7	67,0
Frankreich	168,3	370,7	295,5	524,1	407,5
Bundesrepublik Deutschland	204,3	421,4	319,4	502,0	391,7
Italien	103,3	291,0	206,9	435,0	304,0
Niederlande	36,7	77,4	66,1	99,1	84,6
Großbritannien	134,3	239,4	201,9	336,6	261,6
Zwischensumme Länder der EG	677,8	1 461,2	1 139,3	1 984,5	1 516,4
Schweden	37,0	64,2	53,9	84,4	68,7
Australien	41,3	79,9	69,2	107,4	93,0
Neuseeland	7,5	13,5	11,3	15,7	14,7
Kanada	103,3	184,7	162,9	262,0	210,7
Japan	255,6	766,9	653,0	1 365,3	1 095,2
Vereinigte Staaten	1 041,0	1 864,3	1 598,6	2 418,0	1 991,9
Total	2 213,5	4 434,7	3 693,6	6 237,0	4 990,6

- Im Hinblick auf die Produktivität pro Beschäftigten und pro Arbeitsstunde verwendet Szenario B_1 dieselbe Wachstumsrate wie Szenario A. Mehrere Faktoren können eine solche Hypothese stützen: Eine Arbeitsorganisation, die sich besser in Einklang mit der Motivation der arbeitenden Bevölkerung befindet; eine Steigerung der erwarteten Kapitalerträge infolge eines geringeren Grades sozialer Fragmentierung und einer geringeren Unsicherheit; beides dürfte sich günstig auf die Investitionsrate im Vergleich zu Szenario B_2 auswirken.

Die Entwicklungsländer sind je nach Art ihrer Wirtschaft und ihrer Bindungen mit dem Norden in unterschiedlicher Weise durch die Verlangsamung des wirtschaftlichen Wachstums im OECD-Bereich betroffen:

- Auch in Szenario B_2 basiert das Wirtschaftswachstum der verschiedenen Regionen des Südens (unter Annahme bestimmter Elastizitäten) vor allem auf der Einkommensentwicklung im OECD-Bereich: das heißt 6,5 v.H. für Lateinamerika, 4,5 v.H. für Südasien, 6,4 v.H. für Südostasien, 6 v.H. für Nordamerika und den Mittleren Osten und 4,2 v.H. für Schwarzafrika.

- Weniger evident sind dagegen die Annahmen für den Fall von Szenario B_1; denn die neuen Wertvorstellungen, die gleichzeitig ein geringeres Interesse für materielle Güter und eine größere Hinwendung zu anderen Aspekten der Lebensqualität in sich schließen, könnten in eine gewisse Indifferenz der Dritten Welt gegenüber münden. Die für Szenario B_1 beibehaltenen Hypothesen sind daher ganz anders. Hier wird vorausgesetzt, daß der Wunsch nach einer Öffnung gegenüber der Welt stärker ist als wiederauftretende konservative Gesinnung und daß die wirtschaftlichen und sozialen Umwälzungen in den Industrieländern zu einer Änderung der wirtschaftlichen Nord-Süd-Beziehungen führen. Unter diesen Umständen würde das neue qualitative Wachstum die wirtschaftliche Entwicklung in den OPEC-Ländern und in den Industrialisierungsländern verlangsamen. Die gleichzeitig verringerten Exporte dieser Länder könnten allerdings die Entwicklung der ärmsten Gebiete (Schwarzafrika und Südasien) besonders dank der Ausweitung der Entwicklungshilfe erleichtern.

Tabelle 5: Weltweite Energienachfrage in den Szenarien
A, B_1, B_2, C und D (in Mio. TOE) [a]

	1975	A	B_1	2000 B_2	C	D
Nordamerika	1 904	3 298	2 729	2 882	2 551	2 847
Japan	334	1 036	786	895	523	769
EG	928	1 918	1 491	1 604	1 251	1 451
Andere europäische Länder, Mitglieder der OECD	232	623	447	495	388	458
Australien und Neuseeland	68	122	91	97	90	96
Total OECD	3 466	6 997	5 544	5 876	4 803	5 621
UdSSR und Osteuropa	1 359	3 090	2 998	2 998	3 090	2 769
Lateinamerika	209	1 493	[b]	1 300	1 336	1 219
Südasien	103	424	–	379	250	310
Ost- u. Südostasien	79	566	–	479	493	438
China	326	1 774	–	1 773	1 774	1 774
Nordafrika und Mittlerer Osten	28	200	–	152	152	151
Schwarzafrika	21	94	–	79	60	105
Total Industrieländer	4 840	10 112		9 019	7 937	8 437
Total Entwicklungsländer (einschließl. China)	766	4 510	4 161	4 161	4 065	3 997
Total Welt	5 606	14 622	12 449	13 180	12 002	12 434

a Südafrika ist zu keiner Region hinzugerechnet, es ist aber in den Werten Total Welt und Total Industrieländer enthalten.

b Das Szenario B_1 ist im Zusammenhang mit der Dritten Welt nicht Region für Region durchgerechnet worden, denn es war schwierig, den Einfluß der Wachstumsveränderungen innerhalb der OECD auf diese Länder präzise auszudrücken. Dadurch, daß es für den Verbrauch der gesamten Dritten Welt dieselbe Zahl wie in B_2 angenommen hat, setzt das Szenario unter Berücksichtigung der Veränderung des Wachstumstypus zweifellos diesen Verbrauch zu hoch an.

Tabelle 6: Entwicklung der weltweiten Industrieproduktion 1970-2000
(Szenarien A und B₂)

Region	Wachstumsrate der weltweiten Wertschöpfung 1970-2000						Regionalverteilung der industriellen Wertschöpfung								
	Maschinenbau		andere Produkte		Total		Maschinenbau			andere Produkte			Total		
	A	B₂	A	B₂	A	B₂	1970	A 2000	B₂	1970	A 2000	B₂	1970	A 2000	B₂
OECD	4,6	3,7	3,9	3,2	4,0	3,4	75,4	61,6	59,4	67,1	49,2	48,6	68,5	51,4	50,5
USA	3,5	2,6	3,0	2,2	3,1	2,3	31,1	18,7	17,0	30,4	17,2	16,4	30,3	17,3	16,5
Kanada	4,1	3,2	3,8	2,9	4,0	2,9	2,9	2,2	1,9	2,7	2,0	1,8	2,7	2,0	1,8
Japan	6,3	6,0	6,0	5,6	6,0	5,7	10,6	13,5	15,0	6,5	8,4	9,2	7,1	9,0	10,2
EG	4,4	3,5	3,7	3,1	3,8	3,2	26,4	22,0	21,0	21,3	14,5	14,8	22,4	15,8	15,9
Andere Länder	6,4	4,8	5,4	4,4	5,5	4,4	4,5	5,8	4,4	6,5	7,2	6,3	6,2	7,0	6,1
Osteuropa	6,4	5,6	5,2	4,9	5,4	5,0	17,2	21,8	21,5	19,9	21,0	23,6	19,3	21,0	23,2
China	8,1	8,0	7,3	7,3	7,4	7,3	2,7	4,3	6,3	4,5	8,8	10,2	4,2	8,0	9,6
Dritte Welt	9,0	8,3	7,5	6,9	7,6	7,1	4,6	12,3	12,6	8,4	17,2	17,9	7,7	16,4	16,7
Lateinamerika	9,2	8,7	7,9	7,4	8,1	7,6	3,0	8,2	8,9	4,2	9,7	10,0	4,0	9,4	9,9
Ost- und Südostasien	8,4	7,8	8,3	7,5	7,2	6,5	-1,3	1,7	1,8	1,2	3,1	3,1	-2,4	3,0	2,9
Südasien			5,5	4,6				1,2	1,1	1,3	1,5	1,6		1,5	1,5
Nordafrika/Mittlerer Osten	10,0	7,5	7,3	6,4	7,5	6,4	0,3	1,1	0,6	0,9	1,9	1,8	0,8	1,7	1,6
Schwarzafrika	5,5	4,6	5,4	4,6	5,4	4,6	0,1	0,1	0,1	0,7	1,0	1,0	0,5	0,8	0,8
WELT	5,4	4,6	5,0	4,3	5,0	4,4	100	100	100	100	100	100	100	100	100

Die Wachstumsraten für die verschiedenen Gebiete der Dritten Welt sind in diesem Szenario jedoch nicht spezifiziert worden, denn Änderungen in der Struktur der Handels- und Kapitalströme würden jede Schätzung illusorisch machen.

Bei oberflächlicher Betrachtung, das heißt auf der Basis der nationalen Einkommen, sind sich die Endergebnisse der Szenarien B_1 und B_2 trotz der verschiedenartigen Auswirkungen auf die Dritte Welt sehr ähnlich. In der ersten Annäherung kann man sie daher zunächst gemeinsam behandeln:

- In 25 Jahren, von 1975 bis 2000, dürfte die Weltproduktion um das 2,9fache gestiegen sein, während sich das Pro-Kopf-Ergebnis nur verdoppelt hat.

- Der Anteil der OECD-Länder an der Weltproduktion beträgt etwa 50 v.H., der der Dritten Welt einschließlich China 32 v.H. und der von Osteuropa ungefähr 18 v.H.

- Das Niveau des Pro-Kopf-Einkommens ist im Vergleich zu Szenario A verringert. Die regionalen Anteile am Weltsozialprodukt dagegen sind im ganzen sehr ähnlich, wenn auch die Einkommen in den verschiedenen Entwicklungsländern in unterschiedlichem Maße zurückgegangen sind.

Szenario B_3 führt zumindest bis zum Jahr 2000 nicht zu bedeutenden Veränderungen in makroökonomischer Sicht, auch wenn sich hier der Anteil Japans erhöht und jener Europas verringert. Dagegen wird die Divergenz in der Produktivitätsentwicklung zu Beginn des nächsten Jahrhunderts zu bemerkenswerten Abweichungen führen.

Diese Ähnlichkeiten sollten indessen nicht die Differenzen verschleiern: Neues qualitatives Wachstum und gemäßigtes traditionelles Wachstum verleihen der Struktur der Industrieländer sowie den Beziehungen zwischen diesen Ländern und der Dritten Welt eine durchaus unterschiedliche Dynamik.

Besonders die Untersuchung der sektoriellen Aspekte (die im Rahmen dieser verkürzten Fassung nicht aufgeführt werden kann) zeigt die Probleme auf, die diesen verschiedenen Szenarien innewohnen. Ihre Analyse ist instruktiv:

(1) Das neue qualitative Wachstum ist nicht eine Form gemächlichen Wachstums, das den Strukturwandel verlangsamt, den jedes schnelle Ansteigen des Volkseinkommens mit sich bringt. Es schließt von seiten der Bewohner der Industrieländer den Wunsch ein, aktiv an einer grundlegenden Veränderung im Hinblick auf Erstellung, Inhalt und Verteilung des Sozialprodukts teilzuhaben. Eine mehr egalitäre Verteilung der Einkommen, die Entwicklung von kollektiven Dienstleistungen sowie ein Bremsen des Energieverbrauchs, um den Einsatz von Kernenergie zu reduzieren, sind untrennbar verbunden mit einer grundsätzlichen Neuzuordnung der Produktionsfaktoren innerhalb der Volkswirtschaft. Einem anhaltenden Wiederanstieg der Investitionstätigkeit müssen bedeutende Veränderungen im Arbeitskräfteeinsatz von Industriezweig zu Industriezweig und, sofern die geographische Lage der Neugründungen nicht mit der der abgebauten Anlagen übereinstimmt, von Region zu Region gegenüberstehen.

Drei wesentliche Fragen ergeben sich hieraus im Hinblick auf die Gültigkeit dieses Szenarios:

- Welche Chancen haben innerhalb einer hochentwickelten Industriegesellschaft avantgardistische Gruppen (Jugendliche in den Städten, Intellektuelle, Wissenschaftler und so weiter), die die Träger der neuen Wertvorstellungen sind, eine wachsende Macht auszuüben? Wenn man sich auf die Analyse von Teil III bezieht, sind diese durchaus ungewiß. Darüber hinaus könnten manche Gruppen, selbst wenn die neuen Wertvorstellungen vorherrschend werden sollten, der strukturellen Veränderung der Wirtschaft Widerstand bieten, sei es, daß sie die neuen Wertvorstellungen nicht akzeptieren und sich zum Beispiel der Stagnation oder der Verminderung ihrer Einkünfte widersetzen, sei es, daß die von dem neuen qualitativen Wachstum ausgehenden Strukturentwicklungen im Widerspruch mit gewissen Bedürfnissen stehen, die von den neuen Wertmaßstäben selbst ausgehen (der Wunsch, auf dem Lande zu leben, zum Beispiel).

Der soziale Konsensus, den dieses Szenario erfordert, wäre dergestalt, daß er einmal zum Wiederanstieg der Investitionstätigkeit führt, in dem er klar die Tendenzen in der Entwicklung sozialer Bedürfnisse aufzeigt, und zum anderen die Inflation abschwächt, indem er die Konflikte bei der Einkommensverteilung mindert. Zweifel sind in bezug auf beide Punkte angebracht, und zwar aufgrund des Verhaltens jener Gruppen, die sich der Entwicklung dann widersetzen würden, wenn sie - insbesondere zu Beginn des neuen Kurses - zu schnell sein sollte.

- Ist es wahrscheinlich anzunehmen, daß sich in den verschiedenen hochentwickelten Industriegesellschaften gleichlaufende Wandlungen in den Wertmaßstäben vollziehen werden? Zu starke Unterschiede zwischen den Ländern würden den Pionierländern des neuen qualitativen Wachstums eine gleichzeitige Anpassung an die neuen Wertvorstellungen und an neue Formen des internationalen Wettbewerbs aufzwingen. Der Druck würde ohne Zweifel zu groß, und man könnte ihm nur durch einen teilweisen Rückzug vom internationalen Wirtschaftssystem entgegentreten, was im Gegensatz zu der Annahme einer Liberalisierung des internationalen Handels steht. Diese Frage betrifft in erster Linie die Europäische Gemeinschaft mit ihrer engen wirtschaftlichen Verflechtung und ihrer unleugbaren sozio-kulturellen Mannigfaltigkeit.

- Wird die Entwicklung der Wertmaßstäbe in den Industrieländern auf neue Formen konservativer Gesinnung hinauslaufen, die mit den Erwartungen hinsichtlich der Befreiung und Neuschaffung von Bindungen in Einklang steht, oder wird sie innerhalb der Industriegesellschaften zur Wiederinfragestellung der Nord-Süd-Beziehungen führen, wie es im Szenario angenommen wird? Damit die zweite Möglichkeit all ihre Wirkungen zeigen kann, muß sich gleichzeitig in der Dritten Welt die Macht jener Gruppen steigern, die für die Befriedigung der sozialen Grundbedürfnisse eintreten. Auf diese Weise könnte sich eine verstärkte Zusammenarbeit zwischen dem Norden und dem ärmsten Teil der Dritten Welt anbahnen, die dann dank ihrer vergrößerten Autonomie einen größeren Spielraum hätte, besondere, diesen Regionen angepaßte Produktionsmethoden und Verbrauchsnormen einzuführen. Wie werden darauf aber jene Länder des Südens reagieren, die mitten im Industrialisierungsprozeß begriffen sind und die schon über eine Politik der Befriedigung der Grundbedürfnisse hinausgewachsen sind, aber noch nicht den Lebensstandard der nachindustriellen Gesellschaften erreicht haben?

Hieraus erklärt sich das Paradox, das sich im Zentrum des Szenarios mit neuem qualitativen Wachstum befindet: es ist stabiler und weniger konfliktreich als andere, sofern es sich auf die Gesamtheit der Länder der Welt ausdehnt; sobald die verschiedenen gesellschaftlichen Gruppen, die verschiedenen hochentwickelten Industriegesellschaften und die verschiedenen Ländergruppen in der Welt sich mit unterschiedlichem Rhythmus entwickeln, stößt es hingegen bei seiner Entwicklung auf mannigfaltige Hindernisse.

Hieraus ergeben sich zwei Möglichkeiten, die sich allerdings nicht unbedingt gegenseitig ausschließen:
- die eine, daß sich im Innern von Szenarien mit mäßigem, traditionellen Wirtschaftswachstum oder von mehr oder weniger protektionistischen Szenarien "Inseln" mit einem

mehr oder minder starken Anflug von neuem qualitativen Wachstum bilden,

- oder die andere, daß man einem langsamen, aber ziemlich umfassenden Wandlungsprozeß gegenübersteht, der inhaltlich zunächst traditionellem Wachstum mit Elementen der Szenarien A oder B_2 entspricht, aber gleichzeitig und allmählich charakteristische Merkmale des neuen qualitativen Wachstums mit einbezieht.

(2) Das Szenario mit mäßigem traditionellen Wachstum verleiht einer zweifachen Serie von sich ergänzenden Konflikten Ausdruck: interne Konflikte, wie sie im Teil III behandelt wurden, und internationale Konflikte zwischen Industrieländern, die zunehmend die vier folgenden Charakterzüge offenbaren:

- Eine ungenügende Zusammenarbeit in der allgemeinen Wirtschaftspolitik mit den wohlbekannten Konsequenzen: Die Länder mit Zahlungsbilanzüberschüssen sind nicht immer gewillt, ihr Wachstum zu mäßigen, um den Überschuß zu verringern; die Länder mit Zahlungsbilanzschwierigkeiten betrachten das Wachstum der anderen als Datum und schränken ihr eigenes Wachstum den Umständen ihrer Exportmöglichkeiten entsprechend ein; die Vereinigten Staaten schließlich verfügen aufgrund des Währungssystems über einen Handlungsspielraum, der ihr Verhalten für die anderen Länder in hohem Maße ungewiß macht.

- Währungsmechanismen, die die Unvorhersehbarkeit der realen Entwicklung vergrößern.

- Ein umso intensiverer sektorieller Wettbewerb, als jedes Land ihm zusätzlich seine sozialen und politischen Rigiditäten entgegensetzt.

- Das Fehlen einer langfristigen, klar definierten Politik im Energiebereich (und darüber hinaus in bezug auf die natürlichen Rohstoffe im allgemeinen), was zu erhöhter Unsicherheit führt und demzufolge die Rentabilität der Investitionen verringert.

Diese Konflikte innerhalb der Industrieländer und zwischen ihnen verstärken in gewisser Weise (verglichen mit Szenario A) die Tendenz der multinationalen Unternehmungen, in bestimmten Regionen der Dritten Welt zu investieren und die Produktion zu internationalisieren. Sie geben zudem den Regierungen der Industrieländer einen Anreiz, Investitionsgüterexporte nach den Entwicklungsländern zu fördern, und das ohne Ansehung der verwendeten Technologie. Mögen sie auch mittelfristig vorteilhaft erscheinen, so können diese beiden Serien von Aktionen langfristig zu einer Ausweitung der Konflikte zwischen bestimmten Gebieten des Nordens und des Südens führen.

Hieraus folgt eine gewisse Anzahl von für dieses Szenario typischen Problemen:

- Die Frage nach der Verschuldung und der Kaufkraft der Entwicklungsländer ist entscheidender als im Szenario mit hohem Wirtschaftswachstum. Hierfür gibt es mindestens drei Gründe: die Reduzierung der Exporteinkünfte, die von der schwachen Nachfrage der Industrieländer herrührt; die Abnahme der internationalen Liquidität als Folge der Rückgänge der Erdölüberschüsse; und die relative Stagnation der Entwicklungshilfe.

- Die politischen Entwicklungen, die das Szenario mit hohem Wirtschaftswachstum bereits deutlich werden ließ, verstärken sich noch: die Hauptindustrieregionen erleben eine relative Machteinbuße; die Europäische Gemeinschaft sieht sich stärkeren strukturellen Anpassungsschwierigkeiten gegenüber, während Japan sein wirtschaftliches Wachstum durch Maßnahmen im Bereich des internationalen Handels und der Auslandsinvestitionen stärker auf die Entwicklungsländer ausrichtet; die Industrialisierungsgebiete in Lateinamerika und Südostasien, die sich einer relativ schnellen Expansion erfreuen, die aus moderneren Investitionen in der Industrie Nutzen ziehen und die allmählich technologisches Wissen erlangen, verbessern ihre Lage, auch wenn manche Länder schwierige Probleme im Hinblick auf ihre Zahlungsfähigkeit zu überwinden haben.

- Die Beibehaltung der Handelsliberalisierung droht mit der sozio-politischen Ablehnung der Strukturanpassung sowohl in bestimmten Industrieländern als auch in gewissen Industrialisierungsländern in Konflikt zu geraten. Es dürfte daher im Rahmen dieses Szenarios besonders schwierig sein, den Grad der Liberalisierung zu erweitern oder selbst aufrechtzuerhalten, was zu zwei Alternativen führen kann: entweder erreicht die Liberalisierung des internationalen Handels nicht den Grad, der in diesem Szenario zugrundegelegt worden ist und es erfolgt eine Annäherung an Werte, die halbwegs zwischen den Szenarios B_2 und D liegen; oder die Handelsliberalisierung realisiert sich entsprechend den Annahmen und hat zur Folge, daß die Schwierigkeiten der Strukturanpassung eine feindliche Haltung der Öffentlichkeit nach sich ziehen, die die Regierungen dazu zwingen, eine protektionistische Politik zu verfolgen. In diesem Fall würde das Szenario mit einem Bruch enden, der zu einem Szenario des Typs D führt.

Verglichen mit Szenario B_2 intensiviert das Szenario B_3 mit seinen betonten Produktivitätsunterschieden die Konflikte zwischen den großen Industriepolen, aber erst vom Ende des Jahrhunderts an. Gleichzeitig verstärkt es das Interesse an neuen Methoden internationaler Zusammenarbeit.

Tabelle 7: Entwicklung der Handelstruktur im Maschinenbau und in anderen Fertigwaren zwischen marktwirtschaftlich organisierten Industrieländern (A), Zentralverwaltungswirtschaften, einschl. China (B), Entwicklungsländern (C) von 1970 bis 2000 nach den Szenarien A und B_2

Maschinenbau

Ausgangsposition

Importzonen

1970	A	B	C	Total
A	53,2	5,6	34,4	93,2
B	1,1	1,0	2,5	4,7
C	1,6	0	0,4	2,0
Total	56,0	6,7	37,3	100,0

(Exportzonen)

Szenario A

Importzonen

2000	A	B	C	Total
A	41,9	10,1	32,3	84,3
B	2,8	1,3	5,3	9,4
C	2,3	0,1	3,8	6,3
Total	47,0	11,5	41,4	100,0

(Exportzonen)

Szenario B_2

Importzonen

2000	A	B	C	Total
A	37,0	10,3	35,3	82,6
B	3,1	1,5	6,9	11,5
C	3,1	0,1	2,7	5,9
Total	43,2	12,0	44,8	100,0

(Exportzonen)

Andere Fertigwaren

Importzonen

1970	A	B	C	Total
A	51,2	5,1	21,4	77,6
B	4,6	0,7	2,5	7,8
C	11,8	1,3	1,4	14,6
Total	67,5	7,2	25,3	100,0

(Exportzonen)

Importzonen

2000	A	B	C	Total
A	40,2	6,2	13,9	60,3
B	8,1	1,7	6,3	16,1
C	13,1	4,0	6,5	23,6
Total	61,4	11,9	26,7	100,0

(Exportzonen)

Importzonen

2000	A	B	C	Total
A	36,2	8,1	13,9	58,2
B	7,9	1,5	5,6	15,0
C	14,7	4,7	7,4	26,8
Total	58,8	14,3	26,9	100,0

(Exportzonen)

3. Ein hypothetischer Nord-Süd-Konflikt (Szenario C)

In den politischen Erklärungen oder Schriften der vergangenen Jahre haben viele Repräsentanten der Dritten Welt einer vollständigen Revision der Nord-Süd-Beziehungen das Wort geredet. Sie haben hierin entweder eine Taktik gesehen, die Industrieländer zu größeren Konzessionen zu zwingen, oder ein dauerhaftes Mittel, um eine Umwelt zu schaffen, die für Entwicklungsstrategien mit dem primären Ziel der Befriedigung der Grundbedürfnisse günstig ist. War dies nicht in der Tat der Kern der chinesischen Politik vom Beginn des Kommunismus an bis zum Tode Mao-Tse-Tungs? Und beruht nicht eines der besten Weltmodelle, das der Bariloche-Stiftung, auf der Annahme, daß die drei Kontinente des Südens jeder für sich ihre Entwicklung isoliert verfolgen?

Aus diesem Grunde ist es gerechtfertigt, einen hypothetischen Bruch in den Nord-Süd-Beziehungen zu untersuchen, selbst wenn die Rivalität zwischen dem amerikanischen und dem sowjetischen Einfluß in der Dritten Welt, die gegenwärtigen Tendenzen in China sowie die besonders engen Beziehungen zwischen einigen Ländern des Nordens und des Südens die politische Glaubwürdigkeit eines solchen Szenarios verringert, bevor seine wirtschaftliche Wahrscheinlichkeit überhaupt untersucht worden ist.

Soweit die Analyse sich auf eine von den heutigen Gegebenheiten sehr abweichende Entwicklung bezieht, ist es schwierig, einen gewissen Grad von willkürlicher Interpretation zu vermeiden. Darum muß man die aufgestellten Hypothesen deutlich zu erkennen geben:

- Wegen ihrer Unzufriedenheit mit dem Fortschritt in Richtung auf eine neue Weltwirtschaftsordnung verfolgen die Länder der Dritten Welt (ausgenommen China) vom Anfang des nächsten Jahrhunderts an eine Politik einer kollektiven Autonomie. Vorzugsweise brechen sie ihre Bindungen mit den OECD-Ländern ab, weil sie diese als verantwortlich für ihre Abhängigkeit vom Norden ansehen.

Tabelle 8: Wachstum und Verteilung der industriellen Weltproduktion im Zeithorizont des Jahres 2000 (Szenarien C und D)

Region	Wachstumsrate 1975-2000		Regionale Verteilung des industriellen Mehrwertes im Jahre 2000			
	C	D	C	D	A	B_2
					(zur Erinnerung)	
OECD	2,3	3,3	48,7	49,6	51,4	50,5
Nordamerika	2,3	2,4	23,1	18,7	19,3	18,3
Japan	2,6	5,0	5,8	8,5	9,0	10,2
EG	2,1	3,1	14,9	15,7	15,8	15,9
andere	2,8	4,4	4,9	6,6	7,0	6,1
Osteuropa	4,4	5,0	24,0	23,0	21,0	23,2
China	5,9	7,3	8,2	9,6	8,0	9,6
Dritte Welt	6,4	7,3	19,1	17,7	16,4	16,7
Lateinamerika	7,1	7,8	11,0	10,7	9,4	9,9
Ost- und Südostasien	7,5	7,2	3,6	2,7	3,0	2,9
Südasien	4,1	4,5	1,4	1,4	1,5	1,5
Nordafrika/ Mittlerer Osten	7,0	7,0	2,4	2,0	1,7	1,6
Schwarzafrika	3,4	4,7	0,7	0,9	0,8	0,8
WELT	3,2	4,4	100	100	100	100

- Natürlich begleiten tiefgreifende Modifikationen der Machtstrukturen und Änderungen in den Wertmaßstäben bei den Führungsgruppen der Dritten Welt diese Strategien und unterstützen sie: die Betonung liegt mehr auf der Gleichheit und auf den Bedürfnissen des armen Teils der Bevölkerung der Entwicklungsländer.

Tabelle 9: Entwicklung der Handelsstruktur im Fertigwarenbereich zwischen industrialisierten Marktwirtschaften (A) Zentralverwaltungswirtschaften, einschl. China (B), Entwicklungsländern (C) von 1970 bis 2000 nach den verschiedenen Szenarien

Importzonen

1970	A	B	C	Total
A	51,8	5,3	25,8	82,9
B	3,4	0,9	2,5	6,8
C	8,3	0,9	1,1	10,3
Total	63,5	7,1	29,4	100,0

Exportzonen

Szenario A

Importzonen

2000	A	B	C	Total
A	40,8	7,4	19,6	67,8
B	6,4	1,6	6,0	14,0
C	9,7	2,8	5,7	18,2
Total	56,9	11,8	31,2	100,0

Exportzonen

Szenario B_2

Importzonen

2000	A	B	C	Total
A	36,2	8,7	20,1	65,1
B	6,5	1,5	6,0	14,0
C	11,8	3,3	5,8	20,9
Total	54,5	13,5	31,9	100,0

Exportzonen

Szenario C

Importzonen

2000	A	B	C	Total
A	45,2	8,3	10,1	63,6
B	6,9	1,3	6,5	14,7
C	5,3	3,4	12,9	21,7
Total	57,5	13,0	29,5	100,0

Exportzonen

Szenario D

Importzonen

2000	A	B	C	Total
A	23,8	8,4	33,6	65,8
B	6,2	0,6	3,8	10,6
C	15,9	2,7	5,0	23,6
Total	45,9	11,7	42,4	100,0

Exportzonen

- Die Länder der OECD ihrerseits verstärken ihre Zusammenarbeit um den Kern USA herum wie nach dem zweiten Weltkrieg, und sie bemühen sich, ihren gegenseitigen Handel weiter zu liberalisieren. Sie erleben weiterhin eine doppelte Fragmentierung ihrer Gesellschaft und Wertveränderungen, die nicht uneingeschränkt akzeptiert werden wie in Szenario B_2. Die Auswirkungen dieser Entwicklung auf die verschiedenen OECD-Länder ist unterschiedlich, was jede Hypothese über eine tendenzielle langfristige Konvergenz ihrer Produktivität mit der der Vereinigten Staaten unmöglich macht.

- Unter Berücksichtigung der Haltung der Dritten Welt verringert die OECD ihre Entwicklungshilfe beträchtlich und widmet sie aus humanitären Erwägungen Schwarzafrika und Südasien. Die OPEC-Länder kompensieren diese Verringerung teilweise, indem sie den Umfang ihrer eigenen Hilfeleistungen steigern.

- Obgleich sie dem Süden günstig gesonnen sind, können die gleichen OPEC-Länder nicht vermeiden, Erdöl an alle kaufwilligen Nationen zu liefern. Sie bemühen sich jedoch, seinen Preis zu erhöhen, der auf diese Weise am Ende des Jahrhunderts real das Doppelte des Preises von 1978 betragen wird.

Das makro-ökonomische Bild des Szenarios übermittelt eine eindeutige Botschaft: Norden und Süden sind ernsthaft durch den Bruch betroffen (Tabelle 2). Von 1975 bis 2000 erhöht sich die Weltproduktion nur um das 2,4fache, und das Pro-Kopf-Einkommen beträgt am Ende des Jahrhunderts nur 1 500 US-Dollar (in Preisen von 1970). Der Schock ist beträchtlich, und seine Wirkungen sind in den verschiedenen Gebieten unterschiedlich.

Innerhalb der OECD wird Nordamerika am wenigsten tangiert; sein Anteil am Welteinkommen verringert sich nur um 30 v.H. im Vergleich zu 40 v.H. im Szenario mit hohem Wirtschaftswachstum, aber das Pro-Kopf-Einkommen ist dennoch etwas geringer als in Szenario B_2. Die Europäische Gemeinschaft ist viel stärker betroffen und sieht ihren Anteil um 40 v.H. sinken im Vergleich zu 30 v.H. im Szenario A. Das Pro-Kopf-Einkommen erreicht in diesem Fall knapp 4 500 Dollar. Japans Anteil sinkt von 6,3 auf 5,3 v.H., und das Pro-Kopf-Einkommen wächst nur noch um 1,9 v.H. jährlich, was (in Preisen von 1970) absolut gesehen circa 3 600 Dollar am Ende des Jahrhunderts bedeutet.

Der Anteil der Dritten Welt am Welteinkommen beträgt jetzt 33 v.H., aber das Pro-Kopf-Einkommen erreicht nur 640 Dollar gegenüber 890 in Szenario A. Der Verlust ist empfindlich, auch wenn seine Auswirkungen zum Teil durch eine bessere Einkommensverteilung kompensiert werden könnten.

Die Analyse dieses Szenarios führt zu einer doppelten Frage: Ist ein solcher Bruch denkbar? Und wäre er dauerhaft?

Die politischen Bedingungen, die für eine solche wirtschaftliche Spaltung erforderlich sind, sind sehr weitreichend. Tatsächlich müßten die Hauptkonflikte zwischen den Entwicklungsländern verschwunden sein, und es müßte zu einer praktischen Entmilitarisierung in der Dritten Welt kommen, um die gegenwärtige Abhängigkeit der Entwicklungsländer vom Osten und vom Westen im Bereich der Rüstung zu beenden. Diese Annahme ist um so unwahrscheinlicher, als sie vor dem Hintergrund der politisch-militärischen Rivalität zwischen den USA und der UdSSR steht.

Aber angenommen, der Bruch würde Realität, könnte er andauern? Um diese Frage zu beantworten, muß man zuerst die Bandbreite der Veränderungen hervorheben, die er nach sich ziehen würde: der allgemeine Rückgang des Wachstums, tiefgreifender Strukturwandel sowohl im Norden wie im Süden, vollständige Umleitung der Kapitalströme, Notwendigkeit einer wirksamen Politik bezüglich des Energieverbrauchs in dem Maße, wie alle erdöleinführenden Regionen Zahlungsbilanzschwierigkeiten aufweisen.

Würden die Länder der Dritten Welt ihren politischen und sozialen Zusammenhalt unter diesen Umständen beibehalten? Besonders zu beachten ist dabei, daß einerseits die Verteilung von Gewinnen und Verlusten zwischen den Entwicklungsländern äußerst ungleich wäre und daß sich andererseits innerhalb der Dritten Welt, wenn auch in kleinerem Rahmen, die Ungleichgewichte zwischen den industrialisierten und den anderen Ländern wieder herausbilden würden, die gegenwärtig zwischen dem Norden und dem Süden bestehen. Hinzu kommt, daß die Sirenen des Nordens locken würden: Japan könnte dazu bereit sein, eine Politik der Zusammenarbeit mit Südostasien zu entwickeln, um ein Minimum an Prosperität wiederherzustellen; die Europäische Gemeinschaft dürfte darauf bedacht sein, die Verbindungen mit Afrika und einigen Ländern des Mittleren Ostens oder Lateinamerikas wieder anzuknüpfen, um einige ihrer Probleme zu lösen.

Dies könnte bedeuten, daß das Szenario C weniger in einen gemeinsamen Markt, erweitert auf die Dimensionen der OECD, einmünden würde als in protektionistische Szenarien vom Typ des Szenarios D. Diese Folgerung scheidet allerdings die Einführung eines Konfliktszenarios in die Reihe der diskutierten Szenarien nicht im nachhinein aus. Denn die Lehre aus diesem Szenario ist in mehr als einer Hinsicht wichtig.

- Es zeigt, was die Länder von Nord und Süd alles verlieren können, wenn sie nicht langfristig Wege zur Zusammenarbeit finden.

- Es erlaubt, die eigenen Vorstellungen bestimmter Eliten der Dritten Welt besser zu verstehen, wenn sie Entwicklungswege suchen, die frei vom Einfluß der hochentwickelten Industriegesellschaften sind.

- Es erweitert die Analyse von gegenseitigen Drohungen, die die verschiedenen Parteien in diesem unübersehbaren gewaltigen diplomatischen Rahmen in den kommenden Jahren ausstoßen werden.

- Schließlich enthält es, wenn auch in extremer Form, Züge, die zweifellos in abgeschwächter Form in der Welt von morgen vorhanden sein werden, wie die einer bevorzugten Zusammenarbeit unter Ländern der Dritten Welt.

4. Neue Formen von Protektionismus innerhalb der OECD (Szenario D)

Dieses Szenario untersucht die Folgen eines zunehmenden Protektionismus zwischen den großen Zonen der OECD, wobei gleichzeitig ein gemäßigtes traditionelles Wachstum im Norden und die Entwicklung von bevorzugten Bindungen zwischen bestimmten Zonen des Nordens und des Südens unterstellt werden. Das Szenario D ist natürlich eine übertriebene Karikatur, aber zum Zweck der Analyse doch nützlich. Die weltweite politische wirtschaftliche Realität ist in der Tat viel komplexer, aber wie bereits erwähnt wurde, sollen die Szenarien eine Grundlage für Überlegungen darstellen und keine Vorausschau sein.

Die Hypothesen, die diesem Szenario zugrundeliegen, sind die folgenden: Zu Anfang der 80er Jahre haben die Industrieländer große Schwierigkeiten, sich an den in Szenario B_2 beschriebenen Entwicklungsverlauf anzupassen. Der OECD in ihrer Eigenschaft als Institution gelingt es nicht, bei ihren Mitgliedstaaten gemeinsame Interessen ausfindig zu machen, die ausreichend wären, zwischen 1980 und 1985 einen Ausbau der direkten oder indirekten Handelsschranken zu verhindern. Die kommerziellen Rivalitäten zwischen den drei Hauptpolen der OECD führen zu privilegierten Nord-Süd-Beziehungen: Eine engere Verbindung zwischen Nord- und Lateinamerika; Bindungen zwischen Japan und den ASEAN-Ländern, anderen Ländern des Fernen Ostens

und in geringerem Maße Südasien; eine Zusammenarbeit zwischen
der Europäischen Gemeinschaft und Schwarzafrika, wobei die
Europäische Gemeinschaft auch einen bevorzugten Handel mit
Schwarzafrika und dem Mittleren Osten entwickelt.

Drei Ländergruppen nehmen in diesem Szenario überhaupt nicht
an einer derartigen wirtschaftlichen Blockbildung teil: die
UdSSR und die Länder des Ostblocks, China sowie Australien und
Neuseeland. Auch die OPEC-Länder bleiben in ihren Erdölexporten neutral.

Das sich hieraus ergebende makroökonomische Bild ist hauptsächlich wegen seiner regionalen Nuancen interessant, die es
im Vergleich zu Szenario B_2 aufweist (vgl. Tabellen 2 und 3
in Teil II).

Gegen Ende des Jahrhunderts müßten die drei Pole der OECD in
gewisser Weise durch Restrukturierung ihrer wirtschaftlichen
Aktivitäten dahin gelangt sein, sowohl die Effekte der Handelshemmnisse im Norden zu kompensieren als auch Nutzen aus der
Liberalisierung des Handels mit bestimmten Zonen des Südens
zu ziehen. Im ganzen wäre die Verringerung des Weltsozialprodukts bescheiden: Es würde immerhin das 2,8fache im Vergleich
zu 1975 erreichen gegenüber dem 2,9fachen im Falle von Szenario B_2.

Aber die regionalen Effekte wären weitaus stärker ausgeprägt:

- Ohne den Zahlen selbst einen zu großen Wert beizumessen,
  kann man doch die relative Stärke der Lage der Vereinigten Staaten im Hinblick auf eine Ausweitung des Protektionismus innerhalb der OECD erkennen, jedenfalls wenn
  die Beziehungen mit den OPEC-Ländern aufrechterhalten und
  die Bindungen mit Lateinamerika verstärkt werden.

- Da Japan schon in mittelfristiger Sicht ernsthaft betroffen ist, wird es schnell seine Zusammenarbeit mit Südost- und Südasien verstärken. Die Tatsache, daß sich die verfügbaren Ressourcen in diesem Gebiet nicht vollständig ergänzen, beschränkt die wirtschaftliche Effizienz dieser Integration, obwohl sie aus der ökonomischen Neutralität von Australien, Neuseeland und der OPEC Nutzen zieht.

- Die Europäische Gemeinschaft wird durch den Protektionismus des Nordens am stärksten betroffen: Sie ist in der Tat mit Schwarzafrika und, in geringerem Maße mit Südasien verbunden, armen Ländern, deren Entwicklungsstadien sehr unterschiedlich sind, deren Produktivkapazitäten beschränkt sind und deren Märkte für die Europäische Gemeinschaft kaum jene der OECD bzw. der Industrialisierungsländer ersetzen können.

- Die anderen Länder Westeuropas, deren Wirtschaft stark an die der Gemeinschaft angelehnt ist, sind der vorgenannten Entwicklung in unterschiedlichem Maße unterworfen.

- Im Gegensatz dazu profitieren Australien und Neuseeland von ihrer bedeutsamer gewordenen Rolle als Lieferanten von Nahrungsmitteln für Japan und Ostasien. Ihr Nationaleinkommen wird im Jahre 2000 dasjenige von Szenario B_2 um 10 v.H. übersteigen.

Diese Veränderungen spiegeln sich in der Verteilung des Welteinkommens wider (vgl. Tabelle 2): Anstieg von 1 v.H. in Nordamerika, Rückgang für Europa und Japan. Es wäre allerdings äußerst gefährlich, sich auf diese gewissermaßen beruhigende Feststellung zu beschränken, und zwar aus zwei Gründen:

- Die Kompensation des Protektionismus im Norden durch eine Liberalisierung gewisser Nord-Süd-Handelswege setzt sich dem legitimen Wunsch der Länder der Dritten Welt entgegen, sich eine gewisse wirtschaftliche Unabhängigkeit zu sichern, selbst auf Kosten reduzierten Einkommens. Müßte man unter dieser Voraussetzung nicht mit einer noch größeren Fragmentierung des Weltwirtschaftssystems rechnen, als sie im Szenario beschrieben wurde? Die Auswirkungen im Hinblick auf das Wirtschaftswachstum wären dann bei weitem ungünstiger.

- In dem Maße, in dem ein gemäßigter und vorübergehender Protektionismus die Strukturanpassungen bremst, behindert ein dauerhafter und nachdrücklicher Protektionismus auch die tiefergreifenden Anpassungen. Das Endbild dieses Szenarios sollte also nicht die Schwierigkeiten verdecken, die zwischenzeitlich auftreten und die entweder zu einem Abbau des Protektionismus auf ein geringeres Niveau führen oder umfassende Umstürze verursachen könnten. In diesem Zusammenhang ist Tabelle 3 aufschlußreich. Um 1990 herum haben die drei Hauptpole der OECD ein geringeres Pro-Kopf-Einkommen als in Szenario B_2. Während die Kürzung für Nordamerika gering ist, steigt sie auf 27 v.H. in Japan und 17 v.H. in der Europäischen Gemeinschaft. Allerdings müssen diese Zahlen mit Vorsicht betrachtet werden. Es ist wahrscheinlich, daß das verwendete Modell den Grad der Auswirkungen des Protektionismus etwa um 1990 herum mit einer großen Unsicherheitsmarge überzeichnet (ein Protektionismus, der tatsächlich in bezug auf Sektoren und auf Produkte viel differenzierter wäre), während es danach die Fähigkeit der entwickelten Volkswirtschaften, sich auf diese Auswirkungen einzustellen, zu hoch bewertet, und zwar in der Annahme, daß sie gegen Ende des Jahrhunderts die Wirkungen längst verarbeitet hätten. Mit diesen Einschränkungen erscheinen die dargestellten Haupttendenzen indessen plausibel.

Es ist nicht nötig zu betonen, daß dieses Szenario zahlreiche Fragen aufwirft. Bevor sie beantwortet werden, ist indessen eine Einschränkung erforderlich: Ein Zustand wirklichen Protektionismus wäre ungeheuer komplex mit unendlichen Verschiedenheiten hinsichtlich der relevanten Produkte und Länder. Er würde sich nur allmählich durch eine Folge von Aktionen und Reaktionen einstellen. Das Szenario D kann also nur eine ziemlich armselige Widerspiegelung der Vielzahl der denkbaren Protektionismussituationen der Zukunft sein.

Nachdem diese Vorsichtsmaßregel getroffen wurde, ist es gerechtfertigt, nach den Konsequenzen und dem Wahrscheinlichkeitsgrad des Szenarios zu fragen.

Zunächst die Konsequenzen: das Szenario würde tiefgreifende Veränderungen in den Wirtschaftsstrukturen nicht nur in den Ländern des Nordens, hauptsächlich Japan und Europa, sondern auch in den Industrialisierungsländern nach sich ziehen. Änderungen wären in den bedeutenden Industriesektoren zu erwarten, die stark vom internationalen Markt abhängig sind: Automobilbau, Elektronik, Flugzeugbau, Maschinenbau, Informatik. Die multinationalen Unternehmungen, die viele Jahre zur Entwicklung der verschiedenen Märkte beigetragen und dabei einen Teil der komparativen Vorteile der einzelnen Länder teils genutzt, teils entwickelt haben, wären dazu gezwungen, ihre Aktivitäten erneut umzustrukturieren. Das gleiche würde für die Unternehmungen der Dritten Welt gelten: für die Unternehmungen Südostasiens, die den europäischen und nordamerikanischen Markt erobert haben, ebenso wie für die Unternehmungen Lateinamerikas, die nach Europa exportieren. Alles das würde nicht ohne strukturelle Arbeitslosigkeit vonstatten gehen, die in allen OECD-Ländern empfindlich gespürt würde. Die Preissteigerungen mancher Produkte infolge von Importrestriktionen könnten die inflationistischen Tendenzen in Europa und Nordamerika verstärken. In monetärer Hinsicht würde das Szenario die Veränderungen des internatio-

nalen Währungssystems beschleunigen und ohne Zweifel das
Entstehen mehrerer Reservewährungen erleichtern. Schließlich bleiben zwei große Fragenkomplexe bestehen: Wie würde
sich der Zusammenhalt der Länder der Europäischen Gemeinschaft unter der Annahme einer allzu ungleichgewichtigen
Verteilung der Vor- und Nachteile zwischen ihnen entwickeln?
Wie würden die UdSSR und die osteuropäischen Länder, wie
auch in geringerem Umfang China, nicht nur in wirtschaftlicher, sondern auch in politischer Hinsicht reagieren?

Die oben dargestellten Konsequenzen dieses Szenarios legen
indessen auch eine Vermutung in bezug auf seinen Realitäts-
gehalt und seine mögliche Dauerhaftigkeit nahe: Der industrielle Strukturwandel, die Rigiditäten innerhalb der Industrieländer und das Verhalten in manchen Entwicklungsländern
haben dem Szenario B_2 einen unbeständigen Charakterzug gegeben und die Gefahr deutlich werden lassen, daß dieser Entwicklungsverlauf zu einer Verstärkung der protektionistischen Tendenzen führen könnte. Es zeigt sich nun, daß die Anzahl der Akteure groß sein muß, die sich in den Ländern des
Nordens gegen seine Ausweitung zur Wehr setzen sollten, denn
sie würden während der Anpassungsphase allzusehr in Mitlei-
denschaft gezogen; und das gleiche gilt in den Ländern des
Südens, was den Widerstand gegen eine Präferenzausrichtung
auf einen der großen Pole des Nordens anbetrifft. Die Grenzen möglicher Fragmentierung sind somit festgelegt, und sie
wurden durchaus in Teil II bereits angedeutet, als die der
Ausarbeitung der Szenarien zugrundeliegenden Größenordnungen dargestellt wurden.

Was kann nun das Ergebnis dieses zweigleisig verlaufenden
Trends sein, der einerseits zur Erweiterung des Protektionismus führt und andererseits seiner Verbreitung Grenzen
setzt? Zweifellos würden die Staaten stärker in die Entwicklung des internationalen Handels eingreifen. Das Hauptziel
dieser Intervention wäre die Aufrechterhaltung umfangreicher

Handelsströme und gleichzeitig die Koordinierung der internationalen Aktivitäten der nationalen Wirtschaftssubjekte. Dabei würden solche Bemühungen allerdings zu der Internationalisierung sowohl des Bankensystems als auch des Systems der Industrieproduktion unter Führung der multinationalen Unternehmungen in Widerspruch treten. Der Umfang der Koordination dürfte zwar von einem Land zum anderen sehr verschieden sein. Aber einem internen sozialen Oligopol könnte sich ein internationales politisch-wirtschaftliches Oligopol überordnen, in dem die größten Staaten gewissermaßen als oberste Koordinatoren eines mehr oder weniger eng geknüpften Bündnisses ihrer Unternehmungen auftreten würden.

Die Szenarien ermöglichen es somit, bestimmte Aspekte der Weltwirtschaft im Hinblick auf das nächste Vierteljahrhundert zu untersuchen, aber die Beschreibung muß in zweierlei Weise vervollständigt werden:

- einerseits hinsichtlich der Perspektiven der Industrie und der sektoriellen Aspekte der Interdependenz;

- andererseits bezüglich der Krisen, Konflikte und Diskontinuitäten, die möglicherweise im Verlauf der weiteren weltwirtschaftlichen Entwicklung entstehen könnten.

B. DIE AUSSICHTEN DER WELTWEITEN INDUSTRIE

Der zu erwartende künftige Strukturwandel in der Industrie ist durchaus kein neues Phänomen: er ist eines der Hauptkennzeichen der wirtschaftlichen Entwicklung in der Nachkriegszeit gewesen. Worin werden sich nun die in den nächsten zwanzig Jahren auftretenden Wandlungen in bezug auf Entwicklung, Organisation und regionale Verteilung der Produktion und des Handels im industriellen Bereich von denen der Vergangenheit unterscheiden? Im wesentlichen auf vierfache Weise:

- Die Wechselbeziehungen zwischen Industrie und wissenschaftlicher Forschung sowie die Komplementarität von industriellen Aktivitäten und einer Vielzahl von Dienstleistungen - vorzugsweise in den Industrieländern - führen dazu, daß das Konzept des industriellen Sektors allmählich die ihm bis dahin eigentümlichen scharfen Konturen verliert. Im gleichen Zusammenhang gilt, daß die Industrie als ganzes nicht mehr eine so wichtige Rolle in der Schaffung neuer Arbeitsplätze spielt wie in den vergangenen zwanzig Jahren.

- Eine neue Generation von Schlüsselindustrien nimmt allmählich die Stelle jener Industrien ein, die das industrielle Wachstum nach dem Krieg bewirkt haben. An erster Stelle liegt das, was man den "Komplex Elektronik" nennen könnte, der Automation, Informatik und Telekommunikation umfaßt. Diese Bereiche werden zunehmend den Prozeß der wirtschaftlichen Entwicklung beeinflussen, sei es nun im Hinblick auf Produktionsverfahren in der Industrie und bei den Dienstleistungen, im Konsumverhalten oder hinsichtlich der Rolle der Kommunikation.

- Die industrielle Entwicklung in den Industrieländern wird hauptsächlich aus Gründen, die in Teil III dieses Berichts analysiert wurden, unter den Bedingungen eines verlangsamten Wachstums stattfinden.

- Dieses verlangsamte Wachstum stellt sich zur gleichen Zeit ein, wo das weltweite System industrieller Beziehungen zahlreichen Anpassungszwängen unterworfen ist. Der Wettbewerb zwischen Nordamerika, Westeuropa und Japan wird sich weiter verstärken. Hinzu kommen neue Anbieter, hauptsächlich aus Südeuropa, der Dritten Welt und Osteuropa. Vom "Nordwesten" ausgehend bereitet sich das industrielle System über die ganze Welt aus.

Bevor man in die Untersuchung branchenspezifischer Zukunftsaussichten im industriellen Bereich eintritt, kann man im Lichte dieser vier Haupttendenzen einige kennzeichnende Charakteristiken der zukünftigen internationalen Arbeitsteilung herausarbeiten.

- Das verlangsamte Wachstum in den Industrieländern und die Erwartung einer abnehmenden Rentabilität des Kapitals führen zu einem relativen Anwachsen der Industrieinvestitionen in jenen Regionen, wo die Rentabilität größer ist.

- Diese Tendenz bewirkt wichtige Veränderungen des Produktionsprozesses in zweifacher Richtung: Zunächst ermöglicht eine stärkere Aufgliederung dieses Prozesses die Verlagerung gewisser Teile, da der Transfer des gesamten Produktionsprozesses aus technischen Gründen unmöglich, aus wirtschaftlichen Gründen ineffizient und aus sozialen Gründen nicht praktikabel erscheinen mag; zweitens erlaubt eine stärkere Konzentration der Kapazitäten auf jeder Produktionsstufe, wo immer weltweite Märkte vorhanden sind, eine vollständige Ausnutzung der Massenproduktionsvorteile.

- Die Spezialisierung innerhalb der einzelnen Industriebranchen, die das Wachstum der Produktion und des Handels im industriellen Bereich der am weitesten fortgeschrittenen Industrieländer im Laufe der letzten 25 Jahre gekennzeichnet hat, wird sich auf die Länder der Dritten Welt und zu einem gewissen Grade auf die des Ostens ausdehnen.

- Zwischen den fortgeschrittensten Industrieländern dürfte sich ein zunehmender Wettbewerb einstellen, da diese über die Technologie und die Produktionssysteme im engeren Sinne die zukünftige Entwicklung der internationalen Arbeitsteilung zu beeinflussen trachten.

- Auch dürfte eine Tendenz zu wachsender (direkter oder indirekter) Staatsintervention in den Prozeß der Internationalisierung der Produktion, des internationalen Wettbewerbs und deren Konsequenzen für die soziale und wirtschaftliche Entwicklung der nationalen Produktivsysteme zu beobachten sein.

Drei Branchengruppen mögen die Realität und die Verschiedenheit der möglichen Entwicklungsverläufe illustrieren:[1] Elektronik und Investitionsgüter, Kraftfahrzeugbau und Chemie sowie Eisen- und Stahlindustrie.

1. Elektronik

Der Komplex Elektronik wird im nächsten Vierteljahrhundert den Hauptpol bilden, um den herum sich die Produktionsstrukturen der modernen Industriegesellschaften neu organisieren, und zwar aus den folgenden Gründen: wegen seiner engen Bindungen zur Datenverarbeitung und zur Telekommunikation, wegen der Einführung der Automation im gesamten Bereich der Industrie, wegen der Veränderungen, die durch elektronische Büroausstattung in den Dienstleistungsbereichen erfolgt, und wegen der neuen Dienstleistungen, die im Zusammenhang mit der Elektronik selbst entstehen werden.

1 Die gekürzte Fassung des Berichts beschränkt sich natürlich auf summarische Aussagen.

Für das nächste Jahrzehnt kann man annehmen, daß das Wachstum dieses Sektors, selbst wenn es sich ein wenig verlangsamen sollte, immer noch erheblich höher als das der gesamten verarbeitenden Industrie liegen wird. So wird die Wachstumsrate der weltweiten Elektronikindustrie unter den Bedingungen des Szenarios mit hohem Wirtschaftswachstum bis 1990 bei 8 v.H. pro Jahr liegen können, verglichen mit ungefähr 5 v.H. für die verarbeitende Industrie insgesamt. Überdies wäre diese Rate sowohl in Szenario B_2 wie in Szenario B_1 nur geringfügig kleiner.

Drei Untersektoren machen traditionell die Elektronikindustrie aus: elektronische Grundelemente und Komponenten; Investitionsgüter für Industrie, Dienstleistungsbereich und Verwaltung; elektronische Haushaltsgeräte. Die Stufe, in der die Innovationen auftreten, ist hauptsächlich die der Grundelemente und Komponenten sowie der damit verbundenen Software. Indessen werden die Konsequenzen der Elektronik im Investitionsgütersektor am größten sein, wohingegen sie bei den Haushaltsgeräten zunächst die Konzeption der vorhandenen Produkte verändern wird, bevor auch hier neue Generationen entwickelt werden.

Zum gegenwärtigen Zeitpunkt ist der Einsatz von elektronischen Produkten stark auf die Industrieländer konzentriert. Nach vorliegenden Statistiken vereinigt die OECD 78 v.H. der weltweiten Nachfrage im Jahr 1970 auf sich, und wenn die Zentralverwaltungswirtschaften ausgenommen werden, verbrauchen die fünf Hauptproduzentenländer (Vereinigte Staaten, Japan, Deutschland, Frankreich, Großbritannien) im Jahre 1975 selbst 81,4 v.H. der Gesamtproduktion. Auch wenn sich dieses Übergewicht der Märkte des Nordens allmählich verringern wird, so wird es in den kommenden fünfzehn Jahren doch nach aller Wahrscheinlichkeit bestehen bleiben.

Dieser Konzentration der Nachfrage entspricht eine noch
stärkere Konzentration der Produktion, da die fünf Hauptproduzentenländer 1975 85,5 v.H. der Produktion erstellen.
Die zukünftige Entwicklung in der Produktion dürfte durch
die folgenden Tendenzen gekennzeichnet sein: Erstens durch
einen zweifachen Integrationsprozeß, den nach unten in bezug auf Entwicklung und Herstellung der Grundelemente und
Komponenten sowie nach oben im Hinblick auf die Produzenten
von mechanischen und elektrischen Ausrüstungen; und zweitens durch den Wettbewerb zwischen den amerikanischen, japanischen und europäischen Firmen.

Wie stellen sich vor diesem Hintergrund nun die Positionen
der betreffenden Unternehmen dar?

Die Vereinigten Staaten haben einen unbestreitbaren Vorsprung in der Technologie der Grundelemente und Komponenten. Selbst unter Berücksichtigung des sehr ehrgeizigen japanischen Programms im Hinblick auf die Entwicklung der am
weitesten fortgeschrittenen integrierten Schaltungen (VLSI)
haben die amerikanischen Firmen einen beträchtlichen Aktionsspielraum durch ihre Größe und ihren Internationalisationsgrad. Eine einzige amerikanische Unternehmung für
sich allein hat ein Budget für Forschung und Entwicklung
vergleichbar dem gesamten japanischen Programm für VLSI.
Was die Internationalisierung der Produktion anbetrifft
(die hauptsächlich die letzten - arbeitsintensiven - Phasen
der Produktion der integrierten Schaltungen betrifft), genügt es darauf hinzuweisen, daß die amerikanischen Firmen
im Jahr 1974 72 v.H. der Belegschaft der multinationalen
Unternehmungen in den Entwicklungsländern im Bereich der
Produktion von Halbleitern beschäftigten, das heißt weit
mehr als Japan und Europa zusammen.

Japan ist zweifellos das Land, das das umfassendste mittel-
und langfristige Programm im Hinblick auf industrielle

Elektronik verfolgt, und zwar angefangen bei den Grundelementen und Komponenten bis hin zu automatischen Kontrollsystemen und Robotern im Investitionsgüterbereich. Die japanische Regierung hat sich verpflichtet, in der Zeit von 1976 bis 1979, das heißt in vier Jahren, ungefähr 30 Milliarden Yen zur Verfügung zu stellen, um das VLSI-Programm zu finanzieren, das im Zusammenhang mit neuen Entwicklungen in der Informationsverarbeitung steht.

Für Westeuropa im ganzen genommen scheinen die Aussichten weniger günstig, doch sind sie von Land zu Land sehr unterschiedlich. Auf die Dauer gesehen erscheint das folgende Szenario relativ wahrscheinlich:

- Die europäische Position verstärkt sich in der Produktion von Elementen oder einfachen integrierten Schaltungen, was für manche Länder durchaus die Aufrechterhaltung einer gewissen Abhängigkeit von den amerikanischen Technologien bedeuten kann.

- Die europäischen Firmen dringen beschränkt in den Bereich bestimmter elektronischer Ausrüstungen mit hochentwickelter, sehr spezialisierter Technologie ein, unter anderem auch durch Beteiligungen an mittelgroßen amerikanischen Firmen.

- Die deutsche Position festigt sich in Europa. Dabei dürfte Deutschland das einzige Land werden, das industrielle Elektronik auf allen Gebieten zu entwickeln in der Lage ist, von den Ausgangsmaterialien für Grundelemente und Komponenten bis hin zu vollautomatisierten Investitionsgütern.

Der technologische Wettbewerb zwischen den Hauptproduzentenländern wird in großem Maße die Art und die Grenzen der Integration der Dritten Welt in die Produktion und den internationalen Handel auf dem Gebiet der Komponenten und Haushaltsgeräte bestimmen. Man wird sich unter Umständen eine Entwicklung auf drei Pole hin vorstellen können: Zunächst wird sich für solche Aktivitäten, die hochentwickeltes technologisches Wissen erfordern oder deren Produktionsprozesse weitgehend automatisiert werden können, eine gesteigerte Konzentration in den am weitesten fortgeschrittenen Industrieländern einstellen; zweitens wird sich im Bereich der einfachen Produkte oder der lohnintensiven Aktivitäten die Standortverlagerung in eine neue Peripherie der Dritten Welt (Philippinen, Malaysia, Karibik) fortsetzen; schließlich wird sich für Produkte des Massenverbrauchs eine mehr oder weniger autonome Entwicklung von Produktionskapazitäten in den dazwischenliegenden Ländern zeigen, die bereits über einen nationalen Markt verfügen und ein bestimmtes Technologieniveau erreicht haben (Südkorea, Taiwan, Brasilien, Mexiko, Indien).

Die Elektronik wird die Automationsbedingungen zahlreicher Industriezweige revolutionieren, ob es sich nun um die Porduktion von Grundstoffen, von Investitionsgütern oder von Konsumgütern handelt.

2. Investitionsgüter

1970 belief sich die Weltproduktion von Kapitalgütern auf etwa 300 Milliarden Dollar, wobei der Anteil der marktwirtschaftlich organisierten Industrieländer 61 v.H., der der Planwirtschaften 36 v.H. und der der Entwicklungsländer 3 v.H. betrug. Wenn man sich auf die eigentlichen Investitionsgüter beschränkt, fällt der Anteil der Dritten Welt auf 2 v.H., von denen wiederum 80 v.H. auf nur fünf Länder konzentriert sind: Brasilien, Indien, Argentinien, Mexiko und Südkorea. Außer der Tatsache, daß die wirtschaftlichen Aktivitäten über die Welt sehr ungleich verteilt sind, zeigt dieser Sektor zwei andere Kennzeichen: eine steigende Bedeutung bezüglich seines produktiven Beitrags und seiner industriellen Beschäftigung sowie einen wachsenden Anteil am internationalen Handel.

Teil III hat die Bedeutung von Umfang und Zusammensetzung der Investitionen für die Industrieländer unterstrichen, und zwar im Zusammenhang mit der Beobachtung, daß die marginale Kapitalproduktivität zu sinken scheint, während die Entwicklung der Aktivitätsstrukturen dazu tendiert, die gesamtwirtschaftliche Kapitalintensität zu erhöhen. Hiervon ausgehend wird die Suche nach gewinnbringenden Investitionen zu einem großen Teil durch die Entwicklung neuer Investitionsgüter bestimmt, und die Steigerung der gesamtwirtschaftlichen Produktivität wird in weitem Maße im Investitionssektor sowie insbesondere auch von dem Teilbereich determiniert, in dem Investitionsgüter für die Produktion von Investitionsgütern hergestellt werden.

Diese Entwicklung wird wahrscheinlich auch den Wettbewerb zwischen den am weitesten fortgeschrittenen Industrieländern neu beleben, ganz besonders zwischen jenen, die über hochentwickelte Technologien verfügen, da gerade diese bei bestimmten Arten von Investitionsgütern steigende Bedeutung erlangen werden. Dieser Wettbewerb wird unter anderem die Exporte in die Dritte Welt beeinflussen, denn das Anwachsen dieser Exporte ist die unvermeidliche Kehrseite eines Ansteigens der Importe von Fertigwaren, Rohstoffen oder Energie. Dieser Wettbewerb wird in zunehmenden Maße auch die Vertragsbedingungen beeinflussen, die sich, abgesehen von den Preisen vor allem auf Zahlungsbedingungen, Kompensationsvereinbarungen und dergleichen beziehen.

Der Bedarf der Dritten Welt an Investitionsgütern ist beträchtlich, aber mehrere Faktoren, unter anderem die zunehmende weltweite Dimension der betreffenden Märkte, erschweren es für sie, eigenständige Investitionsgüterindustrien aufzubauen. Es gibt drei verschiedene Wege, wie sie diese Schwierigkeiten meistern könnten: durch Verhandlungen mit dem Ziel einer Beteiligung oder der Übernahme von Unteraufträgen in den Sektoren hochentwickelter Technologie (Elektronik) oder jenen mit extrem oligopolistischer Angebotsstruktur (Elektrotechnik); durch Entwicklung von Produktionskapazitäten für Kapitalgüter auf der Basis der Einfuhr von Investitionsgütern, wenn die Größe des nationalen Marktes dies ermöglicht; und durch eine Abkoppelung vom Weltmarkt und eigener Produktion von weniger hochentwickelten Anlagen. Weltweit wird die Nachfrage nach Kapitalgütern schneller steigen als das Bruttosozialprodukt, aber die Strukturveränderungen auf der Angebotsseite im allgemeinen werden einen beträchtlichen Einfluß auf die Entwicklung des Marktes haben. In diesem Zusammenhang zeichnen sich drei Tendenzen ab:

- In den Untersektoren mit sehr konzentrierten Märkten (Energie, Schwerindustrie, Grundstoffindustrie) werden sehr große inländische Firmen eine wachsende Rolle mit gleichzeitiger vertikaler und horizontaler Integration spielen; auf Weltebene hingegen wird eine oligopolistische Struktur erhalten bleiben, die sowohl auf einem gewissen Grad von Protektion der nationalen Märkte als auch auf der Existenz von Kartellen und staatlicher Exportförderung basiert.

- In den Untersektoren der Massenmärkte konzentriert sich die Aktivität zunehmend in den multinationalen Unternehmungen aufgrund deren Fähigkeit auf den Gebieten des Marketing, der Innovation und der weltweiten Organisation der Produktion.

- Auf allen Ebenen gibt es eine zunehmende Spezialisierung innerhalb jeder Industriebranche.

Langfristig wird sich der internationale Handel mit Kapitalgütern unter dem dreifachen Einfluß von technischem Fortschritt, Verhalten multinationaler Unternehmungen und staatlichen Eingriffen entwickeln:

- Die multinationalen Unternehmen haben eine bemerkenswerte Beweglichkeit im Hinblick auf ihre Anpassungsfähigkeit an die Industrialisierungsstrategien der Entwicklungsländer gezeigt und werden es auch in Zukunft tun.
- Der Umfang staatlicher Interventionen wird sich in den Industrieländern zweifellos erweitern: Finanzierung von Forschung und Entwicklung verbunden mit mehr oder weniger zwingenden Direktiven bei den Prioritäten in der Forschung und der Produktentwicklung (der Staat als bedeutender Kunde); offene oder verschleierte Beteiligung an den Verhandlungen über Umstrukturierung von Unternehmungen; schließlich Förderungsmaßnahmen für den Export.

Da in den importierenden Entwicklungsländern, ob marktwirtschaftlich organisiert oder nicht, der Umfang der Verträge die Regierungen zu den wichtigsten, wenn nicht zu den einzigen Verhandlungspartnern macht, versuchen diese Länder mit den entsprechenden Regierungsstellen aus den Industrieländern zu verhandeln oder wenigstens staatliche Garantien zu erhalten. Dies hat zwei Konsequenzen: Zum einen werden die politischen Beziehungen eine wachsende Rolle im Wettbewerb auf den internationalen Märkten für Investitionsgüter spielen; zum anderen wird die staatliche Außenhandelsförderung zur Vergrößerung der finanziellen und industriellen Rolle des Staates führen.

Die jährliche Wachstumsrate dieses Sektors weltweit gesehen wird sich wahrscheinlich zwischen 5,4 v.H. für das Szenario A und 4,6 v.H. für das Szenario B_2 bewegen, wobei sich der Anteil der OECD an der Weltproduktion in diesem Bereich am Ende des Jahrhunderts auf ungefähr 60 v.H. verringern wird.

Die Automobilindustrie

In den acht Hauptproduzentenländern (USA, Deutschland, Japan, Frankreich, England, Italien, Kanada und Schweden) entfällt auf die Automobilindustrie ein wesentlicher Anteil an der Industrieproduktion, an den Investitionen und an der Einkommensentstehung.

Während des nächsten Vierteljahrhunderts werden sich in der Automobilindustrie in den Industrieländern beträchtliche Umstrukturierungen vollziehen. Trotz weiterer Produktionszuwächse und selbst unter der Voraussetzung, daß das Kraftfahrzeug auch in Zukunft das bevorzugte Transportmittel bleiben wird, könnte es schwierig sein, die direkte oder indirekte Beschäftigung auf ihrem gegenwärtigen Niveau zu halten.

In den Industrieländern der OECD nähert sich der Bestand an Personenwagen allmählich dem Sättigungspunkt. In Abhängigkeit von der Bevölkerungsdichte, von dem Verhalten dem Kraftfahrzeug gegenüber, von dem Vorhandensein anderer Transportmittel und von der staatlichen Politik kann das Niveau der Sättigung in den verschiedenen Regionen allerdings stark variieren: von 500 bis 600 Personenkraftwagen auf 1000 Einwohner in den Vereinigten Staaten bis 400 in Westeuropa und 300 in Japan. Folglich wird sich die Wachstumsrate der Nachfrage allmählich verringern, bis sie gegen Ende des Jahrhunderts in Nordamerika, Japan, Nord- und Mitteleuropa praktisch Null erreicht haben wird. In der Gesamtheit dieser Länder dürfte die Ersatznachfrage von 1990 in etwa 85 v.H. der Gesamtnachfrage ausmachen.

Weniger klar ist die Situation bei den Nutzfahrzeugen, wo die Nachfrage vom Niveau der wirtschaftlichen Aktivität, von der regionalen und sektoriellen Struktur der Wirtschaft, von der bestehenden Infrastruktur und von der Gesetzgebung abhängt. Auf jeden Fall aber dürften Veränderungen in der Zusammensetzung des Volkseinkommens (selbst in den Szenarien

A und B_1) und die Verlangsamung des Wachstums ungünstige Auswirkungen auf die Nachfrage nach diesen Fahrzeugen in den Industrieländern haben.

Im ganzen gesehen wird der Anteil der weltweiten Nachfrage nach Kraftfahrzeugen, der von den Märkten der traditionellen Produzentenländer ausgeht, stark sinken. Fragt man sich, wie die Automobilhersteller auf diese Veränderungen reagieren können, so bieten sich unter anderem die folgenden Anpassungsstrategien an: allmählicher Transfer der Produktion zu jenen Regionen, wo die Nachfrage schneller steigt; Suche nach neuen Technologien, die an neue gesetzliche Regelungen oder an neues Verbraucherverhalten angepaßt sind; steigende Bemühungen zur Verbesserung der Produktivität und eine allmähliche Diversifikation der Aktivitäten.

Die vorgenannten Anpassungsreaktionen zusammen mit der quantitativen Entwicklung der Nachfrage werden zu einer vollständigen Neuverteilung der industriellen Standorte führen. 85 v.H. der Weltautomobilproduktion findet zur Zeit in Nordamerika, in der Europäischen Gemeinschaft und in Japan statt. Tiefgreifende Veränderungen werden sich unter dem dreifachen Einfluß der geographischen Verlagerung der Nachfrage, der wachsenden Differenzierung der an die verschiedenen Märkte angepaßten Produktion und der Entwicklung der komparativen Kostenvorteile ergeben. Der Ablauf dieses progressiven Wandlungsprozesses stellt sich wie folgt dar: Wenn im ersten Entwicklungsstadium ein Land mit geringem Einkommensniveau seine gesamten Bedürfnisse durch Importe deckt, so folgt im Verlauf einer zweiten Stufe die Montage im Land selbst. (Diese Phase ist zur Zeit von vielen Entwicklungsländern erreicht). Dann wächst in einer dritten Stufe der nationale Anteil an der Produktion erheblich, der inländische Markt wird im wesentlichen von der nationalen Produktion eingedeckt, und die Exporte beginnen sich zu entwickeln. (Dies ist zur Zeit in Brasilien, Mexiko, Spanien und in manchen Ländern Osteuropas der Fall). In der vierten Stufe, der des höchsten Wachstums, können die Exporte sogar die nationalen Lieferungen an den Inlandsmarkt übertreffen, und in einer fünften Stufe kann ein Land schließlich wieder Nettoimporteur werden, wobei es sich auf modernere Technologien und solche Aktivitäten spezialisiert, die ein in hohem Maße besonders qualifiziertes Personal erfordern.

Dank der schnell steigenden internen Nachfrage, der Importsubstitution und staatlicher Ausfuhrförderung wird die Automobilindustrie Lateinamerikas wahrscheinlich eine schnelle Expansion erfahren und 1990 nahezu 10 v.H. der Weltproduktion erstellen. Brasilien, Mexiko und Argentinien werden die Hauptproduzentenländer sein.

In Asien, mit Ausnahme von Indien, das 1976 0,2 v.H. der Weltnachfrage produziert hat, ist die spektulärste Entwicklung in Südkorea und im Mittleren Osten zu erwarten. Im Mittleren Osten sollen 1985 durch die dortige lokale Produktion 35 v.H. der Nachfrage gedeckt werden, verglichen mit einem absolut irrelevanten Prozentsatz im Jahre 1975.

Letzten Endes kann sehr wohl der Fall eintreten, daß der Anteil von Nordamerika, der Europäischen Gemeinschaft und Japans an der Weltproduktion am Ende des Jahrhunderts nur noch 65 bis 70 v.H. beträgt.

Dieser kurze Überblick vermittelt einen ersten Eindruck vom Ausmaß der künftigen Probleme: Möglicher Beschäftigungsrückgang in den Industrieländern, besonders in der Europäischen Gemeinschaft; verstärkter Wettbewerb zwischen den japanischen, europäischen und amerikanischen Herstellern, Umwandlung der noch bestehenden selbständigen, teils nationalen Produzentengruppen in wirklich multinationale Gesellschaften.

3. Chemische Industrie

Ein anderer tragender Sektor der vergangenen Wachstumsperiode, die chemische Industrie, hat ihre Produktion auf weltweiter Ebene von 1965 bis 1975 mehr als verdoppelt. Die allgemeinen Kennzeichen dieses Sektors sind wohlbekannt: ein hoher Grad an Innovation; eine große Palette sich einander ergänzender Produkte; eine kleine Anzahl multinationaler Unternehmungen (wenigstens auf dem Niveau der Grundstoffe); 1976 eine Produktion im Wert von 440 Milliarden Dollar, konzentriert auf die Länder der OECD; Verkäufe, die die gesamte Industrie umfassen, besonders die chemische Industrie selbst, die Textil- und Bekleidungsindustrie, die Bauindustrie, die elektrotechnische und elektronische Industrie, die Dienstleistungen, die Nahrungsmittelindustrie, die Metallindustrie sowie den Druck- und Verlagsbereich.

In den Industrieländern zeigt die chemische Industrie allerdings auf den Märkten vieler ihrer Produkte Zeichen eines langsameren Wachstums, auch wenn ihre Innovationskapazität noch lange nicht ausgeschöpft ist. In der Zukunft wird diese Industrie folglich eine unbedeutendere Rolle in der wirtschaftlichen Entwicklung dieser Länder spielen als im Laufe der letzten dreißig Jahre. Das heißt, im gleichen Maße, wie dieser Sektor einen äußerst fortgeschrittenen Entwicklungsstand erreicht, wird sich seine Wachstumsrate der Durchschnittsrate in der Industrie annähern. Dagegen wird die chemische Industrie in den anderen geographischen Zonen geradezu im Zentrum zahlreicher Investitionsprojekte stehen.

Um dieses Phänomen weiter zu verdeutlichen, werden im folgenden für vier Industrieländerregionen mutmaßliche Konsumentwicklungen bestimmter Produktgruppen im Rahmen von Szenario B_2 bis zum Jahr 1990 dargestellt:

- Für Äthylen kann man, außer in Osteuropa, eine starke Verlangsamung des Wachstums und eine Angleichung an die amerikanischen Raten feststellen.

- Kunststoffe werden sich weiterhin schnell entwickeln, wenn auch weniger schnell als in der Vergangenheit.

- Der Niedergang der Zellstoffasern wird sich außer in Osteuropa im Zuge eines weiter steigenden Volkseinkommens fortsetzen, während wie in der Vergangenheit der Verbrauch von Nicht-Zellstoffasern, wenn auch mit einer geringeren Rate, weiter zunehmen wird.

- Die Nachfrage nach synthetischem Gummi hat in etwa den Sättigungspunkt erreicht und dürfte kaum noch ansteigen.

- Die Nachfrage nach stickstoffhaltigem Dünger hängt von der Entwicklung der Landwirtschaft ab. Ein bescheidenes Wachstum ist in den Industrieländern wahrscheinlich.

- Die Entwicklung bei Seife und Detergentien wird weiterhin durch eine Verringerung des Anteils des Verbrauchs am Volkseinkommen bestimmt, was gleichzeitig bedeutet, daß die zukünftige Wachstumsrate niedrig sein wird.

- Die Relation zwischen Farben- und Poliermittelverbrauch und Volkseinkommen war in der Vergangenheit praktisch konstant. Die zukünftige Entwicklung dürfte ebenfalls direkt von der allgemeinen wirtschaftlichen Wachstumsrate abhängig sein.

- Die angewendeten Methoden haben nicht erlaubt, die Wachstumsraten für Unkrautvertilgungsmittel und pharmazeutische Produkte zu schätzen, aber in beiden Fällen tendiert die Einkommenselastizität der Nachfrage in den Industrieländern dazu, sich zu verringern.

Mit welchen Zuwächsen muß man unter Berücksichtigung der
Dritten Welt rechnen? Zu Beginn ist ihr Anteil gering.
Setzt man die Weltproduktion des Jahres 1974 gleich 100
(China ausgenommen), betrug der Anteil am Gesamtverbrauch
der wichtigsten Endprodukte der petrochemischen Industrie
für Lateinamerika 4,71 v.H., für Afrika 1,81 v.H. und für
Asien 5,08 v.H. Ein UNIDO-Szenario, deren Annahmen nicht
sehr von denen von Szenario B_2 abweichen, nimmt eine jährliche Wachstumsrate des Verbrauchs von 5,2 v.H. gegenüber
3,5 v.H. in den industrialisierten Ländern an, was bedeuten
würde, daß ein erhebliches Wachstum im weltweiten Verbrauch
von der Dritten Welt ausgehen könnte. Es erübrigt sich in
diesem Zusammenhang, ebenfalls die Bedeutung der potentiellen Nachfrage nach pharmazeutischen Produkten von seiten
der Dritten Welt zu betonen.

Die Kosten der chemischen Industrie werden wegen des hohen
Verbrauchs von Rohstoffen und Energie sowie wegen der Umweltprobleme ansteigen. Aber dennoch dürften die zu erwartenden
Innovationen auf solchen Gebieten wie der Forschung im Bereich synthetischer Materialien, der chemischen Herstellung
oder Umwandlung natürlicher Substanzen und der Technologien
im Grenzgebiet zwischen Chemie und Biologie eine glänzende
Zukunft verheißen.

Die aufgezeigten Tendenzen werden ursächlich zu Strukturveränderungen der Industrie führen:

- In Westeuropa ist die Petrochemie zur Zeit im Vergleich
  mit den anderen Gebieten der Welt der größte Produzent
  und der größte Exporteur. Sie ist hauptsächlich in der
  Europäischen Gemeinschaft konzentriert, aber gegenüber
  der Konkurrenz der Ostblockländer, der europäischen Länder außerhalb der EG und der Entwicklungsländer wird ihre
  Lage verwundbar. Die ohnehin zu beobachtende Verlangsa-

mung der Investitionstätigkeit im Bereich der Petrochemie wird durch die augenblickliche Überkapazität und durch die Verringerung der Nachfragezuwächse beschleunigt, und es ist nicht ausgeschlossen, daß in diesem Bereich Produzentenkartelle und Handelsschranken eine wachsende Bedeutung erlangen.

Für die Feinchemie ist die Situation vollständig anders: die deutschen und schweizer Unternehmungen und in geringerem Umfang die englischen erfreuen sich einer starken Stellung auf dem internationalen Markt. Sie werden in der Eroberung der Märkte der Industrie- und der Entwicklungsländer fortfahren, besonders auch durch Direktinvestitionen in den Vereinigten Staaten.

- In den Vereinigten Staaten könnte sich eine ausgeglichene Entwicklung von Angebot und Nachfrage im Bereich der chemischen Produkte dank dem Vorhandensein eines großen homogenen Marktes fortsetzen. Der komparative Vorteil der US-Unternehmungen hinsichtlich der Rohstoffpreise, insbesondere infolge der staatlichen Energiepolitik, wird sich wahrscheinlich allmählich verringern.

Die amerikanischen Unternehmen haben eine starke Marktstellung in solchen Bereichen wie Waschmittel und in bestimmten Untersektoren der Feinchemie (lichtempfindliche Materialien, chemische Zusätze, Pharmazeutika). Um neue Materialien zu entwickeln, werden sie aus den Bemühungen Nutzen ziehen, die das Land in Bereichen wie Elektronik, Weltraumforschung, Energie und Verteidigung gemacht hat. Auf der anderen Seite werden sich die US-Firmen wahrscheinlich weiter aus solchen geographischen Zonen und Teilmärkten zurückziehen, wo sie eine schwache Marktstellung haben, um sich auf die Produkte und Technologien zu konzentrieren, wo sie einen großen Marktanteil erreichen und halten können.

- In Japan ist der petrochemische Sektor in der Vergangenheit sehr viel schneller gewachsen als die Industrie als ganzes (von 1965 bis 1974 hat die jährliche Wachstumsrate der Äthylenproduktion bei 21 v.H. gelegen). Zukünftig wird sich dieser Sektor nicht mehr eines solchen außerordentlichen Wachstums erfreuen, sondern er wird dem Wachstum der Gesamtheit der Industrie entsprechen. Im übrigen wird die japanische Petrochemieindustrie ihre Aktivitäten auf internationaler Basis ausdehnen, besonders dadurch, daß sie sich an gemeinsamen Projekten mit den erdölproduzierenden Ländern beteiligt.

  Gleichzeitig wird Japan seine Feinchemie ausbauen (ein Bereich, wo die japanischen Unternehmen über wirkliche Trümpfe verfügen: Fermentationstechnologie, lichtempfindliche Materialien) mit dem Ziel, seine Marktanteile auf Spezialmärkten zu steigern. Japan wird außerdem seine Bemühungen um Diversifizierung in Bereichen wie Kosmetika, Gesundheitsartikel, medizinische Ausstattung und biologische Technologien verstärken.

- In Osteuropa wird die chemische Industrie ein wichtiger Sektor in der UdSSR, in der DDR sowie in Polen und Rumänien werden. Mit Hilfe westlicher Technologie werden bedeutende Investitionen vorgenommen werden in Bereichen wie petrochemische Grundstoffe, Kunststoffe, Fasern, Unkrautvertilgungsmittel, Farbstoffe.

- In der Dritten Welt wird sich die Ausweitung des petrochemischen Sektors in Verbindung mit dem Wachstum der Märkte für von der Petrochemie abgeleitete Produkte vollziehen (zum Beispiel in Brasilien, Mexiko, Argentinien, Iran, China, Indien, Indonesien). Da die Ausweitung gelegentlich schneller sein wird als die Steigerungen des Inlandbedarfs, wird sie einen Überschuß erzeugen, den der internationale Markt aufnehmen muß. So kann man damit rechnen, daß diese Länder in Bereichen wie stickstoffhaltiger Dünger, Methanol, Aromastoffe, Faserstoffe und gängige Kunststoffe bedeutende Marktanteile erwerben werden.

Parallel dazu wird sich eine Tendenz zur vertikalen Integration in Sektoren, die inländische Rohstoffe wie Erdöl, Erdgas, Phosphate, Titan, Fluor und so weiter verwenden, fortsetzen mit dem doppelten Ziel, die eigenen Ressourcen aufzuwerten und gleichzeitig die Industrialisierung voranzutreiben.

In beiden Fällen muß man allerdings die Rentabilität berücksichtigen. Sie wird die tatsächliche Entwicklung im Vergleich zu solchen Vorhersagen verlangsamen, die allein auf der Basis von Großprojekten gemacht werden, die sich derzeit im Planungs- oder Voruntersuchungsstadium befinden.

Die Chemieproduzenten der Industrieländer werden sich den neuen Bedingungen anpassen, indem sie neue Technologien einführen, indem sie die Feinchemie weiterentwickeln und indem sie in verstärktem Maße Projekte mit den Unternehmungen der Dritten Welt realisieren. Die chemische Industrie wird indessen im nächsten Jahrzehnt kaum neue Arbeitsplätze in den Industrieländern schaffen.

4. Eisen- und Stahlindustrie

In der Schwerindustrie wird die Weltproduktion von Rohstahl in Höhe von 675 Mio t im Jahre 1976 rein mengenmäßig nur von Erdöl und Kohle übertroffen. Die Geschichte der Eisen- und Stahlindustrie war eng an die Dynamik der Industrialisierung geknüpft. So stellt sich die Frage, in welchem Ausmaß die derzeitigen Probleme dieses Sektors auf die Konjunkturentwicklung und inwieweit auf den Strukturwandel zurückzuführen sind. Um hierauf zu antworten, muß man die Entwicklung des Sektors seit 1960, die Verbrauchs- und Produktionsaussichten sowie die politischen Probleme untersuchen, die sich den Regierungen wahrscheinlich stellen werden.

Die Expansion der letzten fünfzehn Jahre endet mit der tiefgreifenden Rezession von 1974 bis 1978, die noch verstärkt wird durch eine Kapazitätsausweitung über 1974 hinaus. Die Auswirkungen dieser Situation kann man leicht beschreiben: Obgleich der Stahlverbrauch 1978 fast sein Rekordniveau von 1974 wieder erreicht hatte, bestehen die globalen und regionalen Ungleichgewichte zwischen Nachfrage und Kapazität weiter; die internationalen Handelsströme entfernen sich merkbar von den traditionellen Bahnen; die Preise sind niedriger; die schlechte finanzielle Situation der Produzenten verhindert die Investitionen für Modernisierung und Rationalisierung, und die geforderten Strukturanpassungen bedrohen die Beschäftigungslage in Gebieten, wo die Unterbeschäftigung bereits hoch war; die Regierungen erhöhen in verschiedener Form ihre Beteiligung in der Eisen- und Stahlindustrie und greifen in den internationalen und manchmal auch inländischen Stahlhandel ein.

Von 1970 bis 1978 sind die langfristigen Vorhersagen für die Stahlnachfrage ständig nach unten revidiert worden, aber zwei Tendenzen bleiben:

- Auf lange Sicht werden die Wachstumsraten des Verbrauchs geringer sein als in den letzten Jahren.

- Die Hauptverbraucher werden nach wie vor die entwickelten OECD-Länder und die Zentralverwaltungswirtschaften sein, aber ihr Anteil wird von 85 bis 90 v.H. auf 65 bis 70 v.H. zu Ende des Jahrhunderts fallen.

Wie können traditionelle Produzenten der Herausforderung der neuen Produzenten in der Dritten Welt begegnen und wie können darüber hinaus Produzenten in den Vereinigten Staaten und in bestimmten europäischen Ländern im Wettbewerb mit Japan, Australien, Kanada und Südafrika bestehen? Man kann drei Möglichkeiten ins Auge fassen:

- Gesteigerter Protektionismus. Vom Gesichtspunkt der internationalen Arbeitsteilung aus gesehen ist dies zweifellos die schlechteste Lösung. Aber die Chancen, daß eine solche Politik verfolgt wird, werden durch drei Tatsachen erheblich verstärkt: erstens durch die Bedeutung, die die Industrieländer der Stahlindustrie beimessen, zweitens durch den Grad staatlicher Beteiligung und drittens durch den starken Einfluß der Gewerkschaften in diesem Sektor.

- Intensivierung der Investitionen zur Produktivitätssteigerung auf allen Stufen der Stahlproduktion, um die gegenwärtige geographische Standortverteilung aufrechtzuerhalten. Allerdings macht die finanzielle Situation des Sektors diese Lösung schwierig, und wenn sie darüber hinaus noch von den meisten traditionellen Produzenten verfolgt werden sollte, kann sie als Sekundäreffekt zu Kapazitätsausweitungen führen, die nicht mit dem Nachfrageniveau vereinbar sind.

- Eine verstärkte Umstrukturierung der Branche. Hierbei konzentrieren sich die Industrieländer auf die späteren Produktionsstufen und auf die Herstellung von Spezialstählen, während die Hochöfen und Stahlkochereien einschließlich der Direktreduktion in den Entwicklungsländern angesiedelt würden. Auch dies ist eine problematische Lösung, denn die Stahlproduktion ist technisch stark integriert und läßt sich daher nicht leicht in einzelne

Teilprozesse aufteilen, die an verschiedenen Orten ausgeführt werden können.

Zusammenfassend kann man sagen, daß Länder wie die Vereinigten Staaten, Japan, Großbritannien, Deutschland, Frankreich und Italien wichtige Stahlhersteller bleiben werden, aber die Wachstumsrate ihrer Produktion wird sehr viel geringer sein als in der Vergangenheit. Die Stahlindustrien in Kanada und Australien werden sich schnell entwickeln. Beträchtliche Steigerungsraten wird man auch für Brasilien, Mexiko und Venezuela in Lateinamerika unterstellen können sowie für China, Indien und Südkorea in Asien und für den Iran im Mittleren Osten. Im Jahre 2000 werden nach neuesten Projektionen 50 v.H. der Weltstahlproduktion in den marktwirtschaftlich organisierten Industrieländern hergestellt werden, allerdings mit zunehmenden Anteilen für Kanada, Australien, Südafrika und Spanien. Die Zentralverwaltungswirtschaften werden 28 bis 30 v.H. herstellen (wovon auf China 7,5 v.H. entfallen) und der Rest der Dritten Welt nicht viel mehr als 20 v.H.

Der industrielle Wettbewerb zwischen den Industrieländern wird unter den Bedingungen verlangsamten wirtschaftlichen Wachstums härter werden und dies um so mehr, als immer mehr Industrieprodukte aus dem Ostblock und aus einem Teil der Dritten Welt auf dem Weltmarkt erscheinen werden. Diese Entwicklung wird weder die Koordinierung der Konjunkturpolitik noch die Realisierung einer geeigneten strukturellen Anpassungspolitik verhindern. Die Entwicklung der Industrie wird daher in zunehmendem Maße von den Regierungen bei der Auswahl der Strategien berücksichtigt; aber sie hängt dadurch auch immer stärker vom Staat ab. Darum ist es heute wichtig, die Bedeutung des industriellen Bereichs in den sektoriellen Aspekten der Interdependenz anzuerkennen.

C. DIE SEKTORIELLEN ASPEKTE DER INTERDEPENDENZ

Die Untersuchung der sektoriellen Aspekte der Interdependenz muß die eigentlichen wirtschaftlichen Bereiche (natürliche Ressourcen, Industrie und Landwirtschaft) und regulatorische Fragen allgemeinerer Art (internationaler Handel, Anpassung des Währungssystems, Koordinierung der Konjunkturpolitik und der Politik der strukturellen Anpassung) einbeziehen.

1. Sektorielle Interdependenz über die Wirtschaft hinaus

Dieser um die Wirtschaft herum angeordnete Überblick darf aber mehrere wesentliche Bereiche, die über die Wirtschaft hinausgehen, nicht außer acht lassen, selbst wenn sie kein spezifisches Untersuchungsobjekt des Interfutures-Projekts waren.

(a) Die Abrüstung:

Über den Bereich der militärischen Ost-West-Rivalität hinaus ist der bezeichnende Zug in der Entwicklung im Rüstungssektor die allgemeine Ausbreitung der militärischen Macht, die in den sechziger Jahren begann, sich in den siebziger Jahren verstärkte und wahrscheinlich in den achtziger und neunziger Jahren beträchtliche politische und militärische Konsequenzen sowohl für die Industrie- wie für die Entwicklungsländer haben wird. Einige herausragende Tatsachen:

- Die globalen Zahlen für Militärausgaben sind in jeder Hinsicht erstaunlich: Das jährliche Militärbudget aller Nationen der Welt zusammengenommen liegt in der Größenordnung von 30 Mrd. US-Dollar für 1976. Dies ist ein Betrag, der dem jährlichen Bruttosozialprodukt der ärmsten Hälfte der Weltbevölkerung entspricht.

- Die Verkäufe von Waffen und Militärtechnologie spielen eine bedeutende Rolle im Welthandel. Das Volumen des weltweiten Waffentransfers ist von 5 135 Mrd. $ im Jahre 1965 auf 8 365 Mrd. $ zehn Jahre später gestiegen. Zu einem großen Teil kann dieser Zuwachs durch die Verkäufe an die Staaten des Mittleren Ostens und des Persischen Golfs (2 315 Mrd. $) erklärt werden.

- Die Rüstungsindustrie hat eine parallele Entwicklung zu der, wie sie für die Industrie als ganzes beschrieben wurde, erfahren: Einerseits werden die gehandelten Waffen zunehmend perfektioniert. In den letzten Jahren haben sich die Verkäufe von spezialisierten Militärflugzeugen, Boden-Luft-Raketen, Antipanzerraketen und so weiter vervielfacht. In dieser Hinsicht wächst die Abhängigkeit der Dritten Welt von den Lieferantenländern. Gleichzeitig sind indessen eine Reihe von Ländern der Dritten Welt bestrebt, selbst eine Rüstungsindustrie aufzubauen. Diese Nationen versuchen insbesondere, den Abhängigkeitsgrad für Ersatzteile zu verringern, aber auch die einheimische Industrie zu unterstützen und Exporteure zu werden.

- Das Problem der Diffusion traditioneller Waffen wird überlagert durch das der Proliferation von Kernwaffen, eine legitime Quelle der Besorgnis für eine große Anzahl von Regierungen in den Industrieländern. Auch wenn dieses Problem an Bedeutung verlieren sollte, bleibt doch die Verknüpfung zwischen ihm und der Energieversorgung bestimmter Entwicklungsländer bestehen. Langfristig gesehen könnte es sein, daß der Wunsch, die Ausbreitung der Kernenergie zu stoppen, in den Wunsch umschlägt, sie lediglich einzuschränken und mit ihr zu leben.

(b) Migrationsprobleme:

In allen Szenarien, außer im Szenario des Nord-Süd-Bruches, sind die Industrieländer des Westens einem beträchtlichen Druck ausgesetzt, der durch die Migrationen aus der Dritten Welt verursacht wird. Schon jetzt ist die Masse der illegalen Einwanderungen zwischen Entwicklungs- und Industrieländern beträchtlich. So schätzt man zum Beispiel, daß es gegenwärtig in den Vereinigten Staaten zwischen sechs und zehn Millionen illegaler Einwanderer, hauptsächlich aus Mexiko, gibt. Zu den wirtschaftlichen Gründen, nämlich dem Bestehen großer Einkommensunterschiede, kommen politische Gründe, die sich aus der Folge von Revolutionen und lokalen Kriegen in der Dritten Welt ergeben.

Migrationsprobleme werden auch innerhalb der Dritten Welt auftreten, und die jüngste Geschichte liefert zahlreiche Beispiele.

Diese Fragen der Migration zeichnen sich durch ein zunehmendes Konfliktpotential insofern aus, als im Rahmen der Veränderung der Wertvorstellungen viele Gruppen das Recht kultureller Identität beanspruchen und jenseits einer gewissen Toleranzschwelle auf den Widerstand der Majorität treffen werden.

(c) Schutz und Pflege des gemeinsamen Erbes der Menschheit

Mit der Zeit können sich die Zahl und die Bedeutung der Themen, die sich mit den Fragen des gemeinsamen Erbes der Menschheit befassen, nur vermehren, auch wenn die Definition des Begriffes durchaus nicht eindeutig ist. Beschränkt er sich auf jene Ressourcen der Erde, wie die Ozeane, die nicht von einem Staat für sich in Anspruch genommen werden? Oder handelt es sich um eine neue Methode, ein den Wirtschaftlern wohlbekanntes Phänomen auszudrücken: das der "externen Belastungen", die eine Gruppe von Menschen infolge ihres Verhaltens der gesamten Menschheit aufbürden kann?

Viele Aspekte, die mit der Frage des gemeinsamen Erbes der Menschheit zusammenhängen - und nicht die unwichtigsten - sind in diesem Bericht wegen ihrer speziellen Problematik nicht aufgegriffen worden, aber man kann eine grundsätzliche Schlußfolgerung aus denen ziehen, die erwähnt worden sind (Nutzung des Weltraums durch Satelliten; der Einfluß menschlicher Aktivität auf das Klima; Ausbeutung des Meeresgrundes mit seinen Konsequenzen für die Gewinnung natürlicher Ressourcen und für den Umweltschutz in bezug auf die Ozeane).

Es gibt keinen Zweifel, daß in diesen Bereichen eine Zusammenarbeit aller Staaten unumgänglich ist, und zwar unabhängig davon, ob sie zum Osten, zum Westen oder zum Süden gehören. Dies ist eine Feststellung, die langfristig tiefgreifende und dauerhafte Brüche zwischen Ländergruppen ausschließt; denn solche Brüche können nur auf heftige Krisen hinauslaufen, die ein Kommunikationsniveau wiederherstellen, das für eine wenigstens minimale Berücksichtigung der globalen Interdependenzen ausreicht.

2. Sektorielle Interdependenz im wirtschaftlichen Bereich

Energie und Rohstoffe, Industrie sowie Landwirtschaft haben sich im Verlauf dieses Berichts als die drei großen Aktivitätsbereiche erwiesen, die das Thema spezieller Probleme sowohl zwischen Industrieländern wie auch zwischen Industrie- und Entwicklungsländern sind.

(a) Die Verwaltung der natürlichen Ressourcen: Energie und mineralische Rohstoffe

Der Problemkreis Energie stellt unter drei Aspekten einen beispielhaften Fall dar: Er hat ganz besonders enge Beziehungen mit den anderen Bereichen. Die jeweilige konkrete Si-

tuation ist je nach Land und seinen nationalen Ressourcen
äußerst unterschiedlich, und es besteht eine starke Wechselbeziehung zwischen den nationalen und den internationalen
Aspekten. Die Szenarien ermöglichen es, einige dieser Probleme, und zwar in erster Linie solche, die bei den Untersuchungen der Internationalen Energie-Agentur besonders
deutlich geworden sind, in einen breiteren Rahmen zu stellen.

- Während der Übergangsperiode zur Nacherdölzeit ist die
  Entwicklung der Kernenergie von großer Bedeutung, wenn
  man den dritten Typ der Krise vermeiden will,[1] nämlich
  den, der aus der Erschöpfung des Erdöls resultiert.
  Selbst wenn sie es wollten, hätten die Industrieländer
  dann nämlich nicht mehr die Möglichkeit, zur rechten
  Zeit eine Entwicklung in Gang zu setzen, die auf drastische Energieeinsparung hinausläuft und gleichzeitig
  nicht zu sozialen Konflikten führt. Wenn die Krise erst
  eingetreten ist, wird es zu spät sein, die Entwicklung
  der Kernenergie, für die man eine Reihe von Jahren benötigt, hinreichend zu beschleunigen.

- Die Politik der Energieeinsparung kann durchaus einen
  wirkungsvollen Beitrag liefern; aber sie muß in langfristiger Perspektive formuliert werden, damit sie nicht
  die wirtschaftliche Aktivität behindert. Deshalb muß sie
  konsequent und mit Nachdruck verfolgt werden. Auch hier
  ist jedes Land stark von den Bemühungen der anderen abhängig.

- Kohle wird wahrscheinlich von 1985 an eine zentrale Rolle spielen. Die Entwicklung einer gemeinsamen Kohlepolitik innerhalb der OECD-Länder würde daher das Risiko
  einer Energiekrise beträchtlich senken. Besonders für
  Westeuropa und Japan ist der Zugang zur Kohle in Nordamerika und Australien wichtig.

1 Vgl. Teil I des Berichts.

- Im Hinblick auf die notwendigen, langen Übergangsperioden muß die oben dargestellte Politik durch energische Maßnahmen zur Entwicklung neuer Energieformen ergänzt werden.

- Die Notwendigkeit einer umfassenden politischen Strategie in bezug auf die OPEC-Länder (das heißt einer Politik, die weiter geht als lediglich das Bestreben um die Vermeidung kurzfristiger Preissteigerungen beim Rohöl) wurde bereits in Teil IV erwähnt. Indem diese Länder zu langfristigen Investitionen ermutigt und dadurch, daß die wirtschaftliche und soziale Entwicklung sowie die Diversifikation in diesen Volkswirtschaften erleichtert werden, können die OECD-Länder durchaus dazu beitragen, das Risiko oder den Umfang der drei aufgezeigten Typen von Energiekrisen zu reduzieren.

- Auch das Problem der Entwicklungshilfe für die nichterdölproduzierenden Entwicklungsländer muß in diesem Zusammenhang erwähnt werden.

- Schließlich ist es wichtig, die Konsultationen zwischen den OECD-Ländern über die Politik für den Krisenfall aufrechtzuerhalten. Denn eine Krise kann nicht a priori ausgeschlossen werden. Sei es, daß die Förderkapazitäten unzureichend sind, sei es, daß es an Ausrüstung für die Erdölquellen mangelt. Zielsetzung einer solchen Politik wäre es vor allem, das Risiko eines Ausbruchs einer starken Rezession durch Verknappung von Erdöl zu vermindern.

Der Fall mineralischer Rohstoffe ist komplexer, aber die Probleme bezüglich der Gleichberechtigung beim Zugang und in bezug auf die Schaffung von Bedingungen, die ein Wiederaufleben der Investitionstätigkeit zur Folge haben, verdienen seitens der Regierungen eine fortgesetzte Aufmerksamkeit.

(b) Die Umstrukturierung der weltweiten Industrie

Branchenuntersuchungen und Szenarien lassen keinen Zweifel darüber: In den nächsten zwei Jahrzehnten wird ein tiefgreifender Strukturwandel in der Industrie sowohl in geographischer Hinsicht als auch zwischen und innerhalb der Sektoren eintreten. Wenn auch bestimmte Aspekte dieser Umstrukturierung gewissen fundamentalen und darum schwer zu modifizierenden Tendenzen entsprechen, so sind andere von den wirtschaftlichen Entscheidungsträgern sowie vom Verhalten der Regierungen abhängig.

Es sei hier außerdem hervorgehoben, daß das Spiel der Marktkräfte nicht auf ernsten Verzerrungen der relativen Preise von Produktionsfaktoren basieren und nicht zu solchen drastischen Anpassungen führen darf, daß die Regierungen mancher Länder gezwungen sind, den freien internationalen Handel aus sozialen Gründen dauerhaft einzuschränken.

Hieraus ergibt sich die Frage: sollten die Industrieländer nicht ihre Zusammenarbeit auf dem Gebiet der Strukturpolitik verstärken und sie gleichzeitig auch auf die Industrialisierungsländer ausweiten? Das Ziel wäre, jene Verzerrungen zu beseitigen, die das Funktionieren des Marktes einschränken, und die staatliche Politik auf solche Maßnahmen hin auszurichten, welche die notwendigen Strukturanpassungen in höherem Maße sozial annehmbar machen.

Die möglichen Maßnahmen, die auf internationaler Ebene ergriffen werden müßten, umfassen die folgenden:

- Für jene Industrien, in denen die Beschäftigung in den OECD-Ländern schnell zurückgeht, könnten die Regierungen gezwungen sein, konzertierte Aktionen zur Reduzierung der Kapazitäten in Gang zu setzen, um im echten

Krisenfall einseitige protektionistische Maßnahmen zu verhindern. Tatsächlich geschieht so etwas bereits in den Bereichen Stahl und Schiffbau.

- Die Regierungen werden sich aber vielleicht fragen müssen, ob Vorbeugen nicht besser ist als Heilen. Sie sollten daher die industriellen Anpassungsprobleme weltweit und gründlich untersuchen, und zwar im Rahmen permanent durchgeführter Branchenstudien, die in Zusammenarbeit mit den großen Unternehmungen des Bereichs zu erstellen wären. Diese Studien sollten indessen nur Informationscharakter haben und lediglich dazu dienen, die industriellen und staatlichen Entscheidungsträger zum Nachdenken über vorbeugende Maßnahmen zu veranlassen.

- Die einzelnen OECD-Länder werden zweifellos in den verschiedenen Industriezweigen die strukturellen Anpassungen mit unterschiedlicher Intensität erfahren. Muß man dies beim gemeinsamen internationalen Vorgehen berücksichtigen und, wenn ja, wie?

- Der Wettbewerb zwischen den Industrieländern und im besonderen zwischen den USA, Japan und der Europäischen Gemeinschaft auf dem Gebiet der modernen Technologien kann in bestimmten Bereichen zur Schaffung ständiger technischer Monopole führen (zum Beispiel Flugzeugbau). Manche Staaten könnten eine solche Entwicklung ablehnen, entweder weil sie nicht im allgemeinen Interesse liegt oder aus politischen Gründen im Zusammenhang mit der nationalen Unabhängigkeit. Wie kann man das Streben nach Unabhängigkeit und das nach wirtschaftlicher Effizienz in Einklang bringen?

- Die Verkäufe von Investitionsgütern an die Dritte Welt haben die Tendenz, mehr und mehr zu einem staatlich regulierten internationalen Handel zu werden. Dies verstärkt die Möglichkeit, wirtschaftlich nicht gerechtfertigte Vorteile zu gewähren (Exportkredite mit bedeutenden Subventionseffekten; Importverpflichtungen seitens der Exportländer und so weiter). Es fragt sich folglich, ob nicht die Regierungen in dem Maße, in dem die Verkäufe von Investitionsgütern eine immer bedeutendere Rolle im Welthandel mit Industrieprodukten spielen, auf diesem Punkt zu einer Übereinstimmung kommen sollten.

- Die multinationalen Unternehmungen werden weiterhin ein wesentliches Element der weltweiten industriellen Entwicklung bleiben; aber es ist nicht ausgeschlossen, daß Divergenzen zwischen der Politik dieser Unternehmen und den Zielen der Regierungen der Industrieländer bestehen. Sollten die Regierungen der Industrieländer und die der Entwicklungsländer nicht, wie bereits erwähnt wurde, generelle Orientierungslinien ausarbeiten, die gleichzeitig die von den multinationalen Gesellschaften zu respektierenden Regeln festlegen wie auch die Rechte, die ihnen zugestanden werden?

- Wie kann man schließlich die Industrialisierungsländer an der Diskussion über die Aussichten bestimmter Industrien beteiligen, um zu vermeiden, daß wirtschaftlich nicht gerechtfertigte Überkapazitäten geschaffen werden, und zwar ohne daß dies eine wie auch immer geartete Investitionskontrolle sowohl in den Industrieländern wie in den Entwicklungsländern nach sich zieht.

Natürlich dürfen die angewendeten Maßnahmen nicht dazu führen, daß die weltweite Industrie ihre notwendige Anpassungsfähigkeit verliert. Ihr Hauptziel muß sein, einerseits die Funktionsfähigkeit der Marktwirtschaft zu erhalten und andererseits allzu abrupte Entwicklungen abzuschwächen,

weil diese unter Umständen zu staatlichen Maßnahmen führen
können, die ihrerseits den Bestand der Marktwirtschaft gefährden.

(c) Harmonisierung der landwirtschaftlichen Entwicklung

Mehr als in den vor- beziehungsweise nachgeschalteten Stufen werden die Industrieländer ihre Landwirtschaftspolitik untereinander in Einklang bringen müssen. Sie sollten dies unter Berücksichtigung der Auswirkungen auf die Landwirtschaft der Dritten Welt entsprechend den Untersuchungen von Teil IV tun.

3. Die Steuerung der Weltwirtschaft als Ganzes

(a) Die Regulierung des internationalen Handels

Die zukünftige Entwicklung des internationalen Handels könnte durch zwei Tendenzen gekennzeichnet sein: durch das Anwachsen des Handels innerhalb multinationaler Unternehmungen und durch steigende staatliche Einflußnahme. Vor diesem Hintergrund mag man sich fragen, ob es nicht notwendig ist, neue Regeln für staatliche Interventionen auszuhandeln, um eine Ausweitung von Konflikten und einen Verlust an wirtschaftlicher Effizienz zu vermeiden. Das Ziel wäre:

- eine allmähliche Reduzierung der direkten und indirekten Beschränkungen des weltweiten Waren- und Dienstleistungsverkehrs unter Herbeiführung der notwendigen Anpassungen zu gewährleisten;

- auch die staatlichen Aktionen in gewisse Wohlverhaltensklauseln einzubeziehen, die bestimmte Arten des Vorgehens ausschließen, und zwar besonders solche, die einseitig den Zugang zu bestimmten Märkten beschränken und auf diese Weise den Erfolg von Exportanstrengungen der Unternehmen langfristig in Frage stellen;

- die wachsende Differenzierung zwischen den Entwicklungsländern zu berücksichtigen, damit einerseits eine bessere Integration der fortgeschrittenen unter ihnen in die Weltwirtschaft realisiert werden kann und andererseits die ärmsten gegen eventuelle negative Einflüsse von seiten der industrialisierten Volkswirtschaften besser geschützt sind. Verglichen mit den derzeitigen Regeln sollten die neuen Vereinbarungen vielleicht leichter an die Entwicklung der Weltwirtschaft angepaßt werden können. Es fragt sich überdies, ob sie nicht auch mit Zehnjahresvorhersagen über das wirtschaftliche Wachstum der verschiedenen Länder in Beziehung gesetzt werden können.

Da der Strukturwandel in der Industrie und der internationale Handel untrennbar miteinander zusammenhängen, ist es keineswegs erstaunlich, daß man in diesem Zusammenhang auch wieder auf die Frage möglicher Prozeduren für eine internationale Koordination der Wirtschaftspolitik stößt. Zielsetzung solcher Abstimmungsbemühungen wäre die Erleichterung einer weiteren Ausdehnung des freien internationalen Handels unter gleichzeitiger Vermeidung extremer Folgewirkungen, welche staatliche Interventionen nach sich ziehen könnten, die das System des freien Handels als solches in Frage stellen. Es erscheint unzweifelhaft, daß Entscheidungen über gewisse institutionelle Probleme eine Voraussetzung für die Realisierung solcher Ideen sind.

(b) Die Anpassung des Währungssystems

In langfristiger Sicht erscheinen die Merkmale des internationalen Währungssystems hauptsächlich als Ergebnis politischer und wirtschaftlicher Zielsetzungen und Aktionen von Regierungen. Dies schließt nicht aus, daß die Art und Weise, wie das System funktioniert, ständig nicht auch einen Einfluß auf die Wachstumsmöglichkeiten der verschiedenen Volkswirtschaften hat. Verbesserungen im internationalen Währungssystem setzten gleichzeitig einen Fortschritt auf mehreren Gebieten voraus: in der Verstetigung der Wechselkurse; in den Definitionen für die Währungsreserven sowie in den Bedingungen für die Schaffung internationaler Liquidität und schließlich im Verhalten der einzelnen Staaten, was ihre nationalen Anpassungsstrategien anbetrifft. Die ersten beiden Fragen werden in diesem Kapitel behandelt und die dritte im nächsten Kapitel.

Der relative Vorteil flexibler Wechselkurse ist, daß sie eine ständige Anpassung der Paritäten zwischen den wichtigsten Währungen zulassen. Allerdings kann der mittelfristige Trend durch kurzfristige Schwankungen überlagert werden, die mit Veränderungen im Angebot und in der Nachfrage nach Kapital zusammenhängen, während die Entwicklung der Exporte und Importe in erster Linie nur die Grundtendenz bestimmt. Diese zusätzlichen Schwankungen dürften einen negativen Einfluß auf die verschiedenen Inflationsraten und auf das wirtschaftliche Wachstum haben. Die Erfahrung hat gezeigt, daß sich in einem System flexibler Wechselkurse einzelne Länder (welcher Größe auch immer) nicht erlauben können, eine Konjunkturpolitik zu betreiben, die in bedeutenden Punkten von der der anderen abweicht. Diese Beobachtung führt zu folgender Frage: Welche Kombination von mikro- und makroökonomischer Politik und welche Form internationaler Zusammenarbeit könnten im Rahmen des Systems flexibler Wechselkurse die kurzfristigen Schwankungen verringern, ohne die mittelfristige Anpassung zu behindern. Die Schwierigkeit einer adäquaten Problemlösung entsteht durch das Erfordernis, jede Form von Intervention zu vermeiden, die auf mittlere Sicht ständige Unter- oder Überbewertung einzelner Währungen nach sich zieht.

Seit vielen Jahren wird in den Diskussionen über das Währungssystem die Notwendigkeit betont, die Schaffung von Reserven zu kontrollieren. Mehrere Themen werden dabei immer wieder in den Vordergrund gestellt: Gewährt die Rolle des Dollars als Reservewährung den Vereinigten Staaten ein allzu großes Privileg? Bedingt diese Rolle andererseits nicht auch zahlreiche Nachteile, die immer dann unterstrichen werden, wenn es um die Frage der Verwendung anderer Währungen als Reservewährungen geht? In welchem Umfang können die Sonderziehungsrechte eine wachsende Rolle als Reservewährung spielen und an die Stelle bestimmter bestehender Reserven treten? Hat die Zuwachsrate der Schaffung neuer Währungsreserven einen bedeutsamen Einfluß auf die Weltinflation? Schaffen Euro-Dollar-Markt-Operationen zusätzliche Reserven, und verstärkt dieser Markt die inflationistischen Tendenzen? In der Zukunft werden die Besorgnisse hinsichtlich Niveau und Zusammensetzung der Reserven immer wieder von neuem auftauchen und neue Reformprojekte nach sich ziehen. Das Problem wird weniger technischer als politischer Natur sein, und das Verhalten der Geldemittenten ist wahrscheinlich wichtiger als das der Geldhalter; denn langfristig erscheint es wenig wahrscheinlich, daß eine einzige nationale Währung die Rolle der Reservewährung spielen wird. Im Prinzip können drei unterschiedliche Entwicklungsverläufe in Erwägung gezogen werden:

- Der erste ist der ehrgeizigste und würde zur Errichtung einer streng gegliederten weltweiten Institution führen, die mit umfassenden Vollmachten ausgestattet wäre. Diese Vollmachten würden sich unter anderem auf die folgenden Punkte beziehen: die Schaffung einer internationalen Währung, die Überwachung der Wechselkurse, die Kreditgewährung an Staaten mit Zahlungsschwierigkeiten sowie gewisse Kontrollfunktionen in bezug auf deren Wirtschaftspolitik. Dies würde praktisch bedeuten, den internationalen Währungsfonds in Richtung auf eine Art Weltzentralbank hin weiterzuentwickeln. Im Schrifttum existieren zahlreiche Projekte dieser Art. Ob es sich um die Einführung eines solchen Systems handelt oder um sein Funktionieren, die Schwierigkeiten liegen mehr im politischen Bereich als im technischen. Immerhin würde dies ein logischer Beitrag zum kollegialen Management der Weltwirtschaft sein, so wie es vom Szenario angenommen wird.

- Eine zweite Variante könnte den Aufbau von regionalen Untersystemen vorsehen, wobei jedes für sich die strengen Regeln praktizieren müßte, die jedem Währungssystem innewohnen. Allerdings würden in diesem Modell die Beziehungen zwischen den Regionen im Hinblick auf die Wechselkurse sowie auf die allgemeine Abrechnungs- beziehungsweise Reservewährung offensichtlich offen bleiben. Die Lösung dieser Fragen hätte in Kongruenz mit dem Protektionismus-Szenario (D) oder mit dem Nord-Süd-Konflikt-Szenario (C) zu erfolgen, und zwar in dem Maße, wie sie das Ergebnis aus der tatsächlichen Realisierung solcher Szenarien sein kann. Nichts hindert indessen das Vorhandensein regionaler Untersysteme daran, sich den beiden anderen beschriebenen Entwicklungstypen einzufügen. Die Hauptgefahr dieser Variante, außer bei entsprechenden Vorsichtsmaßnahmen, besteht offensichtlich darin, die latenten protektionistischen Kräfte in Form einer institutionellen Spaltung der internationalen Beziehungen Gestalt annehmen zu lassen.

- Die dritte mögliche Entwicklung ist die einer ständigen Annäherung an eine annehmbare Situation dank einer durch Ad-hoc-Maßnahmen mehr oder weniger verstärkten Selbstdisziplin in den einzelnen Ländern. In diesem Fall würde es sich um eine freiwillige Zusammenarbeit handeln, die ohne jeden Zwang in freier Entscheidung beschlossen würde. Eine bestimmte Erhöhung der Disziplin könnte nichtsdestoweniger in der Verstärkung der Rolle der Sonderziehungsrechte im Verhältnis zum Dollar als Instrument für Abrechnung und Reserve gefunden werden und gleichzeitig in der Verpflichtung, zum einen die Wechselkurse nicht als wirtschaftliche Waffe zu benutzen sowie andererseits die nationale Anpassungspolitik an den internationalen Erfordernissen auszurichten. Dieser dritte Weg erscheint im Zusammenhang mit den Annahmen in den Szenarien mit mäßigem Wirtschaftswachstum (B_2 und B_3) am wahrscheinlichsten.

Schließlich kann man unabhängig von den beiden eben erörterten Fragen im Falle des Auftretens einer Energiekrise ein plötzliches Ansteigen der OPEC-Überschüsse erwarten, außer es gibt eine gemeinsam beschlossene konzertierte Zuteilung des vorhandenen Rohölangebots. Obgleich die Ungleichgewichte, resultierend aus den Preissteigerungen von 1973, besser als erwartet bewältigt worden sind, kann man sich fragen, ob das internationale Bankensystem noch einmal in der Lage sein wird, in einem solchen Fall das Recycling der Liquidität zu gewährleisten.

Alles in allem scheint es im monetären Bereich nicht unwahrscheinlich, daß staatliche Interventionen in Zukunft noch wichtiger sein werden als schon heute, aber doch nach wie vor im Rahmen eines Systems flexibler Wechselkurse.

(c) Die Koordinierung von Konjunktur- und Strukturpolitik

Die internationale Kooperation auf diesem Gebiet wird in der Zukunft noch an Bedeutung gewinnen und wird immer mehr Regierungen einbeziehen. Aus vielen Gründen kann sich diese Zusammenarbeit indessen zukünftig als schwieriger erweisen, als sie heute schon ist (Wechselwirkung zwischen konjunkturellen und strukturellen Faktoren, zahlenmäßiges Anwachsen der in jedem Land beteiligten Verwaltungsabteilungen, Konflikte zwischen den Zielsetzungen der nationalen Politik und den Erfordernissen aus internationaler Sicht, Auftreten einer Welt mit mehreren Zentren). Nichts kann den politischen Willen der Regierungen zur Zusammenarbeit ersetzen. Allerdings hängt er von einem breiteren öffentlichen Rückhalt ab. Es ist zweifelhaft, ob ein solcher Rückhalt auf der Basis lediglich kurzfristiger Programme erworben werden kann. Muß nicht die wirtschaftliche Zusammenarbeit zwischen den OECD-Ländern einschließlich der mittelfristigen Politik und der Strategie zur Strukturanpassung vor diesem Hintergrund neu überdacht werden?

Die sektoriellen Untersuchungen haben schon viele politische Probleme aufgeworfen. Indessen schält sich aus der Szenarienfolge und aus diesen Betrachtungen eine Hauptfrage heraus, die alle anderen einschließt, nämlich die der Zusammenarbeit zwischen den Staaten im Hinblick auf die zunehmende weltweite Interdependenz.

D. POLITISCHE STRATEGIEN IM ZEICHEN ZUNEHMENDER INTERDEPENDENZ

Die wahrscheinlichen Entwicklungen und die potentiellen Umbrüche beleuchten die Strategien und Trümpfe der verschiedenen Ländergruppen und machen die Notwendigkeit einer verbesserten internationalen Zusammenarbeit deutlich.

1. Die wahrscheinlichen Tendenzen

Eine gewisse Vorstellung über das, was als wahrscheinlich angesehen werden könnte, hat im Verlauf der Beschreibung der Szenarien in Teil III und V Gestalt angenommen. Sie soll mit gebotener Vorsicht dargestellt werden:

Hohes Wachstum in den Industrieländern wird bei Nichtvorhandensein einer wirksamen und koordinierten staatlichen Politik zu ernsthaften nationalen und internationalen Schwierigkeiten führen. Darüber hinaus ist der Erfolg einer solchen Politik nicht gewährleistet, wenn man Engpässe in der Energieversorgung, interne Konflikte im Zusammenhang mit Verteilung des Volkseinkommens und die Aspekte der sozialen Fragmentierung in Verbindung mit Änderungen in den Wertvorstellungen berücksichtigt. Man kann auch skeptisch im Hinblick auf die Chancen sein, daß eine solche Politik gleichzeitig von allen großen Industrieländern verfolgt wird.

Im Gegensatz dazu erscheint eine weltweit parallele Entwicklung der Bedingungen für neues qualitatives Wachstum um so weniger wahrscheinlich, als die Wandlungen in den Wertvorstellungen nicht gleichmäßig mit dem Auftreten von in dieser Hinsicht einflußreichen sozialen Gruppen einhergehen, sondern langsam sein werden. Die neuen Wertvorstellungen werden nichtsdestoweniger den Inhalt des Wachstums allmählich verändern, und manche Industrieländer werden sich vielleicht veranlaßt fühlen, nach außen hin, das heißt im Hinblick auf den Rest der Welt, weniger offen zu sein, um größere Freiheiten in der Bestimmung nationaler Ziele zu haben.

Es läßt sich nicht von der Hand weisen, daß eine gewisse Wahrscheinlichkeit für das Szenario mit mäßigem Wirtschaftswachstum spricht, und zwar mit zwei Einschränkungen: Zunächst ist die Annahme einer Produktivitätsangleichung vor dem Hintergrund historischer Vergleiche und der Analyse der inneren Dynamik der modernen Industriegesellschaften kaum zu halten; wenn man hier eine Wahl treffen muß, dann erscheint die Hypothese langfristig divergierender Produktivitätsfortschritte in den Industrieländern realistischer. Zweitens paßt das mäßige Wachstum schlecht zu einer weiterhin fortschreitenden Liberalisierung des internationalen Handels. In dieser Hinsicht ist das Szenario instabil und führt logischerweise zu verschiedenartigen Formen des Protektionismus.

Zu viele Länder sowohl im Norden wie im Süden haben im Falle eines Bruches zwischen den Industrieländern und der Dritten Welt zuviel zu verlieren, so daß es wenig wahrscheinlich ist, daß eine solche Entwicklung in irgendeiner extremen Form auftreten wird. Die Zusammenarbeit zwischen den Industrieländern mit gleichzeitigem partiellen Protektionismus kann jedoch mit einer verstärkten Kooperation innerhalb der Dritten Welt bei ebenfalls partiellem Protektionismus in diesen Regionen einhergehen. In diesem Zusammenhang spielt eine Gruppe eine bedeutende strategische Rolle, nämlich die derjenigen Staaten der Dritten Welt, die sich in einem Stadium bereits fortgeschrittener Industrialisierung befinden. Diese Länder sind gleichzeitig führend bei den Forderungen des Südens und potentielle Partner der Industrieländer im Norden. Für die Länder des Südens ist die Frage nach der Wahl der Entwicklungsstrategie in gewisser Weise das Pendant zu der Frage des Nordens nach dem neuen qualitativen Wachstum. Auch in bezug auf die Entwicklungsländer ist es eher unwahrscheinlich, daß die Gesamtheit der Dritten Welt eine Politik verfolgen wird, die den menschlichen Grundbedürfnissen Priorität einräumt, selbst wenn einige Länder sich energisch diesem Ziel verpflichten.

Schließlich hat die letzte Gruppe der Szenarien gezeigt, daß extreme Formen des Protektionismus den Widerstand sowohl innerhalb der Industrieländer wie von seiten derjenigen Länder der Dritten Welt wecken würden, deren Handel mit einem der großen Pole des Nordens stark privilegiert wäre. Allerdings schließt dies eine gewisse Verstärkung von Handelshemmnissen zwischen den großen Zonen der OECD oder die Entwicklung von Präferenzbeziehungen, besonders im Zusammenhang mit Investitionen, zwischen der Europäischen Gemeinschaft, den Vereinigten Staaten und Japan sowie bestimmten Regionen der Dritten Welt keinesfalls aus.

Wenn es keine allzu großen Veränderungen in der staatlichen Politik sowohl im Norden wie im Süden gibt und wenn kein sich selbst verstärkender wesentlicher Umbruch eintritt, könnte eine mögliche Entwicklungstendenz,die aber wenn irgend möglich zu vermeiden ist,die folgende sein: das gegenwärtige langsame oder mäßige Wirtschaftswachstum in den Industrieländern wird sich während der nächsten fünfzehn Jahre fortsetzen, wobei strukturelle Arbeitslosigkeit gewissermaßen als Dauererscheinung anzusehen ist. Die Koordination der Konjunkturpolitik bleibt ungenügend, und der Strukturwandel vollzieht sich mit Verzögerungen im Schutze indirekter protektionistischer Maßnahmen, die gegen Importe aus anderen Industrieländern wie aus der Dritten Welt gerichtet sind. Manche Länder machen in der Strukturanpassung größere Fortschritte, besonders Japan; und ihre Produktivität wächst, ohne daß die Produktivität irgendeines anderen Landes dabei eine obere Grenze setzen würde. Die Regierungen haben Schwierigkeiten, einen Ausgleich zwischen den weiterhin vertretenen traditionellen politischen, wirtschaftlichen und sozialen Zielsetzungen und den neuen Forderungen von aktiven Minderheiten herbeizuführen. Nur wenige Länder optieren in deutlicherer Form für das neue qualitative Wachstum und kontrollieren vor diesem Hintergrund einen Teil ihres Außenhandels, um eine Entwicklung in die gewünschte Richtung zu ermöglichen.

Der Differenzierungsprozeß in der Dritten Welt wird sich
fortsetzen. Auf den armen Kontinenten entscheiden sich eine
Reihe von Ländern für reformistische oder radikale Entwicklungsstrategien, um die Grundbedürfnisse der Majorität besser zu befriedigen, aber der Erfolg dieser Versuche ist
nicht gewährleistet. Die Dritte Welt versucht ebenfalls
ihre Zusammenarbeit zu intensivieren, aber hat auch hier
nur partielle Erfolge zu verzeichnen, um so mehr als aus
kulturellen, politischen, militärischen und wirtschaftlichen Gründen enge Bindungen zwischen Lateinamerika, Nordamerika und Europa; zwischen Afrika und Europa; zwischen
dem Mittleren Osten, den Vereinigten Staaten und Europa und
schließlich zwischen Südostasien und Japan bestehen.

Trotz des partiellen Protektionismus, der sowohl innerhalb
des Nordens, zwischen Norden und Süden und innerhalb des
Südens existiert, setzt sich die weltweite regionale Umverteilung der wirtschaftlichen Aktivitäten mit großer Intensität fort, und die Industrialisierungsländer steigern ihren Handel mit den Industrieländern. Ohne wirklich in den
Weltmarkt integriert zu sein, hängen sie in immer stärkerem
Maße von ihm ab.

Wenn ein solches Bild auch wahrscheinlich ist, so ist es
doch weit davon entfernt, befriedigend zu sein. Es stellt
sich daher die Frage: Inwieweit ist dieser Entwicklungsverlauf instabil? Kann er nicht möglicherweise aus den verschiedensten Gründen zu wesentlichen Umbrüchen führen?

2. Die möglichen Umbrüche in der Entwicklung

Manche werden die Auswahl der möglichen Entwicklungsverläufe mittels der Szenarien als zu eng erachten. Es gibt indessen eine dreifache Begründung dafür: Erstens eine bewußte Ablehnung bestimmter allzu extremer Annahmen, die in Teil II dargestellt ist; zweitens die Tatsache, daß gewisse tiefgreifende Strukturwandlungen in makroökonomischer Sicht nur geringe Effekte haben; und drittens ist festzustellen, daß die Geschwindigkeit, mit der die verschiedenen Volkswirtschaften die jeweiligen Schocksituationen überwinden, im Rahmen des verwendeten Modells wahrscheinlich überschätzt wird.

Andererseits können ausgehend von dieser Auswahl bereits Diskontinuitäten in der Entwicklung auftreten, die von besonderer Wichtigkeit sind, als die staatliche Politik nicht nur zum Ziel haben sollte, die Realisierung einer bestimmten langfristigen Entwicklung zu erleichtern, sondern auch Unvorhergesehenes in den Griff zu bekommen und auf diese Weise die Verwundbarkeit der jeweiligen Gesellschaft zu vermindern.

Diese Diskontinuitäten können, wie bei jeder Art von Unfall, aus dem schwierig vorhersehbaren gleichzeitigen Auftreten verschiedener Elemente herrühren, wobei die Gleichzeitigkeit gewisse sich selbst verstärkende Wechselwirkungen von Aktionen und Reaktionen auslöst, die irreversible Prozesse hervorbringen können. Hieraus erklärt sich die Schwierigkeit, solche Krisen zu beschreiben. Allerdings ist es möglich, eine Reihe potentieller Elemente zu identifizieren:

- Priorität gebührt der Energie: Den Anfang bilden könnten sowohl Revolutionen in bestimmten Ländern der OPEC und/oder ungenügende Investitionen in diesen Ländern, um die Förderungskapazitäten zu erweitern, als auch gleichzeitig eine unzulängliche Politik innerhalb der OECD im Hinblick auf Kernenergie, Kohle und Energieeinsparung. Das Resultat wäre eine inflationistische Rezession der Weltwirtschaft, die manche Entwicklungsländer hart trifft, die aber auch die Arbeitslosigkeit in den Industrieländern erhöht und als Folge zu starken sozialen Unruhen und anderen Formen von Umbrüchen führt. Dieser Krisentyp ist nicht nur auf das Ende des Jahrhunderts beschränkt, er kann jederzeit in den nächsten Jahren auftreten.

- Auch die anderen natürlichen Ressourcen können Ausgangspunkt von Krisen sein: In Verbindung mit klimatischen Veränderungen können Mißernten zu ernsthaften Schwierigkeiten in bestimmten Regionen der Dritten Welt führen und besonders in Schwarzafrika und Südasien Hungersnöte großen Ausmaßes mit sich bringen; der Zugang zu so empfindlichen Rohstoffen wie Chrom kann plötzlich unterbrochen werden, und dies würde ganze Bereiche industrieller Aktivität in den Industrieländern gefährden; das Unvermögen, die negativen Auswirkungen von Kohlendioxydemissionen auf das Klima zu begrenzen, kann dazu zwingen, den Einsatz von fossilen Brennstoffen zu beschränken.

- Der Umfang der Probleme, denen sich die Gesellschaften der Dritten Welt gegenüber sehen, macht die meisten dieser Gesellschaften in besonderem Maße instabil: In den OPEC-Ländern zerstört das Erdölfieber die alten sozialen Strukturen, und die Regierungen stehen hier vor schwierigsten Entscheidungen im Hinblick auf die Vorbereitung eines Übergangs in die Nacherdölära; in den Industrialisierungsländern ist die Einkommensverteilung in höchstem Grade ungleich; die ärmsten Länder sind mit kaum zu lösenden Problemen konfrontiert, und die Stabilität stellt hier teilweise lediglich eine Folge vorübergehender Resignation dar. Die weitere Verbreitung militärischen Potentials und vielleicht die Proliferation von Kernwaffen könnten die regionalen Konflikte schüren, ohne die innere Stabilität zu erhöhen. Hinzu kommen umfassende und fundamentale Strömungen wie das Erwachen des Islam von Usbekistan bis Nindanao im Herzen Afrikas. Allgemein gesehen, sind viele Entwicklungsländer hin und her gerissen zwischen der Versuchung, sich in das gegenwärtige Weltwirtschaftssystem zu integrieren, sich vom Norden abzukoppeln oder sich in einer wie auch immer gearteten bürokratischen Form der Weltwirtschaft zu organisieren. Die Dritte Welt wird also ständig von lokalen oder kontinentalen Krisen bedroht sein, die infolge der Interdependenz verstärkte Auswirkung auch auf die Industrieländer haben werden.

- In gewissen Industrieländern sind zwei Arten von Krisen möglich unter dem zweifachen Druck der äußeren Interdependenz und der inneren sozialen Fragmentierung. Erstens ein Niedergang der Demokratie: das heißt, der Staat reißt immer mehr Macht an sich, einerseits um besser mit den anderen Staaten verhandeln zu können und andererseits um den Interessenausgleich zwischen den verschiedenen sozialen Gruppen zu gewährleisten, indem er die strukturellen Anpassungen erträglich macht. Hieraus ergibt sich für die betreffenden Länder eine Neubestimmung der staatlichen Aktivitäten, die mehr und mehr auf Planungssysteme basiert sind. Zweitens und im Gegensatz zu jener ersten Tendenz wird die Entwicklung auf neue Wertvorstellungen hin mit einer immer stärker werdenden Infragestellung des Staates bei den inneren Angelegenheiten einhergehen. Wenn sich allerdings die internen Wandlungen als zu schnell im internationalen Zusammenhang erweisen sollten, dürfte dieser infragegestellte Staat paradoxerweise aufgefordert werden, eine strengere Kontrolle im Hinblick auf die Außenbeziehungen auszuüben, um die Realisierung eigenständiger Modelle sozialer Organisation zu gewährleisten.

- Die vorgenannten Krisen könnten wegen der wachsenden Inkompatibilität der Volkswirtschaft der Industrieländer untereinander verstärkte Bestrebungen in Richtung auf Protektionismus mit einer Fragmentierung der Weltwirtschaft und einer Tendenz zur Bilateralisierung des Welthandels nach sich ziehen. Dies bedeutet ein weiteres Mal die Gefahr einer Veränderung weg von den Szenarios B_2 und B_3 zu einer Mischung aus den Szenarien C und D.

- Schließlich besteht noch das Risiko einer Störung des etablierten Gleichgewichts zwischen der UdSSR und den Vereinigten Staaten. Die UdSSR beobachtet die Krisen innerhalb der Dritten Welt und nutzt sie für sich aus. Gleichzeitig bemüht sie sich, die Entwicklung in Osteuropa zu kontrollieren. Auch die chinesische Politik kann in diesem Zusammenhang durchaus ein neues Element der Instabilität bedeuten.

Angesichts dieser Pluralität der Zukunftsaussichten müssen die Regierungen, und nicht nur jene der westlichen Industrieländer, zum einen Bedingungen schaffen, die als Voraussetzung für die günstigsten Entwicklungen angesehen werden, und zum anderen die Risiken von Krisen vermindern und außerdem Vorkehrungen treffen, um im Falle, daß diese doch eintreten, gewappnet zu sein. Mit anderen Worten, sie müssen gleichzeitig die wahrscheinlichen Entwicklungsverläufe verbessern und das Unverhersehbare in den Griff bekommen.

3. Wege zur internationalen Zusammenarbeit

Die Schwierigkeiten, die sich aus dem Fortbestand von Nationalstaaten und der gleichzeitig verstärkten Interdependenz zwischen diesen ergeben, können nur dadurch gelöst werden, daß die internationale Zusammenarbeit eine neue Dimension erhält. Es soll daher der Versuch gemacht werden, einige Orientierungslinien für Strategien zu finden, die in diesem Zusammenhang nützlich sein könnten:

- Die Intensivierung der internationalen Zusammenarbeit erfordert zunächst einmal den politischen Willen dazu, der in den demokratischen Staaten nur dann vorhanden sein wird, wenn die Masse der Bürger die Probleme der Zukunft begreift und einsieht, daß eine gesteigerte Dezentralisation auf nationaler Ebene mit einer Verstärkung zwischenstaatlicher Zusammenarbeit nicht unvereinbar ist.

- Die Bewältigung der Probleme, die von einer zunehmenden weltweiten Interdependenz ausgehen, bedarf einer globalen Zusammenarbeit mindestens zwischen den großen Ländern der OECD, zum Beispiel zwischen den Teilnehmern des jährlichen Siebenergipfels. Diese Zusammenarbeit muß sich gleichzeitig auf die kurze, mittlere und lange Frist und auf die Wechselwirkungen zwischen den verschiedenen Aktivitätsbereichen erstrecken.

- Eine verstärkte internationale Zusammenarbeit ist auch in einer Anzahl von Sektoren, die nicht für sich allein betrachtet werden, unvermeidlich: Ausbeutung und Nutzung der natürlichen Rohstoffe, Koordination der Wirtschaftspolitik, Reform des internationalen Währungssystems, allgemeine Handels- und Industriefragen sowie Nord-Süd-Beziehungen.

- Allgemein gesehen muß die Kooperation in einem Geist der Aufgeschlossenheit und entsprechend den jeweiligen Problemen die wichtigsten jeweils betroffenen Länder umfassen. Es fragt sich daher, ob das Sekretariat der OECD in diesem Sinne nicht die Industrialisierungsländer allmählich zur Teilnahme an gemeinsamen Aktivitäten veranlassen sollte, um auf diese Weise die Zukunft vorzubereiten.

- Die Kooperation sollte sich ein angemessenes Funktionieren der internationalen Märkte während der Zeitspanne, in der die Staaten direkt oder indirekt wichtige Akteure werden, zum Ziele setzen. Sie darf nicht dazu tendieren, die Weltwirtschaft bürokratisch verwalten zu wollen.

- Um erfolgreich zu sein, muß die internationale Kooperation davon ausgehen, daß jedes Land auf nationaler Basis in Eigenverantwortung handelt. Hierbei sollte jedes Land wirtschaftlich ungünstige Folgen, die es den anderen mit einer unzureichenden Politik, beispielsweise in den Bereichen Inflation, Energieeinsparung und Strukturanpassung, leicht zufügen kann, zu vermeiden trachten.

- Die Bewältigung der Probleme, die von einer zunehmenden weltweiten Interdependenz ausgehen, setzt schließlich außerdem Bemühungen im Bereich der Institutionen voraus, und zwar sowohl auf nationaler als auch auf internationaler Ebene.

SCHLUSSFOLGERUNGEN

Von vornherein, das heißt schon in der Einleitung, ist betont worden, daß dieser Bericht weder eine pessimistische noch eine optimistische Botschaft sein will, sondern daß er zur Bewußtseinsfindung und zur Tatkraft anreizen soll. Was ist nun für die Industrieländer und deren Regierungen der Inhalt der Botschaft, der sich aus dieser vorausschauenden Analyse ergibt? Sie stellt sich in drei Elementen dar: Aussichten, neuralgische Punkte und Empfehlungen.[1]

Manche Leser werden sich zu Recht fragen, auf welche Ziele eigentlich die dargestellten Strategien zugeschnitten sind. Sich der Zielanalyse im Detail zu widmen, wäre ein im höchsten Grade zweifelhaftes Unterfangen gewesen. Die menschlichen Gesellschaften hegen zu jeder Zeit mannigfaltige Erwartungen sowohl partieller als auch einander widersprechender Art, und soweit Regierungen oder andere Institutionen auftreten, widerstrebt es ihnen sehr häufig, ein konsistentes System einander ergänzender Ziele zu formulieren. Ferner ist es ganz offensichtlich, daß die langfristig als wünschenswert angesehenen Ziele nicht nur je nach OECD-Land variieren, sondern auch noch im Hinblick auf die speziellen Umstände einer jeden Periode. Diese Betrachtungen beschränken sich daher auf einige allgemeingültige Ziele, die für alle modernen Industrieländer von Bedeutung sind:

- Aufrechterhaltung oder Verstärkung der politischen und wirtschaftlichen Sicherheit auf lange Sicht, und zwar sowohl bezüglich der Außenbeziehungen als auch im Hinblick auf die jeweilige interne Lage.

- Verminderung der Verwundbarkeit gegenüber mehr oder weni-

1 Die Aussichten werden in dieser verkürzten Fassung nicht wiederholt, da sie sich aus den vorhergehenden Teilen ablesen lassen.

ger unvorhersehbaren Ereignissen, die in jedem Augenblick eintreten können;

- Steigerung der Effizienz der Weltwirtschaft durch eine Verbesserung im Funktionieren der Märkte und anderer Einrichtungen;

- Verminderung der Ungleichheiten in der Verteilung von Einkommen und Macht, und zwar in dem Maße, wie die Ungleichheiten das System der herrschenden Wertvorstellungen in Frage stellen und möglicherweise langfristig gesehen die Sicherheit bedrohen.

A. DIE NEURALGISCHEN PUNKTE

Die neuralgischen Punkte, die vorrangig die Aufmerksamkeit der Regierungen verdienen, umfassen insbesondere vier Themenbereiche:

- Strukturwandel im Energiesektor.

- Die Suche nach einer nationalen Politik, die den neuen Zusammenhängen angemessen ist.

- Gemeinsame Bemühungen um die Entwicklung der Dritten Welt.

- Neue Formen internationaler Zusammenarbeit.

1. Strukturwandel im Energiesektor

Die Tatsachen sind von überraschender Einfachheit: Die Situation der Weltwirtschaft wird unsicher bleiben, solange der Anteil des Erdöls (und insbesondere des derzeitigen OPEC-Erdöls) an der Weltenergieversorgung nicht bedeutend reduziert worden sein wird. Energieeinsparung, Entwicklung der Kernenergie und Verwendung von Kohle sind die drei Ziele, die es nachdrücklich und gleichzeitig zu verfolgen gilt. Allerdings dürfen dabei Sicherheit und ökologische Überlegungen nicht außer acht gelassen werden. Außerdem sollte man neue Energieformen wie zum Beispiel die Sonnenenergie entwickeln, die jedoch erst in längerer Frist zur Verfügung stehen können. Im Sektor Energie sollte jedes Land seine nationalen Anstrengungen verstärken, aber gleichzeitig auch für die Zusammenarbeit unter erdölverbrauchenden Ländern ebenso wie für jene zwischen den erdölverbrauchenden und den erdölproduzierenden Ländern eintreten.

2. Die Suche nach einer nationalen Politik, die den neuen Zusammenhängen angemessen ist

Zunächst eine Vorbemerkung: Wie bereits mehrfach betont wurde, ist die entwickelte Welt durchaus nicht homogen. Die Probleme der Gegenwart und der Zukunft scheinen in Japan, in den Ländern Westeuropas, in Kanada und in den Vereinigten Staaten nicht in der gleichen Weise empfunden zu werden. Sicherlich haben jene Betrachtungen, die am Ende von Teil III angestellt worden sind, Bedeutung für alle OECD-Länder, aber sie müssen jeweils in Abhängigkeit von der nationalen Situation interpretiert werden.

In der Zukunft und mehr noch als in der Vergangenheit werden die Regierungen der Industrieländer gezwungen sein, ihre Politik in der Weise zu formulieren, daß sie auf nationaler Ebene gleichzeitig dem Auftreten neuer Wertvorstellungen und neuer sozialer Ansprüche, der Realisierung eines dauerhaften, nicht-inflationären Wirtschaftswachstums und der Vollbeschäftigung sowie den Notwendigkeiten des Strukturwandels Rechnung trägt.

Das Wachstum wird nicht nur durch makroökonomische Hemmnisse nationaler und internationaler Art, wie Inflation oder Zahlungsbilanzschwierigkeiten, beeinträchtigt, sondern auch durch tiefgreifende Strukturprobleme. Letztere können durch den Prozeß sozialer Fragmentierung verursacht sein, der teilweise auf die sich ändernden Wertvorstellungen zurückzuführen ist, aber auch durch die Wechselwirkung zwischen Strukturanpassungserfordernissen einerseits und den Rigiditäten in der Produktions- und Beschäftigungsstruktur andererseits. Hieraus erklärt sich die Gefahr des längerfristigen Fortbestehens eines mäßigen Wirtschaftswachstums, das nicht durch einen Wechsel in den Wertvorstellungen oder durch die inhaltliche Veränderung der nationalen Produktion, die diese akzeptabel machen würde, kompensiert wird. Das Beschäftigungsproblem wird in diesem Zusammenhang die Hauptsorge sein.

Daher ist es notwendig, die folgenden Ziele zu kombinieren:

- Rehabilitierung des Wirtschaftswachstums als gesellschaftspolitische Zielsetzung;

- Anerkennung der Notwendigkeit des Strukturwandels;

- Ablehnung von Entwicklungen, die bestimmte soziale Gruppen vom Wachstum längerfristig ausschließen;

- Aufgeschlossenheit gegenüber den Ansprüchen zukunftsgestaltender Gruppen;

- Verstärkte Zusammenarbeit unter den Industrieländern.

Hinter den wirtschaftlichen Schwierigkeiten, an denen manche Industrieländer leiden, steht indessen auch das Fehlen einer großen Zukunftsvision, um die herum sich ein breiter sozialer Konsensus organisieren könnte. Die - natürlich

stillschweigende - Existenz eines solchen Einvernehmens hat
eine bedeutende Rolle bei dem Erfolg der 25 Jahre gespielt,
die auf den zweiten Weltkrieg folgten. Dies gilt für die
Vereinigten Staaten als dem derzeitigen Hüter der weltweiten Ordnung und Träger einer Ideologie, an die die Mehrheit glaubte, für die Bundesrepublik Deutschland, Frankreich oder Italien, die entschlossen waren, sich neue Perspektiven für die Zukunft zu schaffen, oder für Japan, in
dem das Wirtschaftswachstum das Mittel war, seine Identität
und seinen Platz in der Welt wiederzufinden. Diese Ziele haben heute keine Bedeutung mehr, und zwar zum Teil, weil sie
sich realisiert haben.

Kann ein vergleichbar tragfähiges Vorhaben auch heute entstehen? Auf jeden Fall wird es weder als Folge irgendeines
Beschlusses noch eines Parteiprogramms auftreten, sondern
höchstens aus der komplexen Alchemie entstehen, die die Entwicklung der Gesellschaft lenkt. Das Projekt müßte genügend
Spielraum lassen, um die äußerst verschiedenen Überzeugungen hinsichtlich der gesellschaftlichen Organisationsformen
integrieren zu können. Es dürfte sich auch nicht auf rein
nationale Ziele beschränken; denn die modernen Industriegesellschaften können in der heutigen Zeit der weltweiten Interdependenz ihre Zukunft nicht auf isolierte Weise und unabhängig von der Entwicklung der übrigen Welt konzipieren.

3. Gemeinsame Bemühungen um die Entwicklung der
   Dritten Welt

Eine harmonischere Entwicklung der Dritten Welt liegt im Interesse der Industrieländer. Industrie- und Entwicklungsländer sollten daher gemeinsam Aktionsstrategien ausarbeiten,
die um die folgenden Prinzipien herum angelegt sind:

- Fortschreitende Beseitigung der Hindernisse, die die Effizienz der Weltwirtschaft beeinträchtigen - sei es, daß diese Hindernisse von der Politik der Industrieländer oder der der Entwicklungsländer, von den Marktstrukturen oder vom Verhalten bestimmter wirtschaftlicher Akteure herrühren.

- Verbesserung der Einkommensverteilung innerhalb und zwischen den Ländern, und zwar auf drei Wegen: Erstens durch Erhöhung jener Transfers, die zur Befriedigung der Grundbedürfnisse, besonders in den ärmsten Ländern, bestimmt sind. Dabei sollte der Entwicklung der Landwirtschaft und der Suche nach einem annehmbaren Gleichgewicht zwischen Landwirtschaft, Industrie und Dienstleistungen erhöhte Priorität eingeräumt werden. Auch die Qualität dieser Transfers (ihre Regelmäßigkeit und ihre Zuteilungsbedingungen) sollten besser überwacht werden. Zweitens muß den wirtschaftlichen Benachteiligungen, die die Funktionsweise des gegenwärtigen Weltwirtschaftssystems für die Entwicklungsländer mit sich bringt, mehr Aufmerksamkeit geschenkt werden. Und drittens geht es darum, solche Situationen zu vermeiden, in denen die Entwicklung der relativen Preise oder die eingesetzten Technologien den Beschäftigungsanstieg in der Welt einschränken und dazu beitragen, die Ungleichheit der Einkommensverteilung in bestimmten Entwicklungsländern aufrechtzuerhalten oder zu verschärfen.

- Ausarbeitung gemeinsamer Projekte, die von bestimmten Gruppen von Industrie- und Entwicklungsländern in Kooperation durchgeführt werden können. Dabei könnte es sich vor allem um Vorhaben handeln, die die Hauptbereiche der Interdependenz wie Energie, Rohstoffe, Landwirtschaft, Industrie, Wissenschaft und Technik sowie Finanzströme betreffen; solche Projekte dürften einerseits Entwicklungsländer mit entsprechend gleichartigen Problemen und andererseits die Länder der gleichen Region interessieren.

- Schließlich kommt es darauf an, allmählich, und zwar in Relation zur Transformation der Weltwirtschaft, die Partizipation der Entwicklungsländer an den entsprechenden zwischenstaatlichen Institutionen zu fördern, wobei Maßnahmen vorgesehen werden müssen, daß die erweiterte Mitgliedschaft nicht die Effizienz dieser Institutionen beeinträchtigt.

4. Neue Formen internationaler Zusammenarbeit

Einige sehr einfache Ideen sollten bei der Entwicklung der neuen internationalen Zusammenarbeit berücksichtigt werden:

- Das Hauptziel einer Zusammenarbeit zwischen den Regierungen sollte das Bemühen um die Steigerung der Effizienz durch eine Verbesserung im Funktionieren der internationalen Märkte sein. In diesem Bereich gibt es viel zu tun. Als Beispiele seien erwähnt: protektionistische Maßnahmen verschiedener Länder im Norden oder im Süden, das Ausnutzen von Monopolstellungen durch multinationale Gesellschaften, Beeinträchtigungen des Zugangs zu Rohstoffmärkten oder Verzerrungen in den relativen Kosten der Produktionsfaktoren. Das Funktionieren der Märkte ist ebenfalls erschwert, wenn - wie im Energiebereich - die verschiedenen Regierungen sehr unterschiedliche Aktionspräferenzen in bezug auf Gegenwart und Zukunft haben. Eine Verbesserung in der Arbeitsweise der internationalen Märkte setzt daher neue Spielregeln und Verhaltensmaßregeln sowohl für Unternehmungen wie für Regierungen voraus.

- Ein zweites Ziel für Zusammenarbeit muß es sein, die Krisenanfälligkeit der nationalen Volkswirtschaften zu verringern. Beispiele sind: Nahrungsmittelprobleme bedingt durch klimatische Faktoren, Versorgungsschwierigkeiten infolge von Verknappungen bei landwirtschaftlichen Produkten, Energie oder mineralischen Rohstoffen; Anfälligkeit bei kurzfristigen Fluktuationen gewisser Preise, Exporterträge oder Wechselkurse; schwerwiegende Probleme bei einer plötzlichen Unterbrechung von bestimmten Finanzströmen; Abhängigkeit kleiner Länder vom Wachstum der Weltwirtschaft als Ganzes.

- Eine logische Konsequenz aus den beiden zuvor dargestellten Orientierungen ist, daß die Regierungen in ihren Entscheidungen die wirtschaftlichen Belastungen berücksichtigen sollten, die ihre Politik wahrscheinlich anderen zufügen wird, und zwar ohne Ansehung ihres Entwicklungsniveaus. Sowohl aus nationaler wie aus internationaler Sicht ist es ebenfalls wünschenswert, jede Aktion zu vermeiden, die eine ineffiziente Allokation der Ressourcen innerhalb der verschiedenen Volkswirtschaften nach sich zieht, weil die Faktorpreise nicht den sozialen Kosten entsprechen.

- Schließlich setzt die Erneuerung der internationalen Zusammenarbeit Aktionen im institutionellen Bereich voraus. Keine Politik hat eine noch so geringe Chance, stetig und auf Dauer verfolgt zu werden, wenn es keine Institutionen gibt, die fortlaufend sowohl die Fragen identifizieren, die aus der Anwendung dieser Politik im Rahmen einer sich wandelnden Umwelt entstehen, als auch gleichzeitig Lösungen vorschlagen. Bevor die Anzahl der zwischenstaatlichen Organisationen vergrößert wird, erscheint es notwendig, das Funktionieren der bestehenden zu verbessern, und zwar durch drei Arten von Maßnahmen: Erstens dadurch, daß ihre Strukturen an die verschiedenen Funktionen angepaßt werden: Kontaktpflege, Bereitstellung von Informationen, Bewertung der politischen Alternativen, Konsultationen, Verhandlungen, Durchführung von Programmen; zweitens dadurch, daß die Entscheidungsprozeduren und die Zusammenarbeit mit den nationalen Administrationen und den anderen für die Wirtschaft relevanten Gruppen oder Institutionen (Großunternehmungen, Gewerkschaften usw.) verbessert werden; und drittens dadurch, daß man den Exekutivorganen dieser Organisationen die Macht gibt, Initiativen zu ergreifen und Vorschläge zu formulieren, mit anderen Worten, in aktiver Weise die Zusammenarbeit zu gestalten, was einen bestimmten Grad an Unabhängigkeit voraussetzt. Darüber hinaus erscheint es wichtig, einerseits wirkungsvolle Methoden der Zusammenarbeit zwischen Gruppen an gemeinsamen Problemen interessierter Länder zu entwickeln und andererseits internationale nicht-staatliche Organisationen zu fördern (selbst wenn diese teilweise durch die Regierungen finanziert werden).

B. EINIGE EMPFEHLUNGEN

Dieser Teil beschränkt sich darauf, Lösungsmöglichkeiten für die anstehenden Probleme ins Gedächtnis zurückzurufen, die bereits im Zusammenhang mit der Politik im Text erwähnt wurden. Gelegentlich werden zwecks Veranschaulichung jener generellen Ansätze konkrete Vorschläge hinzugefügt, die allerdings in keiner Weise eingehend untersucht worden sind.

1. Schaffung einer positiven Haltung gegenüber der Zukunft innerhalb der modernen Industriegesellschaften

Das Verhalten innerhalb einer Gesellschaft wird nicht von oben bestimmt. Es ist das Ergebnis komplexer und ungewisser politischer, wirtschaftlicher, sozialer und kultureller Beziehungen. Das bedeutet, daß die Regierungen diese hier angesprochene Problematik auf äußerst verschiedenen Ebenen anpacken müssen.

- So kann man einer Debatte über die Bevölkerungspolitik kaum ausweichen, wenn eine Reihe von Bevölkerungswissenschaftlern der Meinung ist, daß der Altersaufbau einer Bevölkerung ihr Selbstvertrauen beeinflußt und gleichzeitig ihre Fähigkeit, neuen Herausforderungen mit neuen Antworten zu begegnen. Vor diesem Hintergrund kann man sich fragen, ob die Erhaltung einer genügend jugendlichen Bevölkerung in den Industrieländern nicht für die Entwicklung ihrer Beziehungen zur Dritten Welt wichtiger ist als die Nachteile, die in den Augen verschiedener darin liegen, daß dadurch die Weltbevölkerung stärker vermehrt wird.

- Auch muß alles getan werden, um das Wissen um andere Kulturen ebenso wie um wirtschaftliche und soziale Phänomene zu verbessern. Man könnte sich fragen, ob die Regierungen der OECD-Länder nicht die Lehrpläne der verschiedenen Ausbildungszweige einmal daraufhin untersuchen sollten, ob sie die langfristigen, in diesem Bericht angesprochenen Probleme hinreichend berücksichtigen.

- Wäre es nicht in kurzfristiger Sicht nützlich, in den OECD-Ländern ein weitreichendes, internationales Fernsehprogramm zu realisieren, das den weltweiten wirtschaftlichen Problemen gewidmet wäre: der Energiekrise, dem industriellen Strukturwandel, den Schwierigkeiten der Dritten Welt...? Die Tatsache, daß das gleiche Programm den Fernsehzuschauern zahlreicher Länder angeboten würde, könnte einen heilsamen Schock auf die öffentliche Meinung bewirken.

2. Bewältigung der schwierigen Übergangsprobleme bezüglich der natürlichen Ressourcen und der Umwelt

- In Zusammenarbeit mit den Ländern der Dritten Welt und denen des Ostens könnten die Länder der OECD ihre grundlegenden Forschungsprogramme über Klimafragen und über die Wechselwirkungen von Klima und menschlicher Aktivität erweitern.

- Im Energiebereich sind fortgesetzte politische Aktionen zur Energieeinsparung und zur Entwicklung von Kohle- und Kernenergie erforderlich, um das Risiko einer großen Wirtschaftskrise einzuschränken. Um sich die Möglichkeit zur Verfolgung einer solchen Politik zu verschaffen, müssen die Regierungen ihre Bemühungen um Information der Öffentlichkeit über die Realität dieser Probleme verstärken.

- Für den Bereich der mineralischen Rohstoffe (außerhalb des Energiesektors) würde die Schaffung eines internationalen Informationszentrums für die Regierungen zweifellos nützlich sein und zwar, um einerseits die Entwicklung von Ressourcen und Reserven zu verfolgen und andererseits die Risiken ungenügender Investitionen auf diesem Sektor besser abzuschätzen.

- Schließlich sollten einige OECD-Länder ihre Politik der Landschaftspflege, insbesondere im Hinblick auf die Vermeidung von Bodenerosionen usw., neu überdenken, um den Unsicherheiten Rechnung zu tragen, die in der ersten Hälfte des 21. Jahrhunderts die weltweite Landwirtschaft belasten könnten.

3. Steuerung der Wandlungsprozesse innerhalb der industriellen Gesellschaften

Was die makroökonomische Politik anbetrifft, könnte eine bessere Koordination der Konjunkturpolitik innerhalb der großen OECD-Länder eine bessere Verwendung der Ressourcen erlauben und die Möglichkeiten für wirtschaftliches Wachstum verbessern. Gleichzeitig sollte man energische Maßnahmen gegen die Arbeitslosigkeit aus Gründen zu hoher relativer Arbeitskosten ergreifen. Entsprechende Maßnahmen müssen sich auf die Wachstumsraten der Reallöhne und der indirekten Soziallasten beziehen. Sie müssen außerdem den Versuch einschließen, die Einkommensumverteilung durch eine veränderte Kombination von gesetzlichen Mindestlöhnen einerseits und alternativen Maßnahmen wie die Verringerung der Sozialversicherungsbeiträge für Niedriglohnempfänger oder Negativsteuern andererseits neu zu regeln. Auch die Erhebungsmodalitäten von Steuern, die dazu bestimmt sind, die allgemeinen Sozialkosten der Nation zu decken, müssen neu überdacht werden. Nicht zuletzt gilt es ebenfalls, größere Differenzen in der Arbeitsentlohnung zwischen verschiedenen Sektoren und Regionen zuzulassen und die Flexibilität der Gehälter, bezogen auf die verschiedenen Personalkategorien, wieder zu vergrößern. Solche Maßnahmen sind nicht unvereinbar mit Vorkehrungen, die dazu führen sollen, die Mobilität auf dem Arbeitsmarkt zu vergrößern oder die Neugestaltung bestimmter industrieller Aktivitäten durch Übergangshilfen sozial annehmbar zu machen.

Im Hinblick auf die Strukturpolitik gibt es verschiedene Bereiche, in denen die modernen Industriegesellschaften im Lichte der vorhersehbaren Tendenzen ihre Informationen verbessern müssen: So sind die theoretischen Konzepte, die dazu dienen, die Entwicklung der Aktivitäten im Dienstleistungsbereich zu untersuchen, absolut unzureichend. Ebenso scheinen in vielen Industrieländern die Informationssysteme, die die Industrie betreffen, weder den Erfordernissen der Entscheidungsvorbereitung des Staates noch jenen der Unternehmungen selbst angemessen - und das zu einer Zeit, wo die weltweite Ausbreitung der industriellen Aktivitäten den notwendigen Gesichtskreis beträchtlich vergrößert. Wenn die Verwendung der Zeit den Lebensstil prägt, erscheint es ferner wünschenswert, daß die Administrationen der modernen Industriegesellschaften über detaillierte Untersuchungen in bezug auf die Zeitbudgets der einzelnen Bevölkerungsgruppen verfügen.

Mäßiges wirtschaftliches Wachstum wird in vielen OECD-Ländern das Problem der Effizienz des Wohlfahrtsstaates aufwerfen, mit anderen Worten, die Frage nach einer besseren Verwendung der öffentlichen Mittel. Dieses Problem stellt sich in drei Erscheinungsformen: Erstens, wie kann man den Individuen die Kosten bewußt machen, die sie verursachen, wenn sie irgendwelche öffentlichen Dienstleistungen in Anspruch nehmen? In der gegenwärtigen Situation sind bestimmte Bereiche der öffentlichen Dienstleistungen wie Gesundheit oder Erziehung praktisch unkontrollierbar geworden. Zweitens, wie kann man zweckmäßigere Budgetverwaltungsmethoden für den Staatssektor entwickeln? Eine Übernahme von Managementmethoden großer Firmen durch den staatlichen Sektor kommt wegen der Verschiedenartigkeit der Zielsetzungen in der öffentlichen Verwaltung und wegen der Unterschiede in den Machtbeziehungen kaum in Frage. Drittens, wie kann man eine integrierte Sozialpolitik formulieren, die nicht so sehr auf verschiedene Bereiche bezogene Maßnahmen nebeneinandersetzt, sondern diese gemäß ihren Auswirkungen auf die unterschiedlichen Zielgruppen durchgehend koordiniert?

Schließlich kommt es darauf an, Funktionsbedingungen für die Wirtschaft zu schaffen, die es den Unternehmungen erlauben, selbst die notwendigen Umstrukturierungen durchzusetzen und neue Aktivitäten aufzugreifen. Dies wird eine der Hauptaufgaben des Staates in einer Zeit tiefgreifender Strukturwandlungen bleiben.

4. Förderung der Entwicklung in der Dritten Welt

Eine erste Gruppe von Vorschlägen betrifft die Kapitalströme. Zunächst erscheint es in diesem Zusammenhang wichtig, den Entwicklungsländern einerseits den Zugang zu mittelfristigen Krediten zu ermöglichen, um ihnen die Überwindung temporärer Zahlungsbilanzungleichgewichte zu erleichtern, und andererseits zu langfristigen Anleihen, die nicht direkt an die Realisation bestimmter Projekte gebunden sind. Diese Kredite sollten besonders jenen Ländern der Dritten Welt vorbehalten sein, die anders nur schwer Zugang zum internationalen Finanzmarkt finden würden.

Im Bereich der Entwicklungshilfe sollten alle nur möglichen Bemühungen unternommen werden, sie quantitativ und qualitativ anzuheben. Außerdem sollte sie mehr und mehr auf die ärmsten Länder konzentriert werden, während die bereits stärker industrialisierten Länder der Dritten Welt anfangen sollten, hier selbst ihren Beitrag zu leisten.

Ein anderer möglicher Vorschlag betrifft die Gründung einer internationalen Stiftung, die einen Teil der öffentlichen Hilfe der Industrie- und der OPEC-Länder zu verteilen hätte. Eine solche Stiftung, die von den Regierungen einen jährlichen Minimumbetrag, garantiert für die Dauer von zehn Jahren, erhalten müßte, sollte von Persönlichkeiten großen moralischen Ansehens, die auf Lebenszeit nominiert wären und die sowohl dem Norden wie dem Süden entstammen sollten, verwaltet werden. Sie würde aus ihrer Mitte einen Aufsichtsrat wählen. Diese Organisationsform würde der Stiftung erlauben, bei der Verteilung der Hilfsmittel in keiner Weise an Bedingungen politischer Opportunität gebunden zu sein, das heißt weder gegenüber den Regierungen der Industrieländer noch den Regierungen der Dritten Welt gegenüber.

Darüber hinaus wäre es sinnvoll, das System regionaler Clubs auszuweiten, in deren Rahmen Entwicklungsprogramme geplant würden, die nur teilweise durch die öffentliche Entwicklungshilfe finanziert würden.

Eine zweite Gruppe von Vorschlägen ist um die industrielle Entwicklung und den Technologietransfer herum angesiedelt: Während alles getan werden sollte, damit die Länder der Dritten Welt großzügig Zugang zu dem für sie erforderlichen langfristigen Kapital finden, sollten die Industrieländer im Gegensatz dazu die Kreditgewährung bevorzugt auf die Finanzierung der Industrialisierung beschränken.

Es wäre ferner überlegenswert, eine oder mehrere internationale Stiftungen zu gründen, um in der Dritten Welt Forschungszentren in den verschiedensten Bereichen der Technologie aufzubauen.

Die harmonische Entwicklung des Handels mit Industrieprodukten muß ein gemeinsames Ziel der OECD-Länder und derjenigen Länder der Dritten Welt sein, die in der Industrialisierung bereits weiter fortgeschritten sind. Es müssen alle Anstrengungen unternommen werden, die Ausweitung des Protektionismus zu vermeiden beziehungsweise ihn in bestimmten Industrie- und Entwicklungsländern wieder zurückzudrängen. Gleichzeitig ist es erforderlich, den betreffenden Regelungen eine große Transparenz und eine große Stabilität zu geben, um den Unternehmungen zu erlauben, mittel- und langfristige Expansionsprogramme aufzustellen.

Auch die Partizipation der sich in Industrialisierungsprozeß befindlichen Länder an Informationssystemen über die Entwick-

lung der weltweiten Industrie wäre wünschenswert. Wichtig
wäre dabei allerdings, daß die Aufbereitung dieser Informationen von den Verhandlungsverfahren im Hinblick auf den
Handel mit Industrieprodukten vollständig getrennt ist.

Die dritte Gruppe von Vorschlägen bezieht sich auf die
Grund- und Rohstoffe: Die Preisstabilisierung durch Lagerhaltung könnte für einige Basisprodukte wünschenswert sein.
Andererseits stellt die Ausweitung von Mechanismen zur Exporterlösstabilisierung ebenfalls einen interessanten Weg
dar. Eine Erfolgsbedingung ist allerdings, daß die internationalen Bestimmungen durch nationale Maßnahmen, die die
Weitergabe der Vorteile an die Produzenten gewährleisten,
vervollständigt werden.

Sollten die Investitionen auf dem Gebiet der Rohstoffe ungenügend bleiben, müßten bestimmte institutionelle Maßnahmen
in Betracht gezogen werden: Zum Beispiel Versicherungssysteme, die die Finanzierung von Investitionen erleichtern
und die politischen Risiken vermindern.

Zur Vermeidung diskriminierender Praktiken, die den Zugang
bestimmter Länder zu den Rohstoffen einengen, könnte man
Vereinbarungen anstreben, die gleichzeitig die Vorkehrungen
festlegen, zu denen sich die Länder in ihrer Bergbaugesetzgebung verpflichten, wie auch die Regeln, die die Unternehmer beachten müssen.

5. Handhabung der weltweiten Interdependenz

Die Bewältigung der Probleme, die mit der weltweiten Interdependenz zusammenhängen, wird das Ergebnis eines langen
Lernprozesses sein, und die pragmatische, jedoch aktive
Verfolgung dieses Prozesses ist unumgänglich. Nichtsdestoweniger werden auch hier einige Vorschläge gemacht:

So ist es empfehlenswert, die Organisation der Verwaltung in den Industrieländern im Hinblick auf die wachsende Interdependenz mit der Außenwelt neu zu durchdenken. Auch das Funktionieren der zwischenstaatlichen Organisationen sollte einer Gesamtbetrachtung unterzogen werden.

Weiter käme es darauf an, den Funktionsrahmen des internationalen Handels zu verbessern, um ihn so transparent und stabil wie möglich zu machen. Auch das internationale System der Schaffung von Liquidität muß allmählich reformiert werden.

Zwischen erdölproduzierenden und -verbrauchenden Ländern müssen Beziehungen geschaffen werden, die es erlauben, einen reibungslosen Übergang zur Nacherdölära zu finden.

Schließlich sind die Bemühungen um eine weltweite Zukunftsanalyse fortzusetzen, wobei man eine doppelte Klippe umschiffen muß: einmal die, irgendeinem Team eine Art Monopol in diesen Überlegungen einzuräumen, und zum anderen jene, daß die Zahl dieser Projekte erhöht wird, ohne dem einzelnen hinreichende Zeit zur gründlichen Analyse zuzubilligen, die für die Beherrschung dieser außerordentlich komplexen Probleme unerläßlich ist.

C. EIN AUSGANGSPUNKT

Um die vielfältigen Herausforderungen, mit denen sich die hochentwickelten Industriegesellschaften im nächsten halben Jahrhundert konfrontiert sehen werden, zunehmend in den Griff zu bekommen, erscheint die Heranbildung einer starken politischen Führung innerhalb der wichtigsten Länder von entscheidender Bedeutung zu sein. Diese Führung muß in der Lage sein, gleichzeitig den langfristigen Aspekten in den verschiedenen Bereichen wie auch ihrer Interdependenz untereinander Rechnung zu tragen.

Man muß sich klar vor Augen führen, daß sich in den heutigen Demokratien Projekte, deren Vorteile kurzfristiger Natur sind, leichter realisieren lassen als andere, wichtigere vielleicht, deren Wirkungen aber erst in langfristiger Sicht zu erwarten sind. Bei Wahlkampagnen werden langfristige Fragestellungen oft in den Hintergrund gedrängt oder total von der Diskussion ausgenommen, denn die Politiker sind, vielleicht sogar zu Recht, davon überzeugt, daß der geistige Horizont der Wähler nicht über deren jeweilige private Interessen und deren unmittelbare Umgebung hinausreicht. Solange es den politischen Führern nicht gelingt, eine Vision langfristig erstrebenswerter Ziele aufzuzeigen, die geeignet ist, die Mehrheit der Bürger ernsthaft zu überzeugen, wird es sicherlich so bleiben. Umgekehrt brauchen dieselben Führer allerdings auch ein Minimum an Unterstützung von seiten der Bevölkerung, um einen solchen zukunftsorientierten Weg einzuschlagen.

Die in der Zukunft möglichen Entwicklungsverläufe, wie sie in diesem Bericht beschrieben worden sind, unterstreichen nicht nur die Bedeutung des politischen Dialogs in den Demokratien der Industrieländer, sondern sie machen auch deutlich, wie wichtig es ist, die Öffentlichkeit ausführlich über Trends in der ganzen Welt zu informieren.

Die demokratischen Systeme der industriellen Gesellschaften haben tiefreichende und gesunde Wurzeln. Trotz gewisser Unzulänglichkeiten sollten sie sich daher fähig erweisen, die Herausforderungen der Zukunft zu bewältigen und die Gewähr dafür zu bieten, daß diese Gesellschaften in ihrer Koexistenz mit den jungen Gesellschaften der Dritten Welt und der sozialistischen Welt Osteuropas nicht durch irgendeinen

Prozeß des Alterns, der Verkrustung oder des Zurückziehens auf sich selbst gefährdet werden.

Dieser Bericht wird seine Aufgabe dann erfüllt haben, wenn es ihm gelingt, die wichtigsten aktiven Kräfte in den Industrieländern zu der Überzeugung zu bringen, daß große Anstrengungen unternommen werden müssen, um die Vorstellungen von den Herausforderungen der Zukunft zu verbreiten. Dabei geht es nicht darum, eine gewisse Resignation dem Unvermeidlichen gegenüber zu entwickeln, sondern worauf es ankommt, ist, schöpferische Antworten hervorzubringen. Selbst wenn viele Fragen unbeantwortet bleiben oder manche der zum Ausdruck gebrachten Gesichtspunkte anfechtbar sind, sollte die Arbeit von Interfutures den Ausgangspunkt dafür bilden, daß den längerfristigen Perspektiven der politischen, wirtschaftlichen und sozialen Entwicklung in der Politik der Regierungen stärkere Beachtung geschenkt wird. Hierzu ist zweierlei erforderlich:

- erstens, daß jedes Land auf der Basis dieses Reports eingehend die spezifischen langfristigen Fragen erwägt, mit denen es selbst konfrontiert werden wird und daran anschließend die notwendigen zusätzlichen Untersuchungen vornimmt;

- zweitens, daß die OECD-Länder sich im Anschluß daran gegenseitig im Hinblick auf die politischen Schlußfolgerungen beraten, die sie aus diesen breitausgelegten und langfristig orientierten Forschungsvorhaben gezogen haben.